北方民族大学文库

北方民族大学博士科研启动经费及
北方民族大学2015年度重点科研项目资助

FTA | CONSTRUCTION OF
CHINA-GCC FTA

中海（合会）自贸区构建问题研究

王 瑛◎著

中国社会科学出版社

图书在版编目（CIP）数据

中海（合会）自贸区构建问题研究／王瑛著 . —北京：中国社会科学出版社，
2015. 12

ISBN 978 – 7 – 5161 – 6605 – 5

Ⅰ. ①中…　Ⅱ. ①王…　Ⅲ. ①社会主义法制 – 建设 – 研究 – 中国　Ⅳ. ①D920. 0

中国版本图书馆 CIP 数据核字（2015）第 160117 号

出 版 人	赵剑英	
责任编辑	任　明	
特约编辑	芮　信	
责任校对	季　静	
责任印制	何　艳	

出　　版	中国社会科学出版社
社　　址	北京鼓楼西大街甲 158 号
邮　　编	100720
网　　址	http：//www. csspw. cn
发 行 部	010 – 84083685
门 市 部	010 – 84029450
经　　销	新华书店及其他书店

印刷装订	北京市兴怀印刷厂
版　　次	2015 年 12 月第 1 版
印　　次	2015 年 12 月第 1 次印刷

开　　本	710×1000　1/16
印　　张	14. 25
插　　页	2
字　　数	235 千字
定　　价	55. 00 元

凡购买中国社会科学出版社图书，如有质量问题请与本社营销中心联系调换
电话：010 – 84083683

摘　要

　　经济全球化与区域经济一体化是当今全球经济发展的两大主要趋势，正广泛而深刻地影响着世界经济发展的各个方面。自由贸易区（Free Trade Area，以下简称FTA），尤其是双边FTA是目前区域经济合作的主要方式之一。

　　改革开放30多年来，我国综合国力和国际竞争力大大增强，并一直以积极的态度参与和推进区域经济合作，稳步发展FTA，取得了一系列实质性进展。现阶段，中国正在绘制一份面向全球的FTA战略地图，立足周边、辐射"一带一路"，并最终走向全球，从而构筑起我国FTA战略的基本骨架。

　　中海FTA中的"海"指海湾阿拉伯国家合作委员会（Gulf Cooperation Council，GCC，以下简称"海合会"）。中国与海合会六国的直接贸易往来由来已久，自20世纪80年代开始进入较快发展阶段。2004年7月，海合会秘书长和六国财长联合访华，中海签订了"经济、贸易、投资和技术合作框架协议"，并宣布启动建立FTA的谈判，但FTA谈判至今未果。2013年9月23日，中国外交部部长王毅在纽约联合国总部集体会见海合会轮值主席国巴林外交大臣哈立德、下任轮值主席国科威特副首相兼外交大臣萨巴赫和秘书长扎耶尼时表示，中国新一届政府高度重视发展同海合会的关系，愿与海方共同努力，促进中海合作关系长期稳定、可持续发展，推动早日重启中海FTA谈判。此后，加快推进中海FTA谈判成为中海双边合作努力推动的重点工作之一。2014年1月17日，中海第三轮战略对话在北京举行。习近平总书记会见了与会的海合会代表。习近平指出，中方始终重视与海合会国家的双边关系，中海FTA谈判历时已有10年之久，做了大量基础性工作，应加快双边磋商步伐，早日签署协定。会后发表的新闻公报中，亦突出强调了要加快中海FTA的谈判进程。尽管近年来双方领导人均纷纷表示要加快中海 FTA 谈判进程，但新一轮的磋商至今仍未开始，相比犹如井喷般爆发的中海经贸发展形势，中海 FTA 的谈判历程显得过于漫长。随着近年来中海贸易额的迅速提升，以及中阿合作论坛和中阿经贸论坛（现已更名为中阿博览会）的成功举办，重启中海 FTA 谈判的时机已经成熟。中海 FTA 的建立对双方具有重要的意义，不仅能够扩大双边贸易总额、提高双边经贸水平，还能密切双边政治、文化、社会等领域的交流，有利于保障我国的石油安全，增进和巩固我国在中东地区的战略地位，回避在中东地区经济和政治领域被"边缘化"的风险，使我国获得更加广阔的发展空间，也将为我国同其他发展中国家的区域经济合作起到良好的示范效应。此外，中海 FTA 的建立对提升彼此在全球政治与经济的地位，扩大各国在世界经济中的话语权也具有重要的促进作用。在此背景下，中海 FTA 的建立不仅具有重要的经济意义，更具有重大的战略意义。

2014 年 6 月 5 日，中阿合作论坛第六届部长级会议在北京召开。习近平总书记作了题为《弘扬丝路精神，深化中阿合作》的重要讲话。习总书记指出，中阿是共建"一带一路"的天然合作伙伴，弘扬丝路精神，就是要坚持合作共赢，不断深化全面合作、共同发展的中阿战略合作关系。上述讲话精神是新一届中央政府对我国与阿拉伯国家重要关系的首次政策宣示，是我国全方位外交政策的重要组成部分，指出了中阿共建"一带一路"、进一步扩大双边合作的重点领域，为中阿关系未来发展带来了新的活力。"应加快消除中国与海合会自贸区建设中的阻碍，为建立中国与阿拉伯国家自由贸易区做准备"亦被纳入《中国—阿拉伯国家合作论坛 2014 年至 2016 年行动执行计划》。中海 FTA 作为"一带一路"建设的重点有望加快推进。

中国与海合会国家有着广泛的经济、政治与地区安全上的共同利益，中海建立 FTA 是大势所趋。新制度经济学与新经济增长理论认为，制度是经济增长的关键因素，是新经济增长模型中的内生变量。中海经贸关系的快速发展和双方政治外交关系的日益改善，为进行双边经贸关系的制度创新奠定了良好基础，中海 FTA 构想正是基于共同的战略利益而提出的。目前，这一制度创新还停留在构想层面，要把它变为现实，还需排除经济、政治及历史等多方面的制约因素，因此有必要对中海 FTA 建设的相关问题进行全面深入的研究。

　　本书的研究意义在于：分析如何在中海经贸关系快速稳定发展的形势下，充分利用中海间经济结构互补及牢固的政治基础等各方有利因素，建立中海 FTA 的可行性、预期效应、障碍及推进战略，从而为实现中海经贸关系的战略性升级，推动中海 FTA 建立提供一些借鉴和参考。从另一层面看，目前，发达国家相互之间（如欧盟）、发达国家和发展中国家之间的经济一体化合作相对较为成功，相形之下，发展中国家间的经济一体化进程则略显缓慢。因此，本书对于发展中国家之间进行区域经济合作进行的拓展性研究，亦具有重要的理论意义，有助于推动区域经济一体化相关研究的进一步发展。

　　本书共分 8 章内容。

　　第一章为前言。系统介绍了本书的研究背景和意义，基本研究内容、思路与方法，重点难点及预期创新，以及研究中存在的不足，并对相关概念进行了界定。

　　第二章为理论基础与文献述评。在理论基础部分，系统梳理了古典贸易理论、新古典贸易理论、当代贸易理论（包括：新贸易理论、战略性贸易政策理论、新新贸易理论）、区域经济一体化相关理论，以及 FTA 收益的相关理论。文献述评部分则对既有文献中有关区域经济一体化的研究、有关 FTA 的研究、有关中国建立 FTA 的研究、中海经贸关系发展及建立中海 FTA 方面的研究进行了整理和分析。分析认为，在中海 FTA 建设被提上日程的今天，国内外文献在该领域的研究现状和局限性一方面制约了理论研究对中海 FTA 建设实践的有力支撑与指导；另一方面也为本书的研究指明了方向——本书的选题既具有一定的理论意义和实践价值，也具有一定的前沿性和紧迫性。

　　第三章为中海 FTA 的谈判进程与国际间的竞争。第一，介绍了全球双边 FTA 的发展进程；第二，分别分析了中国和海合会六国参与 FTA 的历程、现状及战略意图，并分别探讨了中国和海合会各自在自贸区合作对象选择方面的现实思考，认为我国将以 FTA 战略为突破口，寻求相互的利益合作，以周边为基础逐步建设覆盖全球的高标准 FTA 网络，海合会 FTA 谈判对象的选择则会以自身国家安全及经贸发展为考量，更加注重与不同经济政治力量的平衡化发展，欧盟与海合会国家 FTA 谈判的不断搁浅，以及美国近年来的中东政策不仅没有稳定该区域的地区形势，反而助推了该地区的战争形势，而这一切都将有利于中国与海合会国家的 FTA

谈判；第三，基于轮轴—辐条（H&S）结构理论分析了建立中海 FTA 的
可行性；第四，分析了中国与海合会建立 FTA 的背景与谈判进程，认为
中海 FTA 的谈判将步入快车道，但在这一进程中，还将面临来自发达国
家和印度等新兴国家的强劲竞争；因此，在本章的最后，针对海合会与美
国、欧盟、印度、日本等其主要贸易伙伴的经贸关系和 FTA 谈判进行了
具体分析，认为现阶段加快中海 FTA 的谈判步伐尤为重要。

　　第四章为中国与海合会六国双边经贸关系的发展。一方面，系统分析
了中国及海合会六国的经贸发展现状，并着重分析了中国与海合会六国在
货物贸易、服务贸易、外商直接投资等方面的双边经贸发展情况；另一方
面，从双边关税水平、货物贸易关系、服务贸易关系、投资关系、能源合
作等方面分析了中海 FTA 建立的经济基础。

　　第五章为中海 FTA 建立的预期效应分析。第一，对中海 FTA 建立的
预期效应进行了理论分析，具体分析了中海 FTA 贸易效应的形成机理、
中海 FTA 的静态效应和动态效应；第二，基于贸易比重指数分析了中海
FTA 的贸易创造效应；第三，基于贸易引力模型对中海 FTA 的贸易创造
效应进行了预测；第四，基于 GTAP 模型对中海 FTA 的相关经济效应进
行了事前分析；第五，以新区域主义理论为依据，分析了中海 FTA 建立
之后可能获得的非传统收益；第六，探讨了中海 FTA 建立所带来的调整
成本和协调成本。

　　第六章为中海建立 FTA 的障碍因素分析。本章首先从中海双边优先
合作对象的差异、中海经济发展水平存在的差异、中海双边的市场壁垒、
中海贸易结构的非平衡性等几个方面分析了经济方面存在的障碍因素；其
次，分析了政治方面存在的障碍因素，包括：双边政治体制的差异、缺乏
核心利益以及地区事务的相互支持、大国因素的影响等几个方面；最后，
分析了其他障碍因素，包括：中海合作的根基较浅、海合会周边地区局势
不稳、我国货物贸易产品及劳务输出的困境等几个方面。整体来看，中海
FTA 的建设仍面临很多方面的障碍。

　　第七章为推进中海 FTA 建设的战略思考。首先分析了建立中海 FTA
的必要性与优势条件；其次，提出了中海 FTA 制度安排应遵循的原则；
最后，针对如何推进中海 FTA 建设提出了八点对策建议。

　　第八章为结论与展望。系统总结了本书对中海 FTA 构建问题进行的
研究，提炼了主要的研究结论，即：中海双边存在着构建 FTA 较好的经

济基础，中海 FTA 能够产生预期的效应，但中海双边 FTA 发展也同时存在着一些障碍因素，中海 FTA 建设必将成为我国"一带一路"战略中的重要内容。

Abstract

Nowadays, Economic Globalization and Regional Economic Integration are the two major trends of global economic development, which are widely and deeply influencing all the aspects of the world economic development. Free Trade Area (hereafter referred to as FTA), especially bilateral FTA is one of the main methods of current regional economic cooperation.

With over more than thirty years of reform and opening up, the comprehensive national power and international competitiveness of China have been greatly strengthened. With positive attitude to join and advance regional economic cooperation, China has steadily promoted FTA development and achieved substantive progress. At this stage, China is drawing a FTA strategic map globally oriented to build the basic framework of FTA strategy, which is based on the countries around, extending the Silk Road Economic Belt and the 21st – Century Maritime Silk Road, or "the Belt and Road" for short, and eventually to all over the world.

The GCC appearing in China-GCC FTA refers to the Gulf Cooperation Council (GCC). The direct trading relation between China and GCC has been longstanding, and ever since the 1980s it has been developing with a very fast pace. In July 2004, the General Secretary of GCC and six countries' financial ministers jointly visited China, signed *the Cooperation Framework Agreement on Economy, Trade, Investment and Technology*, and announced to start FTA negotiation, but unresolved. On September 23 2013, Chinese Foreign Minister Wang Yi at the United Nations headquarter in New York collectively met Khalid (the foreign minister of Bahrain), Sabah (the Vice Prime Minister and Foreign Minister of Kuwait as the next rotating presidency of GCC) and Zayani (the

General Secretary of Kuwait as the next rotating presidency of GCC). Wang Yi said, the new session of Chinese government attaches great importance on developing relations with GCC; China would like to work together with GCC to promot the long-term, stable and sustainable development of cooperation relations, and push the early launch of China-GCC FTA negotiation. Later, accelerating the China-GCC FTA negotiation becomes one of the important works of bilateral efforts. On January 17 2014, China and GCC held the third round of strategic dialogue in Beijing. General Secretary Xi Jinping met the delegation of GCC. Xi Jinping said China is very serious about the bilateral relations with GCC, the China-GCC FTA negotiation has lasted for 10 years, which had finished much basic work. We should speed up the pace of bilateral negotiation for achieving the agreement as soon as possible. The press communique issued after the conference also highlights the importance on the acceleration of the China-GCC FTA negotiation. Although leaders of both sides agreed on speeding up the process of the China-GCC FTA negotiation, but the new round of negotiation has not started yet. Compared with the skyrocketing development of China-GCC economic and trade, the negotiation process seems to be far-flung. But with the rapid growth of China-GCC trade value, as well as the success hold of China-Arab Cooperation Forum and China-Arab Economic and Trade Forum (which has been renamed China-Arab Fair), it is the right time to restart the China-GCC FTA negotiation. The establishment of China-GCC FTA has important significance on both sides. It can not only enhance bilateral trade value, improve bilateral economic and trade level, but also bring a closer communication of bilateral politics, culture, society and other aspects. It is good for China's oil security, consolidating and enhancing our strategic position in the Middle East, avoiding the risk of being marginalized economically and politically, providing our country with wider developing space and helping China play a good leading role in the regional cooperation with other developing countries. Moreover, the establishment of the China-GCC FTA plays an important role in improving the global position of both sides and expanding the voice in global economy. In that context, the establishment of the China-GCC FTA has not only real economic significance, but also very important strategic significance.

On June 5 2014, the sixth ministerial meeting of China-Arab Cooperation Forum was opened in Beijing. General Secretary Xi Jinping delivered an important speech named *Carry Forward the Spirit of the Silk Road, Deepening China-Arab Cooperation* and pointed out that carrying forward the spirit of the silk road is leading us to the win-win cooperation; China-Arab are natural partners to co-build the Belt and Road. The spirit of the above-mentioned speech is the new central government's first policy proclamation for the relations between China and Arab countries. It is an important part of our comprehensive foreign policy, which stresses the key areas for China-Arab co – construction of the Belt and Road and further bilateral cooperation, so as to bring new energy for the future development of China-Arab relations. "Accelerate the elimination of the obstacles during the establishment of the China-GCC FTA, prepare for the establishment of China-Arab FTA" is also drawn in *the China-Arab Cooperation Forum Action Plan for 2014—2016*. We'd expect to speed up the progress of building China-GCC FTA as an important part of the Belt and Road.

China and GCC countries have extensive common interests on economy, politics and regional security. The trend of the establishment of China-GCC FTA is irreversible. Neo-institutional Economics and New Growth Theory think that system is the key factor for economic growth, and the endogenous variable in the new economic growth model. The rapid development of China-GCC relations and the improvement of political and diplomatic relations lay a good foundation on the institutional innovations of bilateral economic and trade relations, the proposal of China-GCC FTA concept is based onthe common strategic interests. At present, this system innovation still stays at the level of conception, and to put it into reality needs to eliminate economic, political, historical and many other constraints. However, building China-GCC FTA is of important strategic significance, so it's necessary to comprehensively study the related issues of the China-GCC FTA establishment.

The significance of this book is to analyze how to make full use of China-GCC economic complementarities and the solid political foundations under the situation of the rapid development of the economic trade relations between China and GCC, to discuss the feasibility, modes, expected effects, obstacles and impetus strategy of the China-GCC FTA establishment, so as to realize the strategic upgrading of China-GCC economic trade relations, offering some reference to facilitate China-GCC FTA establishment. From another perspective, the economy integrated cooperation between developed countries (such as European Union), between developed countries and developing countries are relatively successful, but the process between developing countries is comparatively slow. Therefore, the extended study of this book for regional economic cooperation between developing countries is also of theoretical significance, which is beneficial to promote the related study of regional economic integration.

The book includes eight chapters.

The first chapter is introduction. It systematically introduces research background and significances, basic research content, research idea and methods, the focuses and difficulties and expected innovation, deficiencies, and the related concepts are also defined.

Chapter two includes theoretical basis and literature review. In the theory part, systematically combs Classical Trade Theory, Modern Trade Theory (includes: New Trade Theory, Strategic Trade Policy, New-new Trade Theory), the Regional Economic Integration related theory, and the FTA revenue related theory. In the review part, collects and analyzes the existing literature about the study of regional economic integration, the study of related FTA, the study of China's establishment of FTA and the study of China-GCC economic and trade relations development and the establishment of China-GCC FTA. The book suggests that as the China-GCC FTA establishment is scheduled today, the research status and limitations of domestic and foreign literatures in this field, on one hand, constrain the support and guidance of the practice of the China-GCC FTA establishment; on the other hand, it has clearly demonstrated the direction for the research of this book, Which means that subject has theoretical and practical values, and is also an urgent subject in the frontier research area.

Chapter three describes the negotiation process of China-GCC FTA and the international competition. Firstly, this chapter introduces the development process of global bilateral FTA. Secondly, this chapter analyzes the FTA participate process, present status and strategic intention of China and GCC countries separately, and also explores the realistic thinking of China-GCC FTA object selection, shows that our country regards FTA strategy as a breakthrough point, seeks mutual collaboration, gradually builds up globally around-based high standard FTA network, while the GCC FTA object selection considers more about the national security and economic trade development, pays more attention to the balanced development of the different economic and political powers. With the gradually collapsed negotiation between European Union and GCC, the EU countries still discriminate GCC countries in some degree. In recent years, America's Middle East Policy boosts the regional war instead of stabling, and all of these are good for the China-GCC FTA negotiation. Thirdly, this chapter analyzes the feasibility of establishing China-GCC FTA based on the H&S structural theory. Fourthly, this chapter analyzes the background of China-GCC FTA establishment and negotiation process, concludes that the negotiation will step into a fast traffic lane. But during this process, there will still face strong competition from developed countries and emerging countries such as India. Therefore, the last part of this chapter specially analyzes the economic trade relations between GCC and its main trading partners such as America, EU, India and Japan, as well as FTA negotiation, suggests it is very important for accelerating the process of China-GCC FTA negotiation.

Chapter four is the development of China and GCC bilateral economic trade relations. On one hand, this chapter systematically analyzes the present situation of China-GCC economic trade development, and focus on the situation of goods trade, services trade, and foreign direct investment and so on. On the other hand, this chapter analyze the economic foundation of China-GCC FTA establishment based on the analysis of bilateral tariffs, goods trade relationship, service trade relations, investment relationships, energy cooperation and so on.

Chapter five is expected effects analysis for China-GCC FTA establishment. Firstly, the book theoretically analyzes the expected effect analysis for the China-GCC FTA establishment, specially analyzes the China-GCC trade effects formation mechanism, China-GCC FTA static effects and dynamic effects. Secondly, it analyzes China-GCC FTA trade creative effects based on the trade index. Thirdly, it predicts the trade creative effects of the China-GCC trade FTA based on the Trade Gravitation Model. Fourthly, it pre-analyzes the effects of the China-GCC FTA based on the GTAP model. Fifthly, it analyzes the nontraditional gains produced by the establishment of the China-GCC FTA based on the New Regional Theory. Finally, this thesis discusses the the adjustment cost and coordination cost after the establishment of the China-GCC FTA.

Chapter six tries to analyzethe obstacles of the China-GCC FTA establishment. The thesis starts the analysis from the differences of China-GCC bilateral preferred partners, the bilateral differences of economic development level between both sides and the unbalanced character of China-GCC trade structure. Secondly, it analyzes the existing handicaps on politics, including the different bilateral political systems, the lack of core interests, the support in regional affairs and powerful countries' influences. Lastly, the thesis analyzes other handicaps factors, including the shallow foundation of China-GCC cooperation, GCC unsteady surrounding areas, the dilemma of our country's goods trade and labor export. As a whole, the establishment of still China-GCC FTA faces a number of obstacles.

Chapter seven is the strategic thinking of promoting the establishmerit of the China-GCC FTA. Firstly, analyzes the necessity and advantages of building China-GCC FTA. Secondly, it puts forward the principles of China-GCC FTA institutional arrangement that should be followed. Lastly, it offers proposals on how to enhance the establishment of China-GCC FTA.

Chapter eight is the conclusion and prospect. This Chapter systematically summarizes the research of China-GCC FTA and refines the main conclusions, namely, there is a good economic foundation for China-GCC FTA construction. China-GCC FTA can produce expected trade effects, but there are also some handicaps. The establishment of the China-GCC FTA will become an important content of the "One Belt and One Road" strategy.

目　录

第一章 前言

第一节 研究背景和意义

一 研究背景及问题的提出

经济全球化与区域经济一体化是当今全球经济发展的两大主要趋势，正广泛而深刻地影响着世界经济发展的方方面面。自由贸易区（Free Trade Area，以下简称 FTA[①]），尤其是双边 FTA 是目前区域经济合作的主要方式之一。2008 年全球性金融危机的爆发，促使双边 FTA 进一步成为各国抵御经济波动或危机、促进对外贸易发展的重要手段之一。

改革开放 30 多年来，我国的综合国力和国际竞争力大大增强，并始终以积极的态度参与和推进区域经济合作，稳步发展 FTA，取得了一系列实质性进展。作为"和平崛起"的新兴大国，自 2000 年提出建立"中国—东盟 FTA"的设想开始，我国开始逐步踏上 FTA 建设之路。2006 年 3 月，全国人大四次会议《政府工作报告》中提到，"有步骤、有重点地推进区域经济合作和自由贸易区谈判"是政府工作的主要任务之一，这是我国首次将 FTA 建设纳入政事议程。2008 年，党的十七大将 FTA 建设纳入到国家战略层面，并将其确定为中国参与经济全球化、深化改革开放的基本国策之一。2012 年，党的十八大报告中进一步明确提出，要"加快实施自由贸易区战略，推动同周边国家互联互通"。至此，FTA 建设作为新时期中国对外贸易主要政策的方向之一被提到了战略高度。2013 年 11

---

① FTA 有两层含义，一是自由贸易协定，指两个或两个以上经济体之间设定自由贸易安排；二是自由贸易区，指两个或两个以上经济体彼此间在实质上取消关税和其他限制性措施而组成的一体化区域。

月，党的十八届三中全会提出，"以周边为基础加快实施自贸区战略，形成面向全球的高标准自贸区网络"，标志着中国自贸区建设全面提速，积极从"旁观者、跟随者"向"参与者、建设者"的角色转变，希望以此促进国内改革和经济社会的全面发展，有效规避和削减各种贸易摩擦的风险，并进一步参与全球经济治理，扩大自身在国际贸易投资规则制定中的话语权。2014年12月5日，在主持中共中央政治局就加快FTA建设进行的第十九次集体学习时，习近平总书记再次强调，加快实施自由贸易区战略是我国新一轮对外开放的重要内容，要加强顶层设计、谋划大棋局。

2008年全球性金融危机爆发之后，以美国为主导的跨太平洋伙伴关系协议（TTP）和跨大西洋贸易与投资伙伴协议（TTIP），试图构建全球最大的两个贸易和投资自由化组织，并将中国最主要的贸易伙伴全部涵盖其中，却有意将中国排除在外。TPP和TTIP的达成，将使包括中国在内的金砖国家在全球经济贸易格局中处于不利地位。从这一视角看，中国也需要积极构筑自己的FTA网络，从而避免被边缘化。

现阶段，中国正在绘制一份面向全球的FTA战略地图，上述网络将立足周边、辐射"一带一路"，并最终面向全球，从而构筑起我国FTA战略的基本框架。尽管中国的FTA战略起步较晚，但发展迅速。截至2015年1月，我国已签署并生效12项FTA协定；中韩（国）FTA谈判、[①] 中澳（大利亚）FTA谈判[②]均已结束实质性谈判阶段；此外，还有8项正在谈判和研拟中——中国的FTA建设伙伴已涵盖亚洲、非洲、拉丁美洲、欧洲和大洋洲。李克强总理在十二届全国人大三次会议所作的《政府工作报告》中也进一步强调，要构建全方位对外开放新格局，统筹多双边和区域开放合作；加快实施FTA战略，尽早签署中韩、中澳FTA协定，加快中日韩FTA谈判，推动与海合会、以色列等国家或地区的FTA谈判，力争完成中国—东盟FTA升级谈判和区域全面经济伙伴关系协定谈判（Regional

---

① 2014年11月10日，中国国家主席习近平与韩国总统朴槿惠在北京举行会晤，双方共同确认中韩自贸区结束实质性谈判；2015年2月25日，中韩自贸协定启动签署流程，英文版协定已出炉，官方签署协定以前将翻译为中韩两国文字。

② 2014年11月17日，中国国家主席习近平与澳大利亚总理阿博特在澳大利亚首都堪培拉举行会谈，双方共同确认实质性结束中澳自由贸易协定谈判。会晤后，在两国领导人见证下，中国商务部部长高虎城和澳大利亚贸易与投资部长安德鲁·罗布，分别代表两国政府签署了实质性结束中澳FTA协定谈判的意向声明。

Comprehensive Economic Partnership，RCEP①），力争建设亚太 FTA。

2013 年 9 月访问哈萨克斯坦期间，习近平总书记发表重要演讲，首次提出了建设"丝绸之路经济带"的宏伟战略构想；同年 10 月，在 APEC 领导人非正式会议上，习总书记又提出了与东盟国家共建"21 世纪海上丝绸之路"的倡议；同年 11 月，党的十八届三中全会报告中明确指出，要加强与周边国家的互联互通，积极推进"一带一路"② 建设。2014 年 5 月，习近平总书记在亚洲相互协作与信任措施会议（简称：亚信会议）上指出，中国将联合周边各国，加快推进"一带一路"的建设步伐，并提出尽快启动亚洲基础设施投资银行等倡议。"一带一路"战略构想将东亚、东南亚、南亚、中亚、欧洲南部、非洲东部的广大地区有机联系在了一起，构成了一个规模庞大的区域性市场。2013 年，中国与"一带一路"沿线国家的贸易额已占到中国外贸总额近 1/4。但是，如果没有一个以 FTA 为基础的自由贸易协议的存在，"一带一路"沿线各国或许只能推进自己所谓的区域发展计划、设想或战略，而不能在彼此约束、相互尊重和保障各自或共同权益的前提下形成合力。对于中国而言，"一带一路"构想寄托着多层次的区域合作愿景。2013 年 10 月 24 日，习近平总书记在周边外交工作座谈会上发表重要讲话指出，"要以周边为基础，加快实施自由贸易区战略，扩大贸易、投资合作空间，构建区域经济一体化新格局"。③ 为推动"一带一路"建设，中国商务部早在 2013 年年末就提出了用好 FTA 这一区域合作平台，加快沿线地区 FTA 建设的目标构想，即：以周边为基础加快实施自由贸易区战略，改革市场准入等管理体制，加快投资保护等新议题谈判，形成面向全球的高标准 FTA 网络。国内沿线省份也积极参与其中，在相关部门就"一带一路"建设征求意见时，新疆、宁夏分别提出了建设中国—中亚 FTA 和中海 FTA 先行区的设想。众所周

① RCEP 由东盟首次提出，是以东盟为主导的区域经济一体化合作。RCEP 的主要成员国计划包括与东盟已经签署 FTA 协定的国家，即：中国、日本、新西兰、澳大利亚、韩国和印度。

② "一带一路"分别指"丝绸之路经济带"和"21 世纪海上丝绸之路"。东连亚太经济圈，向西进入欧洲经济圈，贯穿欧亚大陆。英文名称："the Silk Road Economic Belt and the 21st - Century Maritime Silk Road"，简称"the Belt and Road"，英文缩写"B&R"。它不是一个实体和机制，而是合作发展的理念和倡议。初步估算，"一带一路"沿线总人口约 44 亿，经济总量约 21 万亿美元，分别约占全球的 63% 和 29% 。

③ http：//news. xinhuanet. com/2013 - 10/25/c_ 117878944_ 2. htm。

知，WTO 所代表的全球多边贸易体系进展缓慢，而 FTA 建设能够在较短时间内取得较大进展，这也是 FTA 产生并得以快速发展的重要原因之所在。作为仅次于美国的全球第二大经济体，中国着力推进的并不是核武器系统的升级与更新，而是继续推动对外开放战略的实施。为此，中国有必要以"一带一路"沿线国家为合作对象，实施国家层面的 FTA 战略，以带状经济、走廊经济、贸易与投资便利化、技术援助、经济援助、经济一体化等各种可供选择的方式与沿线国家共同推进欧亚区域经贸发展，建设我国基于"轮轴—辐条"结构的全面开放的 FTA 体系，使欧亚各国之间的经济联系更为紧密，相互合作不断深入，发展空间更加广阔。继"中国梦"、"亚洲梦"之后，习近平总书记在 2014 年 11 月 9 日出席 2014 年亚太经合组织（APEC）工商领导人峰会时又从容提出了"亚太梦"——"中国将集中精力做好自己的事情，也要努力使自身发展更好惠及亚太和世界。中国将奉行与邻为善、以邻为伴的周边外交方针和睦邻、富邻、安邻的周边外交政策，贯彻亲、诚、惠、容的周边外交理念，愿意同所有邻国和睦相处"[1]——因为，随着我国综合国力的不断提高，中国将有更大的能力和意愿来促进区域经贸合作，所以中国提出了"一带一路"的宏伟战略构想，并积极促进落实，争取为推动区域合作发展的进程，为地区的互联互通、共同繁荣做出新的更大的贡献。从这个意义上讲，推动贸易与投资便利化以及基础设施的互联互通既是"一带一路"战略的重要内容，也是中国 FTA 战略的支点。目前，商务部正在研究确定"一带一路"沿线 65 个国家的 FTA 战略布局。与此同时，中国也在积极推动区域全面经济伙伴关系（RCEP）谈判，并争取在 2015 年年底前完成所有实质性谈判。构建"一带一路"就是要建立以中国为核心、亚欧大陆为依托的新贸易轴心，打通亚、欧、非三大洲，实现"旧大陆"全球化时代的经贸一体化，构筑"一带一路大 FTA"，并在"一带一路"沿线国家和国内有关省市建立相应的自贸园区（FTZ）或者经济合作区，形成一个亚欧大陆经贸合作的闭环，实现贸易、技术、服务、劳务自由流动，进而恢复和重建新型亚欧伙伴关系。"一带一路"是走出去战略，FTA 是对外开放战略，二者相辅相成。"一带一路"可以以 FTA 形式推动，经由国内自贸园

---

[1] 《习近平在亚太经合组织工商领导人峰会开幕式上的演讲》，http：//www. wenming. cn/specials/zxdj/xjp/xjpjh/201411/t20141109_ 2280445. shtml。

区（FTZ）和国际自由贸易区（FTA）建设的加速而逐步落地，从而促进区域经济一体化的发展。

中海 FTA 中的"海"指海湾阿拉伯国家合作委员会（Gulf Cooperation Council，GCC，简称"海合会"）。海合会成立于 1981 年 5 月，其成员国包括阿拉伯联合酋长国（以下简称"阿联酋"）、沙特阿拉伯（以下简称沙特）、阿曼、科威特、巴林、卡塔尔等六国。海合会各成员国的经济社会状况如表 1.1 所示。海合会自成立以来，在中东地区乃至阿拉伯世界发挥了重要作用，是该地区最为重要的区域性组织之一。[①]

表 1.1　　　　　海合会各成员国基本经济社会状况（2013 年）

国家	GDP（十亿美元）	人均 GDP（美元）	人口（百万）	通胀率（%）	国土面积（平方公里）
阿联酋	369.36	64779.94	5.70	0.02%	83600
阿曼	79.79	24729.05	3.19	3.3%	309501
巴林	12.10	23930.49	1.17	2.0%	706.5
卡塔尔	204.70	98737.09	1.91	3.01%	11437
科威特	183.30	44584.84	3.89	3.3%	17820
沙特	745.62	25162.54	29.63	3.6%	2250000
海合会	1595.87	—	45.50	—	2673064.5

数据来源：笔者依据世界银行等数据库数据整理得来。

中国与海合会六国的直接贸易往来由来已久，自 20 世纪 80 年代开始进入较快发展阶段。2004 年 7 月，中海双边签署了"经济、贸易、投资和技术合作框架协议"，并宣布正式启动建立中海 FTA 的相关谈判。[②] 2005 年 4 月，首轮谈判在沙特首都利雅得举行，4 轮谈判后却一度中断；2009 年 6 月，双方重启中海 FTA 谈判，在货物贸易谈判大多数领域达成了共识，并启动了服务贸易谈判；中国同大多数海合会国家签订了经济贸易与技术合作协议，建立了经济贸易混合委员会，并签订了投资保护协议和避免双重征税协议；但 FTA 谈判至今未果。首次中国—海合会战略对话部长级会议于 2010 年 6 月 4 日在北京举行，双方签署了《中国和海合会成员国关于战略对话的谅解备忘录》。2011 年 5 月 2 日，双边举行了第

[①] 海湾合作委员会简介：http://politics.people.com.cn/GB/8198/144752/144861/8754348.html.

[②] 潜旭明：《"一带一路"战略的支点：中国与中东能源合作》，《阿拉伯世界研究》2014 年第 3 期。

二次战略对话，同意继续保持战略对话，希望能尽早完成 FTA 谈判。2013 年 9 月 23 日，中国外交部部长王毅在纽约联合国总部集体会见海合会轮值主席国巴林外交大臣哈立德、下任轮值主席国科威特副首相兼外交大臣萨巴赫和秘书长扎耶尼时表示，中国新一届政府高度重视发展同海合会的关系，愿与海方共同努力，促进中海合作关系长期稳定、可持续发展，推动中海 FTA 谈判早日重启。此后，加快推进中海 FTA 谈判成为中海双边合作努力推动的重点工作之一。2014 年 1 月 17 日，中海第三轮战略对话在北京举行。习近平总书记会见了参加对话的海合会代表团并指出，中方始终重视与海合会国家的双边关系，中海 FTA 谈判历时已有 10 年之久，做了大量基础性工作，应该加快双边磋商步伐，早日签署协定。① 会后发表的新闻公报中，亦突出强调了要加快中海 FTA 谈判进程。国务院总理李克强于 2014 年 3 月 14 日在北京表示，中国愿与沙特等海合会成员国一道，趁热打铁，尽快重启中海 FTA 谈判，争取达成高水平、互利双赢的协议；并于 2014 年 6 月 3 日在人民大会堂同科威特首相贾比尔举行会谈，希望科方积极推动重启中海 FTA 谈判并促进最终协议的达成，促进中阿战略合作关系不断向前迈进。②

尽管近年来双方领导人均纷纷表示要加快中海 FTA 的谈判进程，但新一轮磋商至今仍未开始，相比犹如井喷般爆发的中海经贸发展形势，中海 FTA 谈判的历程显得过于漫长。③ 随着近年来中海贸易额的迅速提升，以及中阿合作论坛和中阿经贸论坛（已更名为中阿博览会）的成功举办，重启中海 FTA 谈判的时机已经成熟。中海建立 FTA 不仅能够密切双方的经贸合作关系，也有利于双边的安全稳定。此外，中海 FTA 的最终建成，还将有利于保障我国的石油安全，增进和巩固我国在中东的战略地位，回避在中东地区经济和政治领域被"边缘化"的风险，使我国获得更加广阔的发展空间，也将为我国同其他发展中国家的区域经济合作起到良好的示范效应。

2014 年 6 月 5 日，中阿合作论坛第六届部长级会议在北京召开。"一带一路"建设成为此次会议的重点议题之一。④ 在此次会议上，习近平总

---

① 习近平会见海湾阿拉伯国家合作委员会代表团，《世界知识》2014 年第 3 期。

② 赵成：《李克强同科威特首相贾比尔会谈》，《人民日报》2014 年 6 月 4 日，001 版。

③ 余泳：《中国与海湾合作委员会关系研究（1981—2010）》，上海外国语大学，2011 年。

④ 《中海 FTA 谈判有望加快推进》，《中国证券报》，2014 年 6 月 5 日，A02 版。

书记作了题为《弘扬丝路精神深化中阿合作》的重要讲话。他在讲话中指出，中阿是共建"一带一路"的天然合作伙伴，弘扬丝路精神，就是要坚持合作共赢，不断深化全面合作、共同发展的中阿战略合作关系，既要登高望远、也要脚踏实地，构建"1+2+3"① 合作格局。习总书记特别强调，脚踏实地就是要争取早期收获，只要中阿双方有共识、有基础的项目，如中国—海湾阿拉伯国家合作委员会自由贸易区、中国—阿联酋共同投资基金、阿拉伯国家参与亚洲基础设施投资银行筹建等，都应该加快协商和推进，争取成熟一项实现一项；"一带一路"建设越早取得实实在在的成果，就越能调动各方面积极性，发挥引领和示范效应。上述讲话精神是新一届中央政府对我国与阿拉伯国家重要关系的首次政策宣示，也是我国全方位外交政策的重要组成部分，指出了中阿共建"一带一路"、进一步扩大双边合作的重点领域，为中阿关系未来发展带来了新的活力。"应加快消除中国与海合会 FTA 建设中的阻碍，为建立中国与阿拉伯国家自由贸易区做准备"亦被纳入《中国—阿拉伯国家合作论坛 2014 年至 2016 年行动执行计划》。"一带一路"战略是中国全方位开放格局建设新的重要抓手，也将为中国与海合会国家加强贸易合作创造有利契机。"一带一路"战略的顶层设计和总体规划，将有利于稳固中国与海合会各国的友好合作关系，释放中国和海合会国家外交关系和谐健康发展的"战略红利"；有利于提升中国与海合会国家贸易投资便利化程度，促进两地统一大市场的形成，最终实现区域经贸协同发展。中海 FTA 作为"一带一路"建设的重点有望加快推进。

中国与海合会国家有着广泛的经济、政治与地区安全上的共同利益，中海间建立 FTA 是大势所趋。新制度经济学与新经济增长理论认为，制度作为经济增长的关键因素，是新经济增长模型中的内生变量。中海经贸关系的快速发展和双方政治外交关系的日益改善，为进行双边经贸关系的制度创新奠定了良好基础，中海 FTA 正是基于共同利益而提出的战略构想。目前，这一制度创新还停留在谈判层面，要把它变成现实，还需排除

---

　　① "1+2+3"合作格局中的"1"是指以能源合作为主轴，深化油气领域全产业链合作，维护能源运输通道安全，构建互惠互利、安全可靠、长期友好的中阿能源战略合作关系；"2"是以基础设施建设、贸易和投资便利化为两翼，加强中阿在重大发展项目、标志性民生项目上的合作，为促进双边贸易和投资建立相关制度性安排；"3"是指以核能、航天卫星、新能源三大高新领域为突破口，努力提升中阿务实合作层次。

经济、政治及历史等多方面的制约因素，也有必要对构建中海 FTA 涉及
的相关问题进行全面深入的研究。

二　研究意义与目的

中海 FTA 的建立不仅能够增强双边贸易总额、提高双边经贸水平，
还能密切双边的政治、文化、社会等各个方面的交流，进一步稳固双边石
油合作。此外，中海 FTA 的建立对提升彼此在全球政治与经济中的地位，
扩大成员国在世界经济中的话语权也具有重要的促进作用。在此背景下，
建立中海 FTA 不仅经济意义重大，同时也体现出了跨时代的战略意义。

本书的研究意义就在于分析如何在中海经贸关系快速稳定发展的形势
下，充分利用中海间经济结构互补及牢固的政治基础等有利因素，建立中
海 FTA 的可行性、预期效应、障碍及推进战略，为推动中海 FTA 建立提
供一些借鉴和参考，为实现中海经贸关系的战略升级尽学界的绵薄之力。
从另一层面看，就当前国际区域经济合作的现状而言，无论是发达国家与
发达国家之间（如欧盟），还是发达国家与发展中国家之间，其经济一体
化合作都相对较为成功，相形之下，发展中国家与发展中国家之间的经济
一体化进程还相对缓慢。因此，本书对于发展中国家之间进行区域经济合
作所进行的拓展性研究，亦具有重要的理论意义，有助于推动区域经济一
体化相关研究的进一步发展。

第二节　研究内容、思路与方法

一　研究内容

在经济全球化及区域经济一体化的时代背景下，本书对中海区域经济
合作问题进行了深入研究。研究以规范分析、实证分析为主，并理论联系
实际。主要研究内容包括如下几个部分：

其一，对中海双边贸易的互补性和竞争性进行研究。以 FTA 理论为
基础，对比并量化分析了中海双边经贸关系的发展现状，同时对中海宏观
经贸之间的互补性和竞争性进行了探讨。运用贸易强度指数、贸易结合度
指数、RCA 指数、TC 指数、贸易互补性指数、出口相似度等指标对中海
双边经贸关系进行了研究；既针对货物贸易进行研究，还对双边服务贸易

及直接投资进行了分析，以期弥补当前学术界对中海服务贸易及直接投资领域研究的欠缺。

其二，建立中海 FTA 的预期效应研究。本书将结合中国和海合会六国的实际经贸情况，从定性和定量两方面考察中海商签 FTA 的经济基础，以既有理论为基础对中海 FTA 的静态效应以及动态效应进行理论分析：首先，分析中海 FTA 预期贸易效应的形成机理；其次，从关税减让及比较优势等理论出发，对中海 FTA 产生的贸易创造效应和贸易转移效应进行探讨；进而，重点分析中海 FTA 产生的长期效应，同时采用目前在 FTA 可行性研究中普遍使用的引力模型和 GTAP 模型进行定量分析，探讨双方签署 FTA 协定产生的经济效应，即：运用引力模型分析中海 FTA 的区域贸易潜力，运用 GTAP 模型分析中海 FTA 建立后中海双边贸易规模、条件等方面较基准方案的变动情况；最后，以新区域主义理论为依据，分析中海 FTA 建立的预期非传统收益，从而进一步扩展了建立中海 FTA 的预期效应研究。

其三，从政治、经济等多个视角，对建立中海 FTA 存在的障碍因素进行全面、系统、深入的探讨，旨在弥补当前学术界对中海建立 FTA 障碍因素研究的不足。

其四，FTA 是实现中海双边巨大预期收益的一种制度性安排。为尽快扫除障碍因素以早日建立中海 FTA，本书将在前述研究的基础之上，借鉴国际上有关 FTA 建设的成功经验，将双边发展现状与世界多边贸易体制的要求相结合，并根据新制度经济学的相关理论，对中海 FTA 的制度安排以及可能的推进战略进行研究，提出早日建立中海 FTA 的战略构想和目标路径。

二 研究思路

本书的研究将以建立 FTA 的传统收益和非传统收益理论为基础，以探索中海间是否具备建立 FTA 的基础为主线，以研究建立中海 FTA 的预期效应为核心，从理论、实证等多个层面解析中海经贸关系的互补性，以及进一步加深存在的巨大潜力，进而研究分析建立中海 FTA 的诸多预期效应，并揭示双边建立 FTA 过程中存在的障碍，提出克服障碍因素、推动中海 FTA 谈判的战略构想与具体政策建议，即：首先，进行相关文献和数据的收集和整理；进而，对在 FTA 经验研究中用到的各种方法的优缺点和方法之间的逻辑关系进行梳理，对可能的改进进行探索；继而，采用改进后的研究方法，研究中海 FTA 建立的可行性、预期效应及障碍等问题；最后，提出推进中海 FTA 早日建立的战略构想与具体政策建议。具体研究思路如图 1.1 所示。

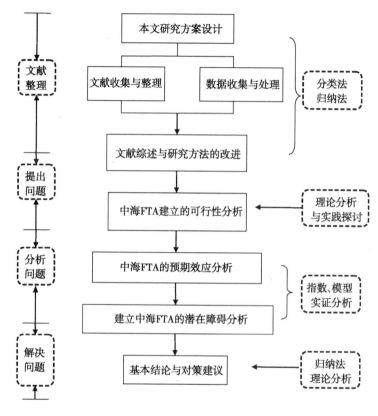

图 1.1　本书研究思路图示

三　研究方法

1. 历史与现实相结合的研究方法。本书将立足中海经贸合作的历史与现实，深入探讨建立中海 FTA 的经济基础与障碍，并对中海 FTA 的发展前景进行展望，从而制定相应的战略构想与具体政策建议，以期推动中海 FTA 的早日建立。

2. 文献整理研究法。通过中国知网、ideas 学术网站、JSTOR 外文期刊数据库、Sciencedirect 外文期刊数据库、各国际组织和研究机构的报告和工作论文，搜集大量与本课题相关的文献资料，在充分借鉴已有研究成果的基础之上，确定本课题的研究突破口和创新点。

3. 理论分析与实证分析相结合的研究方法。本书将对建立中海 FTA 的可行性和预期效应进行相对系统和完整的理论探讨，并搜集整理国家统计局、各类统计年鉴、UN comtrade 数据库、IMF 数据库、WITS 数据库、WTO、FAO 等官方发布的大量翔实可靠的数据，展开实证分析——应用各类指数测算中国与海合会国家贸易结构方面的变迁；基于引力模型，定量分析建立中海 FTA 对区内贸易的扩大效应与转移效应；利用 GTAP 软件，从比较静态的视角模拟分析中海 FTA 的预期效应。

4. 比较研究法。通过实际对比中海双边的经济基础，分析中海双边经贸的互补性和竞争性关系，为双边经贸关系的进一步发展提炼出普遍性规律。

第三节　研究重点难点及预期

一　研究的重点难点

1. 由于国际上并没有把海合会作为一个经济整体进行数据统计，而有关海湾六国的贸易与投资数据也较为匮乏，部分数据也会因为统计发布单位没有及时发布或更新数据而导致数据比较陈旧，预期数据的搜集工作比较困难，从而降低研究成果的前沿性。

2. 由于目前国内外针对中海 FTA 的深入研究较少，相关资料不够充分，因而可资借鉴的前期研究成果有限。尽管中海 FTA 已经过多轮谈判，但与谈判相关的资料的获取还存在较大难度。

3. 本书的研究重点不仅包括中海双边货物贸易，还涵盖了服务贸易领域以及直接投资领域，也将增大研究的复杂性与难度。

二　研究预期

1. 研究视角。在目前对中海 FTA 研究的既有文献中，暂时还缺乏对中海 FTA 建立较为系统全面的研究。本书将在理论分析的基础之上，着重基于中海双边货物贸易、服务贸易及投资数据进行实证分析，为中海 FTA 谈判提供深层次的背景分析、政策建议和决策依据。本书对中海 FTA 研究既包括货物贸易，还包括服务贸易以及直接投资。在分析中海 FTA

带来的预期效应时，既规范分析了 FTA 带来的效应，又实证分析了 FTA 带来的预期效应；既分析了中海 FTA 的经济效应，也分析了非传统效应及预期成本。

2. 研究方法。本书从中海贸易现状分析入手，将传统理论、贸易指数与模型实证分析三种研究方法结合起来，系统分析了中海 FTA 的预期效应。在实证分析时分别运用引力模型和 GTAP 模型，使整个研究进一步细化，更具科学性和说服力。

第四节　研究存在的不足

一　相关数据

由于海合会国家在服务贸易及外商直接投资方面部分数据的缺失，给双边服务贸易及直接投资领域的深入研究带来了较大困难，尽管文章对相关数据进行了合理化的处理，但这也是今后研究需要进一步完善之所在。

二　研究方法

在研究方法上，本书采用了静态 GTAP 模型来研究中海 FTA 所带来的经济影响。因而，模型中仅考虑了由于资源分配效率和消费选择的提高而带来的收益，并未将贸易、投资与增长之间的关系纳入考虑范畴。为弥补静态模型的不足，已有学者通过改变模型的假设条件，对模型进行动态化处理，对比模型的基期情景以及 FTA 的演变模式，研究在不同时期，FTA 产生的演进式动态影响。因此，这也将成为笔者今后的研究方向，即：通过建立动态 GTAP 模型，研究分析中海 FTA 建立的不同阶段所带来的各种福利效应。

第五节　相关概念的界定

一　区域贸易协定（RTA）

区域贸易协定（Regional Trade Agreements，RTA）指两个或两个以上

的国家，或者不同关税地区之间，为了消除成员间的各种贸易壁垒，规范彼此之间贸易合作关系而缔结的国际条约。按照组织性质与区域经济一体化发展程度的高低，区域贸易协定可划分为以下六种类型：优惠贸易安排（Preferential Trade Arrangement，PTA）、自由贸易区（Free Trade Area，FTA）、关税同盟（Customs Union，CU）、共同市场（Common Market，CM）、经济同盟（Economic Union，EU）和完全的经济一体化（Perfectly Economic Integration，PEI）。

在国际贸易的历史上，区域主义先于全球主义，早在 GATT 生效前即已存在，以欧盟、北美自由贸易区和亚太经合组织最具代表性。在多元化的当代国际社会，由于各国、各区域经济发展水平的不平衡及特定时期政治经济因素的影响，客观上也需要多种类别、不同形式的经济合作，多边贸易体制因而逐步成为经济全球化进程中最重要的全球性制度安排。在该体制之下，双边及区域性的贸易协定亦渐次形成，当今世界经济已呈现诸多双边、区域、多边贸易体制并存之态。

二　自由贸易区（FTA）

自由贸易区（Free Trade Area/Agreement，FTA）常指两个以上的国家或地区，通过签订自由贸易协定，相互取消绝大部分货物的关税和非关税壁垒，取消绝大多数服务部门的市场准入限制，开放投资，从而促进商品、服务和资本、技术、人员等生产要素的自由流动，实现优势互补，促进共同发展。

然而，对于"自由贸易区"这一概念，不同学者从不同视角和需要出发都有着各不相同的表述。本书所探讨的 FTA 协定，是指世贸组织成员间在世贸组织框架内为实现贸易和投资进一步自由化而洽签的贸易协定，亦称之为"区域贸易协定或优惠贸易协定"。

如果单纯从贸易往来的金额数据来看，FTA 的建立不会对贸易增长产生立竿见影的效果，因为 WTO 成员间的关税已经降低到相当水平，进一步降税的空间已不大，而由于原产地规定等限制，FTA 还可能增加某些商品的出口成本。但是，FTA 的建立可以增进缔约方之间的了解与互信，在政治经济文化等多方面建立起更加紧密的关系，进而促进本地区或次区域的繁荣与发展，为世界经济的稳定发展做出贡献。

双边 FTA 协定和 WTO 新一轮多边贸易谈判的目标基本一致，并存在互补关系。但由于双边 FTA 协定具有"对内自由、对外保护"的属性，它对 WTO 多边贸易体制必然产生正反两方面的影响：一方面，二者所体现的自由贸易原则、透明度原则和公平贸易原则等贸易原则基本一致，因而其所产生的经济效应也基本一致；另一方面，由于双边 FTA 协定具有排他性，对第三方存在不公平的贸易待遇，事实上形成了新的贸易保护主义壁垒。但是，从 GATT 到 WTO，双边 FTA 协定始终得到认可，具有合法性，所以双边 FTA 协定可能是向多边贸易体系过渡的一种无法取代的重要形式。

特别需要指出的是，2013 年 8 月，中国国务院决定在上海设立中国大陆第一个自由贸易试验区（Free Trade Zone，简称 FTZ），其属于国内自贸区，亦称为自由贸易园区，指一个国家或单独关税区内设立的用栅栏隔离、置于海关管辖之外的特殊经济区域。本书所研究的自由贸易区与中国（上海）自由贸易试验区的"自由贸易区"并非同一概念。

第二章 理论基础与文献述评

第一节 理论基础

一 古典贸易理论

1776 年,经济学家亚当·斯密(Adam Smith)在批判重商主义的限制贸易政策过程中首创性地提出了分工学说,认为分工可以避免效率的损失,全球分工以及专业分工可以有效地提高贸易保护主义政策下的效率。[1] 亚当·斯密也由此成为自由贸易理论(Free Trade Theory)的鼻祖。以此为基础,亚当·斯密提出了绝对优势理论(Theory of Absolute Advantage),又称绝对成本说(Theory of Absolute Cost)、地域分工说(Theory of Territorial Division of Labor)。该理论将一国内部不同职业之间、不同工种之间的分工原则推演到各国之间的分工,从而形成国际分工理论。绝对优势理论是最早主张自由贸易的理论,为自由贸易理论的进一步发展奠定了基础。亚当·斯密的研究虽然在理论上具有重要意义,但其仍存在一定的不足,不能解释所有国家间国际贸易的基础,特别是当某国所有产业的生产成本均处于绝对劣势,而该国参与到国际贸易中仍能获益的问题。

1817 年,大卫·李嘉图(David Ricardo)在绝对优势理论的基础上进行拓展,形成了比较优势理论(Law of Comparative Advantage),并在其著作《政治经济学及赋税原理》中进行了详细阐述[2]——国际分工有着极为重要的意义,多数情况下不同国家是生产技术存在相对差别,而非绝对差别,因而一国在选择生产产品时应遵循"两优相权择其重,两劣相权

---

① [英] 亚当·斯密:《国富论》,谢祖钧译,新世纪出版社 2007 年版。
② [英] 大卫·李嘉图:《政治经济学及赋税原理》,商务印书馆 1976 年版。

取其轻"的原则，从而实现各国收入和福利水平的最大化。[①] 比较优势理论一经提出便得到广泛重视，成为现代国际贸易理论发展的基石，并为各国对外贸易政策实践提供了有效的指导。

通过不断发展，自由贸易理论成为国际贸易理论的主流学派，以及各国对外贸易实践追求的目标，对各国对外贸易政策的制定产生了重要影响。自由贸易理论认为，自由贸易能够促进国际分工，并发挥不同国家的比较优势，有效促进要素的最优配置，促进技术的创新和社会资源的节约，强化自由竞争，减少垄断，提高经济效益，使参与贸易的双方从中获益。此外，各国根据本国的禀赋条件，通过商品进出口的调节，降低成本，也将有利于提高利润率，促进资本积累，提高真实国民收入水平。工业革命后，绝大部分西方国家开始推行自由贸易的相关政策。第二次世界大战后，经济全球化以及区域经济一体化也因而得到了迅速发展。

二　新古典贸易理论

伴随以"劳动价值论"为基础的古典经济学向新古典经济学的过渡，国际贸易研究也由此开辟了新的领域，获得了新的分析工具，并形成了比较完整的新古典贸易理论，其基本模式是要素禀赋理论（H—O 理论）。

1919 年，瑞典经济学家赫克歇尔（Eli F. Heckscher）指出，要素禀赋差异是国际贸易产生的基本原因。[②] 1933 年，俄林（Bertil Gotthard Ohlin）对其老师赫克歇尔的研究进行了全面拓展，并形成了要素禀赋理论（H—O 理论）。[③] 要素禀赋指某国所拥有的不同生产要素的相对比率。该理论认为，在相同的技术条件下，产品生产过程中使用的要素价格差别造成了产品的成本差异，要素的价格差异又是由于不同国家各种要素的拥有程度，即生产要素的相对丰裕程度不同所造成的。由此可以推理得出，某国各种生产要素的相对丰裕程度决定了该国贸易产品的相对优势，因而不同国家在进行贸易时，应进口较密集使用本国稀缺要素的商品，出口较多使用本国丰裕要素的商品。若所有国家均按照上述原则进行贸易，那么各国的要素都会得到有效配置，福利水平也将得到提高。因此，要素禀赋

①　陈丹宇：《知识要素与 H—O 贸易理论的拓展》，《国际贸易问题》2003 年第 7 期。

②　Heckscher, E. F, The Effect of Foreign Trade on the Distribution of Income, *Ekonomisk Tidskrift*, 1919.

③　［瑞典］俄林：《区域贸易与国际贸易》，逯宇铎译，华夏出版社 2013 年版。

将决定一个国家的比较优势，进而极大地影响着国际分工与贸易结构。[①]

H—O 理论与比较优势理论一并成为解释国际贸易发生机理的主流理论，也成为主张自由贸易的重要理论依据。二战后，一些经济学家利用经验数据对该理论进行检验，以考察其结论是否符合国际贸易的现实。然而，若干检验结果却并不支持 H—O 理论，其中最早亦最具影响力的检验是里昂惕夫（Wassily W. Leontief）所进行的检验，即著名的里昂惕夫之谜。[②] 整体来看，H—O 理论很好地解释了各国在比较优势的条件下进行自由贸易的原因，即各国存在资源禀赋的差异。但二战后，技术差异和规模经济也成为了解释国际贸易发生的重要原因。

1941 年，斯托尔珀（Wolfgang Stolper）和萨缪尔森（Paul A. Samuelson）在 H—O 理论的基础之上进一步拓展，由此得出了斯托尔珀—萨缪尔森定理。该定理指出，在进行国际贸易的条件下，一国拥有丰裕要素的所有者的收入将会得到提高，反之则会减少——事实上已隐含提出了国际贸易增长与收入差异扩大之间的关系。1955 年，雷布津斯基（Rybczynski）在分析了生产要素增长对国际贸易的影响后，提出了雷布津斯基定理。该定理认为，在生产技术、商品相对价格和需求偏好不变的前提下，一种生产要素的增加会导致密集使用该要素产品产量的增加，另一种产品产量的减少。这里的产量变化主要强调了一般均衡状态下的均衡产量（由最优生产点代表）的变化，不同于上面提到的生产能力（由生产可能性曲线代表）的变化。

三　当代贸易理论

1. 新贸易理论

第二次世界大战以后，新技术革命以及各国经济体制的变革推动了国际贸易的巨大变化——产业内贸易成为国际贸易的主要贸易类项，跨国公司占据了国际贸易的主体地位，国际贸易的市场结构也由战前的以完全竞

---

① 鞠建东、林毅夫、王勇：《要素禀赋、专业化分工、贸易的理论与实证——与杨小凯、张永生商榷》经济学（季刊）2004 年第 4 期。

② 里昂惕夫在 1953 年和 1956 年的两次研究中发现了一个难以解释的现象：按照传统理论，美国这个世界上具有最昂贵劳动力和最密集资本的国家，应主要出口资本密集型产品，进口劳动密集型产品。但事实恰好相反，美国出口量最大的却是农产品等劳动密集型产品，进口量最大的却是汽车、钢铁等资本密集型产品——这被称之为"里昂惕夫之谜"。

争市场为主转变为以垄断竞争市场为主。上述现象对传统国际贸易理论构成了挑战。为了解释这些新的国际贸易现象，以迪克希西特（Avinash K. Dixit）、克鲁格曼（Paul R. Krugman）、雷蒙德·弗农（Raymond Vernon）等为代表的经济学家提出了一系列新的学说，学界将其统称为新贸易理论。①

新贸易理论认为，产业内贸易以及发达国家的贸易发展已逐渐取代要素禀赋和技术优势成为国际贸易发展的基础。1977 年，迪克希特（Avinash K. Dixit）与斯蒂格利茨（Joseph Eugene Stiglitz）共同建立了迪克希特—斯蒂格利茨模型（Dixit – Stiglitz Model，简称 D – S 模型），② 后经克鲁格曼（Paul R. Krugman）的发展，形成了规模经济理论。该理论认为，贸易并不一定就是技术或要素禀赋差异造成的，而应该是市场扩大以获取规模经济的一个内生动力，国际自由贸易可以形成一个世界性的一体化市场，能够有效地扩大市场规模，规模经济也将成为国际贸易的动因和基础。③ 1961 年，林德（Staffan Linder）提出了代表性需求理论（亦称重叠需求贸易理论），认为需求和产品差异是产业内贸易产生的重要原因。④ 某国的代表性需求就是该国平均的收入水平，生产者要想实现规模经济，必须专门生产满足代表性需求的产品，而在国际贸易中收入水平越是相似的国家之间，其产业内贸易也就越多。同年，波斯纳（Richard Allen Posner）提出了技术差距贸易理论，认为不同国家间存在技术差距是造成贸易中比较利益差异的重要因素，⑤ 如果一国在某种产品上具有技术优势，那么当产品进入国际市场后，该国将获得更多的贸易收益。弗农和威尔斯（L. Wells）则将比较利益学说发展成为动态学说，并提出了产品生命周

① 杨小凯、张永生：《新贸易理论、比较利益理论及其经验研究的新成果：文献综述》，《经济学（季刊）》2001 年第 1 期。

② Dixit A. K., Stiglitz J. E., Monopolistic Competition and Optimum Product Diversity, *The American Economist.* 1977. 67（3）：pp. 297 – 308.

③ ［以］赫尔普曼，［美］克鲁格曼，尹翔硕：《市场结构和对外贸易》，尹翔康译，上海人民出版社 2008 年版。

④ Linder S., *An Essay on Trade and Transformation*［M］. New York：John Wiley and Sons：1961.

⑤ Richard Allen Posner V., International Trade and Technical Change, *Oxford Economic Papers* 1961，13，pp. 323 – 341.

期的四阶段模型 （如图 2.1 所示）。① 该理论认为，正是由于不同国家技术进步贡献的差异，才导致了产品生命周期的产生。该理论既很好地解释了发达国家与发展中国家之间的产业内贸易，同时也有效地解释了发达国家之间的产业内贸易。

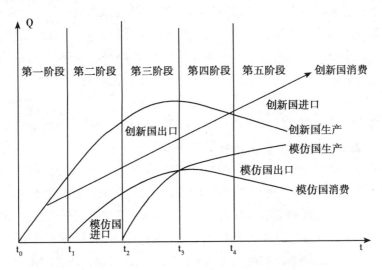

图 2.1　国际贸易产品生命周期的四阶段模型

2. 战略性贸易保护理论

战略性贸易保护理论产生于 20 世纪 80 年代。1985 年，芭芭拉·斯宾塞（Barbara J. Spencer）和杰姆斯·布兰德（James A. Brander）认为，政府应注重贸易政策的单边激励效应，争取从不完全竞争市场中获得更多的市场份额，其理论经不断发展，最终形成了战略性贸易保护理论，主要包括利润转移论和外部经济论，其中：利润转移论包括战略性进口政策、战略性出口政策以及进口保护促进出口的政策，认为在国际贸易中，国家应从战略性角度出发，积极运用干预性的贸易政策，通过研发补贴或出口方面的补贴来促进出口；通过进口关税的调节来维护本国厂商的利益；通过制定一系列贸易政策，扶持本国企业和产业的发展，从而获得竞争优势，增加本国的经济福利。外部经济论又包含技术性外部经济和收益性外部经济，认为对于存在外部经济的产业，国家应予以扶持，从而提高

---

① Vernon, R., International Investment and International Trade in the Product Cycle, *Quarterly Journal of Economics*, 1966, 05.

该产业的规模与国际竞争力。此外，战略性贸易保护理论还认为，消费者在某种程度上也属于一种资本，对价格有着重要的影响。从既有研究来看，国家的战略性贸易政策的确具有较强的贸易促进效应，但是对其效应评价的差异也很大。为此，战略性贸易政策理论主张应当仅针对对本国经济发展具有重要促进作用的战略性产业进行扶持补贴。

新贸易理论还认为，贸易利益不仅来自于比较优势，规模经济性、增加了不完全竞争产业的竞争程度抑或是产品的差异性，都有可能影响到国家的贸易效益。因此，参与国际贸易并不一定总能获益。

3. 新新贸易理论

古典贸易理论、新古典贸易理论甚至新贸易理论往往都以企业的同质化为假设前提。然而，作为国际贸易的实际行为主体，企业的差异性必将对国际贸易产生一定的影响。2003 年，梅里兹（Melitz）在其研究中提出了异质性企业模型，[①] 将企业生产率的差异性引入成本中，分析企业不同的生产率对其选择利益最大化的影响，并分析了开放经济与贸易自由化的影响。同年，安特拉（Antras）构建了企业的内生边界模型，[②] 探讨了在不完全契约的条件下，如何确定企业组织形式的问题，即跨国企业的内生边界问题。上述两个模型共同构成了新新贸易理论（New – New Trade Theory）。该理论以异质性企业为基础，对当今世界贸易中的结构、模式等问题具有较强的解释力。

异质性企业模型和企业的内生边界模型的出现引起了国内外学者的广泛探讨，其后的研究工作主要从两种途径对该理论进行完善：其一是对模型的拓展，梅里兹和安特拉的建模思想吸引了许多学者对异质性企业的研究，如非对称国家的异质性企业贸易模型、异质性企业的动态模型、内生异质性企业贸易模型等，这些模型均将企业的异质性作为重要的考量因素，分析其在贸易中的作用；其二是对各国实际数据进行计量检验的经验研究，如洛克（Nocke）和耶普尔（Yeaple）（2007，2008）分析认为，对于异质性企业而言，由于各国差异性的生产成本，在直接投资的选择上，高生产率的企业倾向于绿地投资，低生产率的企业倾向于跨国并购；

---

① Melitz, M. J., The Impact of Trade on Intra – IndustryReallocations and Aggregate Industry Productivity, *Econometrics*, 2003. 71：1695 –1725.

② Antràs, Pol., Firms, Contracts, and Trade Structure, *Quarterly Journal of Economics*, 2003. 118：1375 –1418.

鲍德温（Baldwin）和弗斯里德（Forslid）（2010）认为，可变贸易成本以及固定贸易成本的下降，都可以促进贸易的自由化，并提供总体福利；新新贸易理论以国际贸易中的微观主体企业为核心，研究企业在国际贸易中的重要作用，也开启了国际贸易研究的新领域。

四　区域经济一体化相关理论

1. 区域经济一体化的类型

1961 年，李普西（K. G. Lipsey）在其《国际一体化：经济联盟》一文中指出，区域经济一体化可依程度划分为优惠贸易安排、自由贸易区、关税同盟、共同市场、经济同盟以及经济完全一体化等几类（表 2.1）。[①]在最初的贸易一体化阶段，各国之间取消对商品贸易流动的限制，并进入要素一体化阶段（各国间的资本、劳动力、原料以及技术等要素能够自由流动），进而进入政策一体化阶段（各国执行相对协调一致的经贸政策），最终实现区域经济的完全一体化。区域经济一体化类型的主要划分依据是区域内各要素的流通程度，其特征如表 2.1 所示。

表 2.1　　　　　　　　　　　　　经济一体化的类型

经济一体化类型	特征
优惠贸易安排（Preferential Trade Arrangement，PTA）	成员国互相给予全部或部分商品的特别关税优惠，这是经济一体化的最初级阶段，成员国之间的关系较为松散。
自由贸易区（Free Trade Area，FTA）	区域贸易安排的主要形式，成员国通过签署 FTA 协定，在区域内或区域间形成 FTA，区域内各国间免征关税，商品在区域内能够自由地流动，部分非关税壁垒得以消除。但对区域外的国家仍存在各自的贸易政策及贸易壁垒。传统意义上的 FTA 包括货物贸易、原产地规则、争端解决机制等。但随着全球化的不断深入，FTA 已扩展至服务、投资、知识产权、环境等领域，还兼顾了卫生和植物卫生措施、竞争政策、劳工标准等。
关税同盟（Customs Union，CU）	不仅实现了区域内各国间的零关税及零贸易壁垒，并要求各成员国协调对外贸易政策，统一对外关税。
共同市场（Common Market，CM）	除实现商品自由流动外，还要求各成员国打破生产要素流动的阻碍，实现区域内资本、劳动力、原料及技术等要素的自由流动。
经济同盟（Economic Union，EU）	区域内不仅实现了商品以及生产要素的自由流动，对外也实现了贸易政策的一致性以及对外关税的统一，而且还需要逐步消除各国社会经济政策方面存在的差异性，力争实现相同的经济社会政策，从而形成一个整体的经济实体。

[①]　Balassa, B., Tariff Reduction and Trade in Manufactures among the Industrial Countries, *American Economic Review*, 1966, Vol. 56.

续表

经济一体化类型	特征
完全经济一体化（Complete Economic Integration，CEI）	经济一体化的最高阶段，区域内各国实行相同的经济社会政策，使用共同的货币，商品以及生产要素能够自由流动，对外实现一致立场，成为一个超级国家体。

2. 区域经济一体化的经济效应

区域经济一体化理论认为，一国参与区域经济合作可以获得静态效应与动态效应。静态效应源于生产边际重置和自由贸易引发的消费模式变更所产生的收益，包括贸易创造（trade creation）和贸易转移（trade diversion）两种效应产生的净收益以及贸易条件的改善；动态效应则与自由贸易对经济增长的影响有关，通常用国内生产总值的增长率测量，包括资本流动、竞争和收入效应、要素市场一体化所产生的收益等。

20世纪30—40年代，关税同盟理论发展成为当时主要的区域一体化理论。[①] 1950年，美国经济学家维纳（J. Viner）出版了《关税同盟问题》一书，该书的出版标志着关税同盟理论的正式形成，该理论亦作为研究国际区域经济一体化贸易效应的核心内容，开启了国际区域经济一体化理论发展的序幕。该理论的核心观点是各国通过建立关税同盟，出口具有本国比较优势的产品，从而给本国带来更多的贸易福利。关税同盟的建立将会产生贸易创造和贸易转移两种效应，即：在建立关税同盟后，由于成员国相互间关税水平的下降，使其相互出口的商品总量得以增加，进而给成员国创造了新的贸易收益；同时，由于对外实行统一关税，相对而言，成员国更愿意从关税水平较低的成员国进口本国所需商品，而不再从非成员国进口，从而使得贸易福利由非成员国转移到了成员国。具体分析如下：

如图 2.2 所示，P_A 为封闭条件下 A 国某商品的均衡价格，P_B、P_C 分别表示 B 国和 C 国该商品的价格，假设 A 国对 B、C 两国均征收关税 t，P_B' 为 B 国该商品出口到 A 国的税后价格。由图 2.2 可知，$P_B < P_C$，说明 B 国是世界上生产 X 商品最有效率的国家；$P_B' < P_A$，所以关税同盟成立前，A 国从 B 国进口该商品，数量为 $Q_1 Q_2$，并征收关税 t，A 国国内的价

---

① 周八骏：《迈向新世纪的国际经济一体化：理论·实践·前景》，上海人民出版社1999年版。

格为 P_B′，关税同盟成立后，A 国和 B 国间的关税被取消，此时，A 国以更低的价格从 B 国进口更多的 X 商品，由此产生了贸易创造效应，也提高了 A 国的福利水平。图中，关税同盟成立后，A 国的消费者剩余由△NFE 变为△NHG，增加了梯形 EFHG 的面积；生产者剩余则由△EIJ 减少到了△GKJ，减少了梯形 EIKG 的面积；由于同盟内关税的免除，A 国的关税减少了 IFML，贸易创造效应使得 A 国增加了 ILK 和 FHM 面积的净福利。

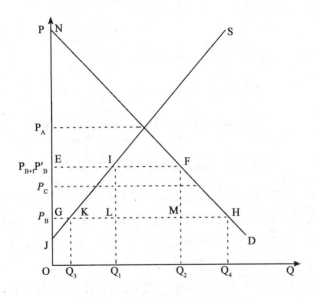

图 2.2　关税同盟的贸易创造效应

　　若 C 为世界上生产该商品最有效率的国家，关税同盟会通过将 A 国与 C 国间的贸易转移到 A 国与 B 国之间，给 A 国带来福利损失，这就是贸易转移效应。如图 2.3 所示，在关税同盟成立前，A 国对 B、C 两国的该种商品征收关税 t，由于 P_C < P_B，所以此时 A 国将选择从 C 国进口该商品，进口的数量为 Q_1Q_2。关税同盟成立后，A、B 成员国之间的关税被取消，使得 P_B < P_C′，此时 A 国转向 B 国进口数量 Q_3Q_4 的该种商品，A 国的消费者剩余由△NFE 增加为△NHG，净增加梯形 EFHG 的面积；生产者剩余从△EIJ 减少为△GKJ，减少了 EIKG 的面积；政府税收减少了 IFSR 的面积。因此，净福利为三角形 ILK 与三角形 FHM 的面积之和减去长方形 LMSR 的面积。

　　经过不断发展，关税同盟理论已成为一套较为完善的理论，广泛运用

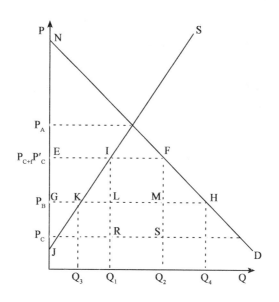

图 2.3 关税同盟条件下贸易的转移效应

于国际贸易实践的分析之中。[①] 随着区域经济一体化的发展，学者开始从要素自由流动、不完全竞争、规模经济等前提出发，研究区域经济一体化的收益问题，即关税同盟的动态效应。[②] 在建立关税同盟之后，关税降低使得成员国国内厂商面临来自其他成员国高效率厂商的竞争，迫使本国厂商提高自身的劳动生产率，降低生产成本，从而提高了消费者福利——这就是关税同盟的竞争效益。规模经济效益则是指，关税联盟的建立使各国市场得以联合，整体市场规模得以扩大，从而有利于生产厂商扩大生产规模，实现规模经济效益。[③] 与此同时，随着市场空间的扩大，既可以有效降低投资的风险，促进国内投资者加大投资规模，还有利于吸引同盟内其他成员国的投资，有效促进本国经济的发展。此外，由于关税同盟的建立，使得区域内商品等要素实现了自由流动，也使得经济资源在区域内得

---

① 李欣红：《国际区域一体化的经济效应分析理论综述》，《财经政法资讯》2007 年第 3 期。

② 梁双陆、程小军：《国际区域经济一体化理论综述》，《经济问题探索》2007 年第 1 期。

③ Corden W. M., Economies of Scale and Customs Union Theory, *The Journal of Political Economy*, 1972. 80 (3): 465 – 475.

到了更好的配置与利用。①

3. 有关区域经济一体化的其他理论

①大市场理论

1958 年，西托夫斯基（Tibor Scitovsky）通过对区域经济一体化的分析，提出了大市场理论。该理论以共同市场为考察对象，着重从动态角度分析区域经济一体化的经济效应，认为区域市场的大小直接决定了区域整体的竞争强度，即：在区域性经济组织成立之前，为维护本国利益，各国倾向于实行贸易保护政策，由此引致各国市场孤立狭小和缺乏弹性；通过组建统一的大市场，将各成员国的小市场联系起来，则可实现规模经济效应，并激化竞争，而上述两种效应也正是大市场理论的重要核心之所在。伴随经济一体化演进至共同市场，区域内不仅实现了商品贸易的自由化，也使得要素能够在区域内自由流动，进而形成一个大市场，从而有利于促进区域内市场的竞争，加速技术革新的速度，也有利于形成规模经济效应。与此同时，区域内市场的自由流通，也使得生产要素流向边际生产效率相对更高的地区，进而优化区域内的资源要素配置，促进区域内生产的增长和发展。② 而在这个"滚雪球"的过程中，整个区域经济也由此得到了进一步的快速扩张。③

②新区域主义

新区域主义（new regionalism）在分析区域经济一体化时，将区域内各国的经济规模差异纳入到福利效应的分析中，很好地解释了双边 FTA 的快速兴起、FTA 的非对称协定等经济现象。

20 世纪 90 年代以来，区域经济合作中出现了一种新的现象——"新区域主义额外支付"（side payment）——为了加入区域组织，许多小国往往做出较大国更多的让步，即：在 FTA 的谈判过程中，大国关税水平下调的空间十分有限，而小国关税则有较大的下调空间，所以小国会做出更多让步；小国通过单方面让步与大国签订非对称的贸易协定进而实现其加

---

① 张二震：《论经济一体化及其贸易政策效应》，《南京大学学报（哲学·人文科学·社会科学）》1994 年第 1 期。

② T. Scitovsky, *Economic Theory and Western European Integration* ［M］. London, Allen and Unwin, 1958.

③ 梁双陆、程小军：《国际区域经济一体化理论综述》，《经济问题探索》2007 年第 1 期。

入到双边FTA中的目的。① 从收益来看，小国与大国的 FTA 协定不仅能够避免自身被边缘化，减少其他双边或多边 FTA 对本国的影响，获得更多的经济效益，同时也能够逐步构建以本国利益为核心的 FTA 体系，增强与第三方的谈判能力。对于大国而言，一方面可以获得贸易利益，增强自身的国际竞争力，另一方面也能提高自身的国际影响力和在贸易谈判中的话语权。

③轮轴—辐条理论（Hub – and – Spoke）

随着区域经济一体化的不断发展，全球 FTA 的数量不断增长，不同的 FTA 在同一区域范围内交织，即形成了轮轴—辐条式的区域经济一体化模式。② 该模式包含了一个处于中心地位的轮轴国，以及多个围绕在其周边的辐条国，轮轴国与外围辐条国之间存在 FTA 协定，而辐条国之间却不一定存在 FTA 协定。③ 一般而言，在贸易实践中，大国更容易成为轮轴国。但当某一小国一旦成为众多大国竞争的对象时，其成为轮轴国的可能性就会极大提升。无论是大国还是小国，只要成为轮轴国，多米诺骨牌效应就会进一步巩固这种地位。④ 在区域经贸合作中，处在轮轴地位的国家无论是在商品贸易还是在吸引国际直接投资方面均占据极大优势，⑤ 其产品可以通过 FTA 协定自由进入所有辐条国市场，也更加容易吸引外部资本的进入；而处在辐条地位的国家，其产品因受原产地规则等限制无法随意相互进入。正是由于轮轴国与辐条国之间存在利益分配上的差异，使得这种模式对双边会产生一些不良影响。

综上所述，区域一体化理论的发展与全球的贸易实践紧密相连，作为最早的区域一体化理论，关税同盟理论较好地解释了建立关税同盟的福利效应，FTA 理论在其理论基础之上也得到了很好的发展，更好地解释了越来越多的 FTA 协定被签订的现象。新区域主义则解释了大小国之间的

---

① Perroni, C., John Whalley, The New Regionalism: Trade Liberalization or Insurance?, *Canadian Journal of Economics*. Vol. 33, No. 1, 2000, 1 – 24.

② Grary Clyde Hufbauer, Jefferey J. Schott., *Western Hemisphere Economic Integration* [M]. Washington DC: Institute of International Economics, 1994.

③ Baldwin, Richard E., *Towards an integrated Europe* [R]. London: CERP, 1994.

④ 李向阳：《新区域主义与大国战略》，《国际经济评论》2003 年第 4 期。

⑤ 东艳：《区域经济一体化新模式——"轮轴—辐条"双边主义的理论与实证分析》，《财经研究》2006 年第 9 期。

FTA，也为发展中国家与发达国家之间的双边自由贸易合作提供了理论依据。

五　FTA 收益的相关理论

1. 建立 FTA 的传统收益理论

FTA 是国际经济一体化组织中最基本、最一般的形式。各国通过缔结FTA 协定，逐步实现零关税和消除其他非关税壁垒，进而实现区域内的自由贸易。1998 年，英国经济学家罗布森（Robson）将关税同盟理论中分析的贸易创造和贸易转移效应运用到 FTA 福利效应的分析之中，认为在一定条件下，FTA 仍然能够产生贸易创造和贸易转移的福利效应，同时还具备贸易偏转的效应（trade deflection），[①] 即：FTA 的成员国从其他最低关税的非成员国进口其产品，再以较高的价格出口给区域内的各成员国，从而可以为本国带来更多的福利效应。与此同时，他还具体分析了发展中国家的区域经济一体化，认为南南型区域合作同样会给双边或多边带来极大的贸易福利。[②] 因而，FTA 的建立能够促进成员国之间商品的自由贸易，降低区域内的关税水平，提高成员国的福利水平。[③] 具体而言：

（1）福利效应

从 a 国角度看 FTA 的福利效应。如图 2.4 所示，$P_1 T_a$ 和 $P_1 T_b$ 分别为a、b 两国的关税，$P_1 T_a > P_1 T_b$，即 a 国关税水平高于 b 国。P_2 代表了国际市场的供给价格。D_a 表示 a 国的需求曲线，S_a 则表示 a 国的供给曲线。基本假设：①a、b 两国在建立 FTA 以前，实行禁止性关税和封闭式的贸易政策，在这种环境下，a 国的国内生产量为 Q_2；②FTA 建立后，双边的供求曲线不变，两国的供给曲线叠加形成曲线 $S_a{}'$；③双边建立 FTA 后，a 国仍作为一个净进口方，FTA 整体关税水平下降至 b 国关税水平，而 a 国的产品价格水平是大于或等于 T_b。因此，在不考虑运费的情况下，a 国将进口 b 国价格较低的产品。当 a 国产品价格为 T_a 时，其国内的生产量为Q_2，当国内需求量大于 Q_2 时，a 国将从 b 国进口以满足国内需求。当 FTA

---

① Robson, P. , *The Economics of International Integration*, Fourth Edition ［M］. New York: Routledge, 1998, 30 – 35.

② 王珏、陈雯：《全球化视角的区域主义与区域一体化理论阐释》，《地理科学进展》2013年第 7 期。

③ 史智宇：《中国—东盟自由贸易区贸易效应的实证研究》，复旦大学，2004 年。

的总消费量达到 T_b 时，区内的总供给量为 E 时，b 国将其生产的全部产品出口到 a 国，再从 FTA 以外进口。此后，随着 a 国国内消费量的不断增加，a 国产品价格将逐渐上升，区内生产量将进一步增加，直到产品价格达到 T_a，此时 FTA 的产量达到最大值 G。如果 a 国的消费量超过 Q_4，则需要从 FTA 以外进口。在 FTA 建立的前后，a 国产品价格分别为 T_a 和 T_b，由 b 国进口的商品数量为 $Q_6 - Q_2$，这部分商品替代了 a 国国内相对成本较高的生产，从而产生了生产效应 A，商品价格的降低导致了消费者剩余 B，由此产生了消费效应 A+B，此即为 FTA 建立的福利效应。

从 b 国角度看 FTA 的福利效应。如图 2.5 所示，b 国加入 FTA 将受益于消费效应 D。此外，由于 b 国不得不将一部分国内资源用于生产额外的产品，由此将产生负的生产效应 C。在 FTA 建立之前，a、b 两国均为自给自足；FTA 建立之后，FTA 作为一个整体从 FTA 以外的国家进口商品，从而增加了 FTA 与区外国家之间的贸易量，使世界范围内的贸易量得以增加。

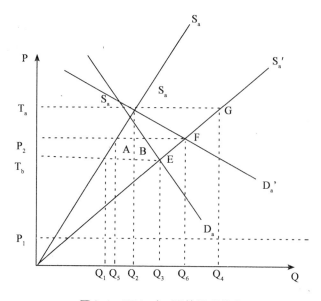

图 2.4   FTA 对 a 国的福利效应

（2）规模经济效应

在 FTA 建立之前，a、b 两国可能都生产某种商品，可能都不生产，也可能是其中一国生产，而另一国不生产。现就上述三种情形分别探讨其规模经济效应，其中：a 国的生产数量为 Q_a，价格为 P_a，b 国生产数量为

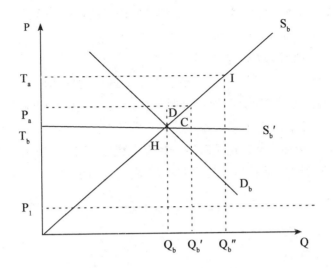

图 2.5　FTA 对 b 国的福利效应

Q_b，价格为 P_b，且 b 国关税水平较低，为 P_wP_b（如图 2.6）。

若 a、b 两国都生产。双边 FTA 一旦建成，b 国因其产品成本较低，将会占领整个区域市场，因此 b 国的生产量将由 FTA 的总需求曲线与平均成本曲线的交点 N 来决定。这使得 FTA 建成后的价格 P_{FTA}，较之前 a、b 国两国的价格都要低。相应地，由于价格的下降，使得 a、b 两国的需求量上升至 Q_a' 和 Q_b'。a 国要从 b 国增加进口，进而产生贸易创造效应；而 b 国因具备成本优势带来了生产福利 c；a 国国内价格降低的同时也增加了国内需求，进而产生了消费福利 m。因此，各种福利的加总，减去贸易的成本，就是 FTA 的净福利。b 国因成本低廉而使得商品出口增加，上述现象被称之为"成本降低效应"，包括生产效应和消费效应，即：由低廉成本的生产代替高昂成本生产而形成了生产效应 e，由于商品价格下降及消费者剩余增加而产生了消费效应 d。b 国以 P_{FTA} 的价格向 a 国出口产品，从中获得额外收益，在图中为 f。若两国生产同一种商品，b 国是净收益者，a 国则可能存在一定的损失，如果 b 国对 a 国进行一定的转移支付则可能实现双赢。若生产两种或两种以上的商品，a、b 两国可以通过协议分工，使双方均可从规模经济中获益，从而提高了 FTA 的整体福利。

若 a、b 两国其中一国生产，并假设 a 国生产 b 国不生产。在这种情形下，通常 a 国不会有针对此商品的进口关税，其国内价格就为 P_b。FTA 建立之后，由于 b 国生产成本高于 P_{FTA}，其生产的产品无法在 a 国销售，

a 国只得从区域外进口产品，由此便不存在 FTA 的规模经济效应。但若双边在该产品上形成保护性关税，a 国将在区域内进口该商品，此时将会产生如同第一种情形的规模经济效应。

a、b 两国都不生产。在 FTA 建立之前，两国的价格是一致的，而建立 FTA 之后，若对区域外的产品征收保护性关税，那么 FTA 还是会产生跟之前论述一样的规模经济效应，若没有保护性关税，那么两国均可能从区域外进口，因而不会产生规模经济效应。然而，在国际贸易实践中，由于易引起他国的贸易报复，对区域外商品征收保护性关税的情况并不多见。

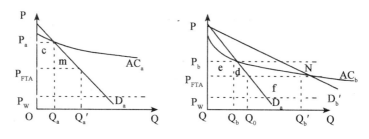

图 2.6　FTA 的规模经济效应

（3）竞争促进效应

FTA 的建立能够有效消除区域内存在的贸易障碍，促进区域内各种要素的流动，进而形成一个更大的市场，从而有利于促进成员国之间同类企业的相互竞争，迫使企业追求技术创新和规模经济，且竞争的促进效应对于发展中国家更加明显。

若 a 国的市场结构为不完全竞争市场，生产的商品以及进口商品均是同质且完全替代的。如图 2.7 所示，假设其边际成本线 MC 是固定不变的，在 FTA 建成以前，该国的均衡价格为 P_1，均衡数量为 Q_1。当 a 国参与到 FTA 后，需求曲线弹性增大移至 D'，边际收益曲线随之发生变化移至 MR'，此时形成新的均衡点 B，需求量随之增至 Q_2。但此时区域内的其他国家将会争先进入 a 国市场去获取超额利润，从而加剧该国的市场竞争程度，使商品价格逐步下降，直至该国生产厂商存在的超额利润下降为零。因此，FTA 的建立加剧了国内市场的竞争强度，也提升了整个社会的福利水平。

2. 建立 FTA 的非传统收益理论

20 世纪 80 年代后期，世界政治经济格局发生了巨大变化：欧洲朝

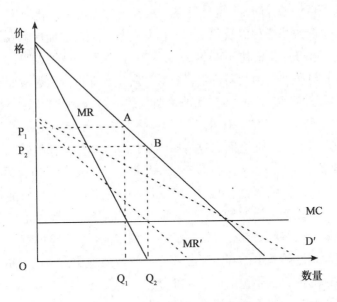

图 2.7　FTA 的竞争促进效应

着一体化方向迈进，在国际贸易政策上实行了单一法案，作为一个整体参与国际贸易；而以美国、日本为首的国家则在国际贸易中积极推动区域经济合作，建立区域经济组织。据世界贸易组织统计，1950—1989年的近40年间，全球共产生区域贸易协定75个，而在1990—1998年的短短八年时间里，全球实施的区域性贸易协定就有82个，区域主义掀起了全球化的热潮。学术界也开始关注这一现象，并将其与20世纪80年代以前的区域主义相对比，称之为新区域主义（new regionalism）。新区域主义很好地解释了双边和多边自由贸易协定的兴起、贸易大国与贸易小国在区域贸易协定中的成本与收益、区域经济一体化与成员国改革及投资的关系、FTA网络化发展等现象。这一时期的区域合作并不单纯是国家间的自由贸易，更多是建立在地区基础之上的国与国之间全方位的合作，包括经济、民主、人权、反恐以及环境保护等各个层面的内容。许多学者开始从更加广泛的视角来研究区域经济一体化带来的收益，由此也形成了建立FTA的非传统收益理论。

弗拉姆（Frahm）（1995）以瑞典等国加入欧盟为例分析认为，FTA具有保险的效应。尽管这些国家在加入欧盟后，其在贸易上并未得到更多的福利，但是因为拥有作为欧盟成员国的身份，使得这些国家在其他利益方面得到了更好的保障。① 也有研究显示，签订区域一体化协定可以有效推动国内制度改革进程以及贸易的自由化进程，同时也能保障政策的连贯性。拉夫（Raff）和惠利（Whalley）（1996）的研究结果表明，美国和加拿大通过签订美加自由贸易协定，有效地防止了两国因贸易战而造成的损失。费尔南德斯（Fernandes）和波特斯（Portes）（1998）通过对 20 世纪 80 年代兴起的地区经济一体化浪潮的具体分析，系统地提出了非传统收益理论的内容，包括促进国家政策的连贯性、发信号、保险效应、增强讨价还价的能力等非传统收益。② 斯科夫（Maurice Schiff）和温特斯（L. Alan Winters）的研究表明，区域一体化协定具有重要的外部效应，能够提高成员国相互之间的安全。③ 一系列研究成果的发表，尤其是费尔南德斯以及斯科夫等的研究，系统地梳理了非传统收益理论的背景，提出了非传统收益理论的基本内容，标志着非传统收益理论体系的形成。④ 非传统收益理论的内容主要包括如下几部分：

①保持政策的连贯性，提高政府信誉（Time Inconsistency）

区域贸易协定有助于保持协定成员国政策的稳定性与连贯性，进而提高政府的信誉。尽管政府掌握着政策的制定权，但往往会因为部分诱导因素而改变政策初衷，使得政策不稳定或不具有连贯性，而这些诱导因素可能来自于某些集团，也有可能是政府的相机决策，这就是经济学上所谓的"时间不一致性"。政府政策的不连贯会使得某些企业或集团的利益受损，也会导致政府的信誉受损。签订 PTA 协定，则可有效增强政府的外部约束力，促使政府保持政策的连续性，进而提高政府信誉。具体而言，当某国政府签订了 FTA 协定，该协定就既是一个约束惩罚机制，同时又是一个激励机制——它要求区域内成员国必须遵守协商一致的规则，一旦某国违反了共同的规则，必将遭到其他成员国的集体惩罚，从而造成贸易上的

---

① 席艳乐、王雪飞：《区域经济一体化的非传统收益：文献综述》，《当代经理人》2006 年第 9 期。

② Raquel Femandez and Jonathan Portes，"Returns to Regionalism：An Analysis of Non‑traditionalGains fromRegional Trade Agreements". *The World Bank Economic Review*，XII，1981，pp. 197 – 220.

③ Maurice Schiff'and L. Alan Winters，"Regional Integration as Diplomacy"，*The World Bank Economic Review*，XII，1998，pp. 271 – 295.

④ 白当伟、陈漓高：《区域贸易协定的非传统收益：理论、评述及其在东亚的应用》，《世界经济研究》2003 年第 6 期。

损失，也使该国在国际上失信，对于该国来说是一个极强的惩罚机制，能够起到有效的约束作用；如果某国各届政府间的政策连贯性较好，那么它就更容易被 FTA 协定的其他国家所接受，也就更容易加入到新的 FTA 协定中去。与此同时，政策的连贯性还能够为该国营造一个相对稳定公平透明的投资环境，有利于该国吸引外资，促进本国发展。

②发信号（Signaling）

FTA 协定能够为成员国提供一个向外界发出信号的平台。一旦某个国家加入到 FTA 协定中，这本身就是在向外界发出信号。这种信号可能包含多个层面的信息，可能是表明本国贸易立场的信号，也可能是发出本国与区域间国家政府关系的信号，还有可能是发出国家经济发展状况的信号。这种发信号的机制能够在一定程度上解决该国在国际领域存在的信息不对称问题。加入区域经济组织能够很好地向外界传递信号，让外界了解该国政府的政策趋向、贸易立场以及改革决心等等，有助于该国建立良好的国际关系以及吸引广泛的贸易和投资，促进国内经济的发展。因此，区域一体化协定能够为国家带来信号传递的作用，进而为国家带来更多的非传统收益。

③保险（Insurance）效应

FTA 的建立能够为各成员国提供保险效应，防范可能的经济金融风险，进而提高各国的福利。一旦某国加入到 FTA，能够为该国提供稳定的外部环境，也使得该国在面临外部风险时具有更大的防范能力。FTA 所具有的保险效应尤其能解释为什么小国更热衷于参与到 FTA 中去，甚至于做出更大程度的让步。因为加入到 FTA 中，能够为该国带来区域市场的优惠政策以及避免受到国际贸易争端或是国际经济危机等因素的影响，无异于给小国一个强有力的保护伞，使小国拥有一个稳定发展的外部环境以及提高该国防范风险的能力。由此可见，FTA 的建立既能为成员国提供有利的外部发展环境，同时整体实力强大的 FTA 协定也能为成员国提供更好的保险。

④增强讨价还价能力（Bargaining Power）

增强讨价还价能力也是建立 FTA 重要的非传统收益，也是不同的国家寻求加入区域组织的重要原因之一。FTA 作为一个整体，能够在贸易、投资、政治、文化、环境、人权等方面提高成员国的话语权。对成员国而言，相互之间的利益交集或政策一致性会更大，因此区域内成员国之间很容易达成共识；对区域外国家而言，各成员国往往作为一个整体进行国际事务的谈判，由此将提升整个区域对国际规则的影响能力，使得各成员国在未来国际贸易规则的制定上占据更大的优势。对于大国而言，积极推动区域经贸合作，不仅能够取得区域合作的内部收益，同时因为掌握着区域合作组织的主动权，能够将区域内的主导权扩大并获取更多的外部利益，实现在国际政治经济领域更大的话语权；而对于小国而言，其主张在区域内能得到一定的响应，在区域外，因为作为区域经济组织整体的一部分，也会因为区域组织的强大而提高自身的话语权，进而获得更好的外部收益。

⑤建立协调一致机制（Coordination Device）

FTA 建立的重要作用之一就是通过建立协调一致的机制，为区域内成员国带来更多的非传统利益：一方面，FTA 本身就是将支持自由贸易的国家聚集起来，因而容易形成内部互惠的协调机制，减少各成员国参与全球自由贸易造成的损失以及不确定的负面影响；另一方面，为获取更多利益，FTA 成员国会自觉对外形成一致的政策机制，在区域外争取更多的话语权以及利益，从而形成一个良性的循环。总之，协调一致的机制是 FTA 成员国防范自由贸易风险的最佳举措，各国建立协调一致的机制，制定共同的经贸、文化、环境等方面的政策，有利于为成员国带来更大的社会福利。

⑥改善成员国的安全（Safe of Members）

希夫（Schiff）和温特斯（Winters）指出，建立区域经济组织能够有效地改善成员国的安全，增强成员国的相互信任，这是区域经济一体化的重要外部效应。[①] 从区域内部来看，通过签订区域经济贸易协定，能够有效消除成员国相互之间的战争安全威胁，也能够对本国国内的安全威胁起到很好的抑制。以巴西、阿根廷为例，两国历史上关系始终不甚稳定，政治军事冲突几率较大。1986 年，两国签订了"一体化和经济合作计划（PICAB）"，大大缓解了双方的不信任关系，改善了双方的安全状况，为区域合作奠定了政治基础。[②] 从外部来看，区域性合作关系的建立也有利

---

① Schiff, M. & L. A. Winters. , Regional Integration as Diplomacy, *The World Bank Economic Review*, 1998, 12: 271–295.

② Preusse, H. G. Mercosur, Another Failed Move toward Regional Integration, *World Economy*, 2001, 7: 911–931.

于消除区域外部的安全威胁。以海合会为例，该区域组织的建立在一定程度上有效地避免了来自于伊朗、伊拉克的潜在威胁。此外，随着非传统安全威胁的出现，区域经济组织能够在打击恐怖主义、毒品犯罪、环境危害等各个领域加强合作，为本国以及区域内构建一个和谐稳定的发展环境。

⑦其他非传统收益

首先，区域经济合作能够有效减弱经济波动带来的影响。当经济波动呈现区域化或全球化的发展趋势时，区域经济组织能够更有效应对经济波动带来的影响，通过联合行动和共同的内外经贸政策，削弱经济波动对本国经济的影响。

其次，区域经济合作能够实现谈判收益的最大化。国与国之间的合作往往是共同利益的合作，一国参与到区域经济组织也是基于其对国家利益的考量。由于全球性的国际经济组织往往涉及较多国家，各种利益关系错综复杂，沟通成本较高，交易费用的过高也不利于实现本国利益的最大化。而双边或多边 FTA 合作的利益关系相对简单，能够较快推动实质性的合作进程，使得本国谈判利益最大化。既有研究也表明，区域经济一体化可以通过减少内部交易费用，进而提高区域内各国经济社会收益。

最后，通过区域经济合作可以获取更多的政治收益。在区域一体化的进程中，各成员国还能够在人权、民主制度及文化等方面开展合作，与区域外的国家进行政治谈判，从而获得更多的政治收益。但由于政治利益颇为敏感，只有当区域经济组织发展到一定程度时，才能够为成员国带来更多的政治收益。

第二节　文献述评

一　有关区域经济一体化的研究

20 世纪 50 年代初，"一体化"的概念被引入到国家间的经济融合中，进而才出现了"区域经济一体化"的概念。关税同盟理论是区域经济一体化理论的奠基石。1950 年，美国经济学家维纳（J. Viner）系统阐述了关税同盟的作用，论述了自由贸易所带来的贸易创造和贸易转移效应。1966 年，经济学家金德尔伯格（Charles P. Kindleberger）在此理论基础之上指出，区域经济一体化还能够带来投资创造与投资转移的效益。20

世纪 70 年代末，以规模经济为代表的新贸易理论较好地解释了区域经济合作中有关贸易产生的原因以及分工等问题。克鲁格曼（Paul R. Krugman）在垄断竞争模型的基础上进一步研究指出，生产要素在产业间的流动源于产业内的专业化，这也决定了其对产业内贸易发展所具有的促进作用。同期，还有迈克尔·波特（Michael E. Porter）的竞争优势理论以及埃塞尔（Eersel）的外部经济模型等。20 世纪 80 年代，随着区域经济一体化的不断兴起，"新区域主义"成为研究的热点，其中以诺曼·帕尔默（Norman Palmer）（1991）的论著《亚太地区的新区域主义》影响较大。帕纳加利亚（Panagariya）（1993）等的《新区域主义：国家观点》一书，从国家视角阐述了区域经济合作的重要性。伊诺泰（Yinuo-tai）和赫廷（Herting）（1994）在《新区域主义对全球发展和国际安全的影响》中，阐述了全球发展中的国际危机和安全问题。詹姆斯·H. 米特尔曼（James H. Mittelman）（1996）在其著作《全球化背景下对"新区域主义"的再思考》中分析了区域经济在全球经济中的影响。与旧的区域主义理论相比，新区域主义在研究方法、研究范围和研究内容等方面均有较大突破。在强调开放与包容性上，更注重区域内的合作，同时也强调与其他区域之间应加强联系与合作，并强调了发达国家应与发展中国家加强合作。上述研究使得现代区域经济一体化理论不断完善。但由于缺乏动态分析的分析方法，所以国内外大多数学者都将研究集中在了静态效应分析上。

引力模型及可计算一般均衡模型在国际贸易研究领域中的应用，使得对于区域经济一体化的研究迈入了数量实证研究阶段。巴拉萨（Balassa）指出，较高的收入弹性会带来更大的贸易创造效益。艾特肯（Aitken）通过建立引力模型，测算了贸易创造效应和贸易转移效应。丁伯根（Jan Tinbergen）和波贺农（Poyhonen）还将引力模型运用到贸易流向以及贸易流量规模等问题的实证分析上。20 世纪 70 年代以来，安德森（Anderson）、赫尔波曼（Helpman）和克鲁格曼以及鲍德温（Baldwin）等经济学家为引力模型提供了理论证明。另一些经济学家改进了原模型，由此也形成了诸多测算贸易创造以及贸易转移效应的引力模型。随着引力模型的不断改进与发展，引力模型越来越广泛地被应用于国家间的贸易研究，使得国际贸易的分析研究逐步进入到动态实证阶段，而可计算一般均衡模型的出现更是加快了国际贸易研究的动态化趋势。20 世纪 70 年代，CGE

模型被用于区域经济一体化效应的事前分析，且逐步从单一走向了多元化应用。CGE 模型缘起于瓦拉斯（Walras，1874）的一般均衡模型，约翰森（Johansen，1960）首次建立了可计算的一般均衡模型。CGE 模型将投入产出模型以及线性规划紧密结合起来，并引入了价格机制以及政策，能够很好地测算在混合经济条件下产业以及消费者对政策冲击引起价格相对变动的反应程度。随着经济理论以及计量技术的不断发展，CGE 模型的研究以及应用也日渐广泛。美国普渡大学开发的全球贸易分析模型（Global Trade Analysis Project，GTAP），极大地扩展了 CGE 模型的应用范围。由于 GTAP 模型较为全面地考虑到国际贸易带来的各种影响，因此该模型在研究关税削减效应、FTA 等的福利效应及其引起的贸易价格和数量变化情况等方面具有较强的优势，已成为分析贸易政策以及贸易制度的重要工具。皮亚措罗（Piazolo）（2000）运用动态 CGE 模型研究了波兰加入欧盟的可行性，认为波兰能够在加入欧盟过程中获得较大收益。类似的研究还有詹森（Jensen）和拉西拉（Lassila）（2001）、喀纳斯（Kancs）（2001）、芬克（Funke）和斯特伦克（Strulik）（2003）、乔治斯（Georges）（2007）、谢赫（Shaikh）（2009）、李春顶（Chunding Li）和约翰·沃利（John Whalley）（2012）等。随着 CGE 模型的进一步发展，CGE 模型在研究双边或多边 FTA 的可行性以及预期效益方面具有越来越重要的价值，而且随着 CGE 模型的动态化发展，模型也将能够更准确地模拟政策的变化，有利于对区域经济一体化研究视野的进一步扩展。从国外对区域经济一体化的研究过程来看，最初的理论研究为区域经济一体化的研究扩展打下了坚实的基础。而随着实证方法的快速发展，有关区域经济一体化的研究也逐步由静态化朝着动态化方向发展。

国内学者对区域经济一体化的研究起步较晚。张纪康（1997）、佟家栋（2003）对区域经济一体化问题进行了探索式研究。李向阳（2003）指出，FTA 的建立亦存在各国基于政治大国诉求的考量。阳国亮（2005）从制度经济学的角度出发，对区域经济一体化过程中有关制度设计的问题进行了阐述。在针对区域经济一体化的政策可行性研究中，黎文锋（2001）运用了制度变迁理论、公共选择理论以及博弈论，对贸易政策的形成及其影响进行了较为全面的分析。吴先斌（2002）采取回顾性研究方法，分析了贸易理论中的新发展规律，并阐释了贸易政策形成的理论依据。马骥（2004）认为，区域经济一体化面临如组织松散、国家主权与组织一体化存在冲突、全球经济发展出现了更多不平衡等难题，需要及时应对。李瑞林、骆华松（2007）认为，应以降低交易成本为核心，建立有效的组织保障以及合理的补偿机制，从而实现区域经济一体化。徐黑妹（2007）通过分析国际贸易政策的演变过程，认为区域经济一体化符合全球经济发展的趋势。唐宜红、王微微（2007）采用面板数据实证分析了在区域一体化条件下，各国经济增长存在的关系，认为区域内各国经济的增长呈正相关关系。刘志伟等（2007）将 CGE 模型应用到区域经济一体化福利效应的测算上，认为其能够提升区域内各国福利，并改善资源配置效率、促进区域内的产业竞争。黄凌云、刘清华（2008）运用 GTAP 模型分析了建立东亚 FTA 对中国的经济效应。李秀娥（2009）运用比较静态方法研究了中国与南部非洲关税同盟（SACU）双边贸易的竞争性与互补性，并利用 CGE／GTAP 模型测算了贸易自由化的经济效应。王红娜（2010）将 CGE 模型运用于考察对外贸易总量以及贸易结构对区域经济的影响。张光南等（2012）基于 GTAP 模型，分析了区域经济合作对两岸三地经济、贸易和产业的影响。类似的研究还有杨立强、鲁淑（2013）利用 GTAP 模型模拟了 TPP 与中日韩 FTA 的经济影响；赵立斌（2013）运用 GTAP–Dyn 模型研究了东盟区域经济一体化对参与全球生产网络的影响；陈淑梅、倪菊华（2014）运用 GTAP 模型研究了 RCEP 对我国的经济效应；黄凌云等（2015）利用动态 GTAP 模型研究了日本—欧盟 EPA 对中国以及双边的影响。就国内研究而言，有关区域经济一体化的理论研究和实证研究都有了一定的突破。从理论方面看，国内学者将相关理论应用于我国对外贸易的制度设计上，提出了较多具有参考价值的意见，但是理论上的突破和创新并不明显。从实证方面看，近年来国内学者较多地运用了各类指数、引力模型和 CGE 模型进行区域经济一体化方面的实证研究，但就目前的研究来看，模型的动态研究仍存在不足。

二　有关 FTA 的研究

20 世纪 50 年代，对贸易创造和贸易转移效应的分析开启了现代 FTA 理论研究的先河。经过半个多世纪的不断发展，有关 FTA 的研究也取得了较为丰富的研究成果，主要集中在以下两方面：一是 FTA 的自身建设与发展问题；二是就 FTA 对贸易自由化的推进或阻碍作用的考察。

罗伯森（Robson）将关税同盟理论应用于 FTA 的理论分析上，认为区域内商品的关税减免、对外各成员国自行决定税率和对区内实行严格的"原产地"规则是 FTA 的三大显著特点,其带给成员的总体福利要大于关税同盟。史葛特·拜耳(Scott L. Baier)等(2007)以引力模型的相关理论为基础,利用现代计量经济学方法实证分析了 FTA 成员国的平均贸易效应,并在 2009 年首次利用匹配计量经济学(非参数)研究了双边贸易协定对成员国多部门的国际贸易流动所带来的影响。马欣达(Mahinda Siriwardana)(2007)采用 GTAP 模型模拟了美(国)—澳(大利亚)FTA 的双边经济效应。德莫希拉(Dmsilla K. Brown)等(2008)利用 Michigan 模型分析了美(国)—南(非)FTA 的潜在经济效应。Jaimin Lee 和 Sangyong Han(2008)构建了派生的 Logit 模型,用最大似然估计法和 OLS 方法分析了中—韩 FTA 建立后关税税率变动对产业间贸易的影响程度。鲍德温(2008)指出,由于亚洲缺乏明确的政治一体化方向,由此可能引致亚洲工厂的脆弱性。Wai-Heng Loke(2013)通过测度东亚 FTA 对中国部分敏感产业的影响后指出,东亚 FTA 的建立将使中国纺织服装等行业得到更大的发展,汽车等行业则会面临日韩强烈的竞争。

随着我国 FTA 实践的不断发展,国内学者就 FTA 问题的研究也逐渐深入。国内学者张幼文(1999)在其《世界经济学》一书中将建立 FTA 的动因划分为微观和宏观两个方面。雷俊生(2004)采用理论与实证相结合的方法分析了 FTA 的投资规则,介绍了区域经济投资协定的现状与特点。李艳丽(2008)从政治经济学角度总结了不同市场结构下,不同国家的政治因素对 FTA 的影响。刘思伟(2011)认为,在经济全球化的趋势下,FTA 是各国开展区域经济合作的主要方式。王宏军(2012)认为,我国应特别重视建设跨区域的 FTA。葛飞秀、杨晓龙(2011)的研究显示,引力模型对 FTA 的研究具有较强的解释力度。刘昌黎(2012)通过对区域经济一体化和双边贸易的研究指出,我国应以长远发展的目光,积极推进 WTO 谈判进程和世界多边贸易体制的发展,并以双边自由贸易为导向,参与和推进亚太 FTA 的发展进程。邝梅(2014)分析了东亚 FTA 的格局,并就我国的战略选择提出了建议。

从上述研究结果可以看出,针对 FTA 的理论研究和经验研究的学术成果均十分丰富,采用的分析工具除引力模型外,还有 CGE 模型、动态 CGE 模型以及 GTAP 模型等。在对中国与潜在缔结 FTA 协定的贸易大国在建立 FTA 过程中,现有文献不仅涉及双边贸易静态比较优势的测算,还对双边贸易动态、结构、竞争性、互补性及其潜力进行了研究。整体来看，实证分析得到了极大的拓展，不仅是单纯的指数分析，更多的是采用计量模型对双边 FTA 存在的经济效应进行测算，为今后的研究提供了较好的思路。

三　有关中国建立 FTA 的研究

随着我国区域经济合作实践的发展，关于我国 FTA 问题的研究也逐步深入，研究的角度也呈现多样化。学者们普遍认为，作为中国对外贸易战略的升级版，FTA 战略在顶层设计力量的强势推动下正给人们制造浮想联翩的空间；以"一带一路"为纲，张 FTA 之目，正是中国对外开放所追求的更高层次开放成果。有关于中国 FTA 战略方面的研究主要集中在以下几方面：

第一，我国参与 FTA 建设的策略和政策研究。任寿根（2002）指出，我国在建立 FTA 的过程中要充分利用模仿优势，吸取全球 FTA 建设的经验与教训，以促进自身 FTA 实践的稳健发展。全毅（2003）认为，中国在亚太区域经济合作中应积极发挥建设性作用。王胜今等（2004）阐述了中国与周边国家区域经济合作的战略与对策。张帆（2004）研究指出，中国在构建 FTA 的过程中，应着眼于从大区域、次区域、区域内和跨区域等多层次开展合作，同时也应建立专门机构负责落实 FTA 战略。周强、李伟（2005）建议应优先选择周边国家或地区作为区域经济一体化合作的对象。宾建成、陈柳钦（2005）在对世界双边 FTA 发展趋势的研究基础上，探讨了推进我国参与 FTA 的总体战略。李向阳（2005）指出，中国推行 FTA 战略时，应同时注重 FTA 的静态效益和非经济收益。衣淑玲（2006）在研究中提出了在当前亚太新区域主义进程中中国应有的应对之策，即争取成为"轮轴—辐条"体系中的轴心国或次级轴心。盛建明（2007）研究指出，在 FTA 谈判时，应注意防范 FTA 协定可能存在的风险。孙玉红（2007）则主张中国应争取优先与发达国家开展 FTA 谈判。杨军红（2009）以新制度经济学理论为基础指出，制度因素是我国 FTA 建设的决定性因素。熊芳、刘德学（2012）认为，中国在制定 FTA 战略时，应当减少省际贸易壁垒和运输成本，并发挥港澳在外贸中的先锋作用。姚新超、左宗文（2014）研究了新型 FTA 的发展趋势及我国的应对策略。彭学龙、姚鹤徽（2014）分析了我国 FTA 版权政策应有的基本立场。

第二，中国参与特定 FTA 的策略研究。谢康（2005）认为，中日韩之间应首先建立"经济合作伙伴安排"（Economic Partner Arrangement, EPA），从而为中日韩 FTA 的最终建立做好准备。郑秀香（2006）为推进中日韩 FTA 发展提出了建议。崔日明、包艳（2007）针对中日韩 FTA 的建设提出了路径建议。陈建安（2007）研究了中日韩 FTA 的可行性及其经济效应。刘重力、盛玮（2008）则对比研究了中日韩三国各自的 FTA 战略。赵金龙等（2013）利用动态递归式 CGE 模型测算了中日韩 FTA 的潜在经济影响。郑昭阳、孟猛（2007）研究了东北亚 FTA 建设的可能性及其预期效应。罗文宝、周金秦（2006）分析了中印两国构建 FTA 存在的障碍及相应对策。贾俐贞（2007）分析了我国和中亚各国开展经贸合作的基础，认为我国应积极提升双边区域经济合作的层次，并以优先发展"次区域经济合作"作为具体的推进策略。此外，还有学者研究了中澳 FTA、中新 FTA 的经济效应（杨军，2005；刘李峰，2006；李丽等人，2008）。吴艳、蒋旭华、保建云、于晓萍（2009）等则从不同角度研究了中国—东盟 FTA 给中国和东盟带来的经济效应。马赫然（2013）通过对中国—东盟 FTA 现状的研究指出，尽管各国存在贸易增长速度的差异，但 FTA 的建立为区内贸易发展创造了有利条件，有利于各国贸易额的增长。李红（2013）运用引力模型和误差修正模型研究了中国—东盟 FTA 的贸易效应，认为 FTA 的建立能够促进我国经济和外贸的发展，同时提出了促进中国—东盟 FTA 长远发展的政策建议。

第三，其他国家建立 FTA 的经验分析。宾建成（2003）通过对比日新 FTA 及欧墨 FTA，分析了新一代双边 FTA 建设可资借鉴的经验。王红霞（2004）研究并指出，美国近年来正在构建一个以其为中心、遍布全球的双边及区域 FTA 网络，并以是否有利于维护美国国家安全及整体战略作为其构建标准，而非单纯追逐经济收益。廖小健、廖新年（2005）指出，为抢占世界市场、缓解能源危机、扩大地区影响，韩国大力推行 FTA 战略，并设立专门机构具体组织实施 FTA 战略等。许祥云（2009）研究了韩国 FTA 政策的发展历程，为中韩 FTA 的建设提出了建议。朱颖（2006）对日本实施 FTA 战略的进展做了较为全面的概述并指出，日本的 FTA 战略在国际上对中国提出了挑战。任明、任熙男（2007）指出，为了牵制在 FTA 谈判中占据领先地位的中国，日本在东亚地区加快了与周边国家开展 FTA 谈判的步伐。李富有、何娟（2007）从美国 FTA 战略格局入手，针对该战略对中国的影响提出了相应的对策和建议，认为中国应借鉴美国经验大力开展 FTA 谈判。李艳丽（2007）分析了美国石油安全及其 FTA 战略实施之间的内在联系，为我国制定 FTA 战略和能源安全战略提供了可资借鉴的经验。张玉山（2008）研究了韩美 FTA 的战略含义和中国的应对之策。万璐（2011）利用 GTAP 模型模拟研究了美国 TPP 战略的经济效应。兰天（2011）对北美 FTA 经济效应进行了研究，并为我国 FTA 建设提出了意见。竺彩华（2012）分析了亚太区域合作新变化及其对中国的启示。张婷玉（2014）从政治经济学视角研究了美国的 FTA 战略。匡增杰（2013）研究了全球区域经济一体化新趋势，以及中国的 FTA 策略选择。

综上所述，随着我国 FTA 建设步伐的不断加快，针对中国 FTA 问题的研究也不断深入。在我国参与 FTA 建设的基本策略和政策措施方面，大多研究主张积极利用国外经验，着眼于不同层次的合作，加强整体的战略规划，及时把握东亚 FTA 发展变局，积极防范 FTA 带来的风险，从而争取我国轮轴国地位的确立。在中国参与特定 FTA 的策略上，一些学者注重从疏导的角度来研究，强调对双边存在的障碍性或风险性因素的规避；另一些学者则从诱导的角度来进行研究，通过研究测算双边 FTA 可能带来的经济效益和贸易潜力等，分析促进双边 FTA 合作与谈判的战略。在他国 FTA 的经验分析上，多数研究通过运用各种分析工具对国际上一些主要的 FTA 进行分析研究，进而提出我国发展 FTA 所应采取的策略。整体来看，对于我国建立 FTA 方面的研究在深度和广度方面都有了极大提升。

四　中海经贸关系发展及建立中海 FTA 方面的研究

伴随近年来中海经贸关系的快速发展，在中国与海合会国家间经贸合作问题的研究方面，国内学者也关注较多，并取得了一定成绩。相关研究主要集中在贸易效应研究、贸易与经济关系研究及贸易结构研究等三个方面。张宏（2000）论述了海合会的作用，并涉及海合会国家与中国的关系。傅政罗（2000）是国内较早也较全面介绍海合会国家经贸情况及其与我国经贸关系的学者，他在文章中特别指出，应从国际政治斗争和国内经济建设的战略高度来认识我国同海湾六国发展经贸合作的重要意义。吴振刚等（2003）认为，中国与海合会双边商品贸易存在着极大的互补性。刘璇（2005）展望了中海双边经贸发展的前景。杨建荣（2006）运用大量数据分析了海湾六国的经贸现状和中国与海湾六国的经贸合作状况，认为双边贸易大有发展潜力，在农业、工业、劳务承包等领域都有广阔的合作空间。陈杰（2007）分析了海湾外籍劳务现状及其发展趋势，并为中国对该地区的劳务派遣建言献策。姜英梅（2009）对海合会的发展进行了梳理，并就其与中国的经贸合作展开了研究。武芳（2009）指出，全球金融危机对中海双边的能源合作起到了促进作用。唐志超（2009）认为，以中阿合作论坛为基础的中阿新型伙伴关系进入持续快速发展阶段。姜英梅（2010）分析了海合会国家金融业对外合作情况，认为这是我国加强对海合会国家金融投资的大好机遇。余泳（2010，2011）通过对中海双边的经济外交联系的梳理，分析了双边存在的利益诉求并指出，中国并非海合会的优先合作对象，甚至处于相对外围地位，欧美发达国家以及印度等将对中海经贸关系的发展形成挑战。钮松（2011）认为，应发挥我国部分次区域的穆斯林身份认同优势，通过加强地方交流，提升和阿拉伯国家的经贸合作水平。陈沫（2011）研究了中海双边经济关系。严荣（2011）认为，海合会主权财富基金能够很好地促进区域金融合作，中国应加强与海合会的金融合作。蒋钦云（2012）的研究也证实了这一点。Khalid Alsaid（2012）分析了中国对中东地区 FDI 的情况。佘莉（2012）分析了中国自海合会的非油气商品进口及其影响因素，还分析了中国自海合会的原油进口及其潜力。姜书竹（2012）利用贸易结合度指数、RCA指数等对中海双边贸易进行了实证研究。刘冬（2012）梳理了中海双边货物贸易的发展现状以及存在的问题，并提出了应对措施。姜英梅、王晓莉（2012）研究了中阿相互投资的现状以及机遇。佘莉（2013）认为，中海双边有着紧密的经贸联系，在海合会国家的承包工程业务正逐步朝着大型化方向发展时，应加强属地化管理与经营。穆罕默德·赛利姆、包澄章（2013）认为，中国应积极加强对中东事务的处理，在中东问题上发挥更大的作用。潜旭明（2014）、杨福昌（2014）、余建华（2014）等分析了"一带一路"战略下的中国与海合会的能源合作。加法尔·卡拉尔·艾哈迈德、包澄章（2014）研究了中阿合作论坛的成就及发展趋势。殷红蕾（2014）研究了海合会工程承包市场，并为我国企业进一步开拓海合会工程承包市场提出了对策。

　　整体来看，针对中海经贸合作问题的研究，国内学者主要侧重于中海双边货物贸易以及劳务合作等方面，缺乏对中海服务贸易与双边投资方面的研究，而且对实证工具的应用也较少。另有部分文献进行了具体的国别研究。刘磊（2011）分析了中沙（沙特阿拉伯）经贸合作现状及前景。陈沫（2011）认为，中沙（沙特阿拉伯）间的经贸合作除了相互间的能源合作，还能扩展至投资、基建等方面。王广大（2013）研究了中国企业在沙特的经营环境，对中国企业到沙特经营提出了相关建议。谭斌（2014）分析了中国与沙特阿拉伯的经贸关系，并通过对中国与沙特阿拉伯经贸关系特点的分析，提出了中沙经贸合作应该注意的问题及如何加强中沙经贸合作的对策建议。

　　在对中国与海合会国家之间经贸合作问题的研究中，对中国与海合会之间建立 FTA 这一问题的研究还相对比较薄弱。王有勇（2005，2008）指出，中国与海湾六国应在 FTA 协定的框架内建立起行之有效的合作机制，发挥各自优势，达到互利共赢的目的。徐莎（2006）从中国与海合会双赢的角度研究了两者建立 FTA 的预期收益，认为建立 FTA 可以使中国得到稳定的能源供给，可以通过海湾国家的转口市场为我国提供广阔的出口市场，并能够开拓双方更广阔的经济合作领域。周华（2010）通过分析双方的经贸关系，回顾双方的谈判历程，探讨了谈判陷入僵局的深层次原因及打破上述僵局的可能性，并为正在进行的中海 FTA 谈判提出了政策建议。钮松（2011）认为，可以发挥宁夏和福建等省区的地方外交和民间外交的作用推进中海 FTA 的建立。佘莉、杨立强（2012）首次运用了 GTAP 模型模拟中海 FTA 对双边贸易的影响。佘莉（2013）认为，FTA 建设等互利互惠的制度化平台是促进中海双边经济、政治关系发展的重要工具；目前，海合会与欧盟、印度、日本、韩国等国也已展开了 FTA 谈判，巴林、阿曼已与美国单独签署了 FTA 协定，中海 FTA 谈判不宜久拖。但限于针对海合会方面统计数据的匮乏和陈旧，绝大多数文献无法从定量角度进行更深入的分析。在双边经贸合作的研究方面，现有文献立足于中海双边经贸关系，提出了诸多促进中海 FTA 谈判的建议，但是有关经贸关系的研究主要侧重于货物贸易，对双边服务贸易和投资自由化的研究涉及较少。从研究工具来看，动态化的实证研究还有待进一步加强。

　　分析既有研究成果还可知，针对 FTA 的理论研究和对已建成 FTA 的发展情况的研究虽然较多，但对中国与潜在缔结 FTA 协定的贸易大国在建立 FTA 过程中，FTA 对其可能带来的影响方面的研究明显不足。在中海 FTA 建设被提上日程的今天，国内外文献在该领域的研究现状和局限性一方面制约了理论研究对中海 FTA 建设实践的有力支撑与指导；另一方面也为本书的研究指明了方向——本书的选题既具有一定的理论意义和实践价值，也具有前沿性和紧迫性。

第三节　本章小结

本章梳理了本书研究的理论基础，并对既有文献进行了述评。在理论基础部分，系统梳理了古典贸易理论、新古典贸易理论、当代贸易理论（包括：新贸易理论、战略性贸易政策理论、新新贸易理论）、区域经济一体化相关理论，以及有关 FTA 收益的相关理论。文献述评部分则对既有文献中有关区域经济一体化的研究、有关 FTA 的研究、有关中国建立 FTA 的研究、中海经贸关系发展及建立中海 FTA 方面的研究进行了整理和分析。分析认为，在中海 FTA 建设被提上日程的今天，国内外文献在该领域的研究现状和局限性一方面制约了理论研究对中海 FTA 建设实践的有力支撑与指导；另一方面也为本书的研究指明了方向。

第三章 中海 FTA 的谈判进程与国际间的竞争

第一节 全球 FTA 的发展进程

经济全球化和区域经济一体化是当今世界经济发展的两大主流和趋势。近年来，WTO 多哈回合谈判进展缓慢、举步维艰，延缓了世界经济全球化的发展进程。与之形成鲜明对比的是，区域经济一体化的发展方兴未艾，在全球范围内掀起了新一轮的发展高潮，并呈现出一些新的发展趋势，成为当今世界经济发展的重要特征和推动经济全球化发展的新动力。在区域经济一体化浪潮中，如何把握机遇、积极参与全球性区域合作，促进自身经济发展，已日益成为各国政府关注的焦点问题之一。

双边 FTA 的历史可以追溯到 18 世纪。1768 年，英法之间签订了旨在相互免除部分商品进口关税的《艾登条约》，该条约即是双边 FTA 的雏形。1860 年，《英法条约》的签订成为 19 世纪欧洲自由贸易浪潮的开端。此后，欧洲双边 FTA 协定迅速发展。但随着资本主义国家经济发展不平衡的加剧，英国的霸主地位开始动摇。为了争夺市场，各资本主义国家纷纷开始实施贸易保护措施，双边 FTA 基本被废止。直至 20 世纪 30 年代，为了复苏经济，受经济危机影响的各资本主义国家，才开始重拾双边 FTA 协定。1932 年，德国与匈牙利签订了第一个双边清算协定。第二次世界大战后，以 GATT 成立为标志，多边贸易体制和区域性贸易组织成为世界贸易领域发展的主流。各类双边、多边 FTA 成为区域经济一体化的重要载体。

迄今为止，全球区域经济合作共经历了三次发展高潮。

第一次高潮发生在 20 世纪 50 年代至 60 年代，以 1957 年欧洲经济共同体的产生为标志，成员国包括联邦德国、法国、荷兰、意大利、比利时和卢森堡等六国，在罗马签订了《建立欧洲经济共同体条约》。同时在欧洲诞生的区域经济合作组织还有英国提议成立的欧洲自由贸易联盟，成员国包括英国、瑞典、瑞士等 7 个国家。而作为当时全球最大贸易国家的美国却并未参与到区域经济合作中，仍主张依托国际性组织，通过多边谈判来实现自由贸易。此外，在非洲以及拉美也诞生了一些由发展中国家签订的区域贸易协定，如：1962 年非洲西部的尼日尔、塞内加尔、科特迪瓦、贝宁、布基纳法索、毛里塔尼亚、马里等 7 个成员国形成了西非货币联盟（Union Monétaire Ouest Africaine，UMOA）；1969 年，哥伦比亚、智利、秘鲁、厄瓜多尔和玻利维亚等 5 国建立了安第斯国家共同体（COMU-NIDAD ANDINA DE NACIONES，CAN）。虽然发展中国家建立的许多区域性贸易组织并未发挥很大的作用，但这种区域经济合作的形式已逐渐趋于成熟。

　　第二次高潮发生于 20 世纪 80 年代末至 90 年代初，标志性事件有欧洲统一市场的形成、亚太经合组织以及北美 FTA 的成立等。1986 年，欧共体各成员国签订了"单一欧洲法"，实现了共同体内部无经济边界，逐步建立商品、劳务、资本能够自由流通的市场。1990 年，各国又签订了《申根公约》，旨在消除过境关卡的限制。此时，欧共体成员国已扩至 12 国，并朝着欧盟方向过渡。而美国作为当时全球最大的贸易国也逐渐转变了对区域经济合作的态度，并于 1989 年与加拿大签订了美加 FTA 协定；1992 年，美国、墨西哥、加拿大签订了 FTA 协定，美国也因此成为了区域经济合作的受益者。美国此举亦带动了非洲和拉美区域经济合作的兴起，一些原有的 FTA 协定得到了新的发展。1991 年，巴西、阿根廷、巴拉圭和乌拉圭等 4 国签订了《亚松森条约》，标志着南方共同市场（South American Common Market，MERCOSUR）的建立。1994 年，安第斯国家共同体五国达成新的协定，建立了安第斯 FTA。1994 年，西非货币联盟也达成一致，建立了西非经济货币联盟。亚太地区的区域经济合作开始的时间则相对较晚。1989 年 11 月，美国、韩国、日本、澳大利亚和东盟等国召开亚太经济合作会议，并于 1993 年正式更名为亚太经济合作组织。随着美国加入到区域经贸合作中，世界各地的区域经济合作越发紧密了，区域性贸易组织的建立也逐渐成为全球自由贸易的主流。

　　第三次高潮发生在 20 世纪 90 年代后期，一直延续至今。在这一阶段，区域贸易协定占据了全球双边自由贸易的主要地位，推动着全球自由贸易的快速发展。无论是欧美发达国家，还是新兴国家和发展中国家，都在积极推动 FTA 协定谈判，希望借此扩大对主要贸易伙伴的市场准入，提高市场份额，形成"抱团取暖"的局面。据 WTO 统计，截至 2014 年年底，向 WTO 通报的区域贸易协议已达 406 个。如表 3.1 所示，2000—2014 年间生效的区域贸易协定增长较快，签订的 RTA 总数达到 219 个，签订的 FTA 数量达到 172 个。传统 FTA 的内容主要以货物贸易自由化为核心，后来扩展至服务贸易的自由化。目前，许多 FTA 协定已超出货物贸易和服务贸易的范畴，纳入了监管一致性、知识产权、政府采购、投资开放、劳工标准、环境保护、国有企业等众多非传统贸易议题。此外，FTA 战略还逐渐成为一种政治行动。与以往注重追求贸易投资便利化相比，当前大国的 FTA 战略日益成为其谋划地缘政治、运筹外交关系的重要工具。

表 3.1　　　　2000—2014 年通报并生效的区域贸易协定情况

类项 年份	签订的 RTA 总数（个）	签订的 FTA 数（个）	FTA 所占比例（%）
2000	10	8	80.00
2001	11	11	100.00
2002	11	9	81.82
2003	11	9	81.82
2004	11	9	81.82
2005	13	12	92.31
2006	15	15	100.00
2007	10	8	80.00
2008	16	16	100.00
2009	15	13	86.67
2010	8	8	100.00
2011	15	11	73.33
2012	25	16	64.00
2013	22	11	50.00
2014	26	16	61.53
合计	219	172	78.54

资料来源：http://rtais.wto.org/UI/PublicAllRTAList.aspx。

在欧洲地区，欧盟的成立推动了欧洲一体化的进程。至 2014 年年底，欧盟已有 28 个成员国，是全球最大的区域组织。欧盟作为一个整体也加紧对外的区域贸易合作，欧盟已于 2010 年与韩国签署 FTA 协定，并同美国、日本、中国以及东盟等国家或地区开展了 FTA 协定的谈判。在亚太地区，各类双边 FTA 大量涌现。据亚洲开发银行统计，截至 2013 年 1 月，亚洲地区已签署并生效的 FTA 已经由 2002 年的 36 个增长至 109 个，另有 148 个 FTA 正处在不同的谈判或商签阶段，其规模与数量均远远超过其他地区。[①] 在美洲地区，加拿大与智利、韩国、洪都拉斯、巴拿马、欧盟等国家和地区已签订了双边 FTA 协定，与日本、南共体等国家或地区的 FTA 谈判也在进行中；墨西哥与欧盟、中美洲六国等地区签订了双边 FTA 协定。在中东地区，成立于 1981 年的海合会已成为该地区最主要的经济政治合作组织，并积极推动着区域经济政治的一体化进程。从地域特征看，过去的欧盟、北美自由贸易区主要是相邻国家间的协定，而新出现的区域贸易组织则隔洲跨洋、南北互通、东西相连，直接选取与自身存在直接利益关系的贸易伙伴，签订双边 FTA 协议，实现战略贸易伙伴关系。从现有数据统计来看，韩国、美国以及欧盟是发达国家中签订 FTA 协定相对最多的国家或组织，墨西哥和智利则是发展中国家中参与区域经济一体化最活跃的国家。

总体看，与全球性多边贸易谈判相比，区域及双边 FTA 谈判更容易达成。全球 FTA 协定在金融危机之后的风起云涌，其直接原因是多哈回合谈判陷入僵局，在多哈回合不能提供新的多边性自由贸易体制这种全球性公共产品的情况下，凭借自身努力订立区域性 FTA 协定便成为各主要经济体的努力方向。以包括美日在内的"跨太平洋伙伴关系（TPP）"、美欧的"跨大西洋贸易和投资伙伴关系（TTIP）"以及中国力推的"区域全面经济伙伴关系（RCEP）"等为主要代表，目前，世界主要经济体在全球贸易领域的 FTA 协定竞争已成为国际经济领域的重要发展动向，将对未来世界贸易格局起着塑造作用，也将影响到不同参与者的经济收益乃至其国际政治地位。为此，各国也纷纷将构建 FTA 提升到了国家战略层面，明确了总体构想、阶段目标、谈判标准等，并对选择合作伙伴国的原则、目标和步骤做出了详细的规定，例如：美国提出了"竞争性自由化战略"，日本提出了"经济全球化战略"，墨西哥提出了富有创造性的"全方位自由贸易区战略"，智利则采取了"逐一推进"的区域经济一体

---

① Asian Development Bank, *Asian Economic Integration Monitor*—March 2013, Mandaluyong City, Philippines：Asian Development Bank, 2013, p. 49.

化战略。双边 FTA 谈判也更加务实，形成了两种有效的"谈判模式"，一是分别签署货物贸易、服务贸易、投资协议等，必要时签署"早期收获计划"；二是直接签署内容全面的"一揽子"FTA 协定。

第二节　中国参与 FTA 的历程与现状

一　中国参与 FTA 的历程与现状

1. 中国参与 FTA 的历程

作为"和平崛起"的新兴大国，中国自 2000 年提出建立"中国—东盟 FTA"的设想开始，逐步踏上了 FTA 建设之路。2006 年 3 月，全国人大四次会议《政府工作报告》中提到，中国政府工作的主要任务之一就包括"有步骤、有重点地推进区域经济合作和 FTA 谈判，在世贸组织新一轮谈判中发挥建设性作用"，这是中国第一次将 FTA 建设纳入政事议程。2008 年，中共十七大报告中明确提出要"实施 FTA 战略，加强双边多边经贸合作"，并将其确定为中国参与经济全球化，进一步深化改革开放的基本国策。至此，FTA 建设被提到了战略高度，并作为中国的对外贸易政策之一，在参与国际经济合作中发挥着重要的作用。党的十八届三中全会进一步提出，要以周边为基础加快实施 FTA 战略，形成面向全球的高标准 FTA 网络。事实上，由美国主导的 TPP 已具有明显围堵和遏制中国崛起的特征，加之西方国家和部分发展中国家贸易保护主义倾向的加剧，使全球贸易环境不断恶化，直接影响到我国对外贸易的发展。中国需要根据全球性金融危机后错综复杂的世界经济形势的需要，建立与中国迅速崛起的世界大国地位相匹配的 FTA 体系，以服务于国家利益与经济发展的需要。因此，中央提出加快 FTA 建设的战略是应对当前复杂多变国际形势的明智之举。

进入 21 世纪以来，区域经济一体化发展迅速，区域 FTA 协定也随之成为国际经济合作的重要形式之一。随着我国对外开放的不断深入，我国也开始积极加强区域经济合作。1991 年，我国加入亚太经合组织（APEC），首次参与到区域经济合作中。2002 年 11 月，中国与东盟签署了历史上第一个 FTA 协定（《中国—东盟全面经济合作框架协定》）；2003 年，我国内地与香港、澳门特区分别签订了 CEPA 协议，随后又签订了一系列的补充协议。《内地与香港关于建立更紧密经贸关系的安排》成为我国内地首个全面实施的 FTA，为我国的区域合作奠定了良好开局。[①] 随后又与我国澳门地区及台湾地区签订了经济合作框架协定，与智利、巴基斯坦、新西兰、新加坡、秘鲁、哥斯达黎加、冰岛等国签署了FTA 协定，与韩国、澳大利亚结束了 FTA 建设的实质性谈判，且正在与海合会（GCC）、挪威、南部非洲关税同盟（SACU）、斯里兰卡等国开展相关会晤和磋商谈判，并完成了与印度的区域贸易安排联合研究，还与哥伦比亚、格鲁吉亚、马尔代夫等国正就双边 FTA 建设的可行性展开协同研究。此外，中国—东盟 FTA 协定（"10＋1"）升级、中日韩 FTA、《区域全面经济合作伙伴关系》（RCEP）等一系列谈判也在如火如荼地进行之中。据商务部统计，截至 2014 年年底，我国正与 31 个自贸伙伴建设18 个 FTA，其中：已签订 12 个 FTA 协定，涉及 20 个国家或地区。表 3.2列示了截至 2014 年年底我国已签订的 FTA 协定的基本情况。

表 3.2　　　　　　　　　　　　我国已签订的自由贸易协定

签订时间	签订国家	具体情况
2002.11.4	东盟	双方签订《中国与东盟全面经济合作框架协议》，依照协议，中国—东盟 FTA 在 2010 年 1 月 1 日正式建成，是我国参与的第一个实质性的 FTA。
2005.11.18	智利	中国和智利签署 FTA，该协定包括了货物贸易以及服务贸易，是我国与拉美国家建立的首个 FTA。
2006.11.24	巴基斯坦	中国和巴基斯坦签署 FTA 协定，该协定包括货物贸易以及服务贸易，并建立包括"海尔—鲁巴经济区"在内的中巴投资区。
2008.4.7	新西兰	中国与新西兰签署 FTA 协定，该协定不仅包括了货物贸易、服务贸易，还涉及投资等诸多领域，这是我国与发达国家建立的首个FTA，也是我国与其他国家建立的第一个全面的 FTA。
2008.10.23	新加坡	中国与新加坡签署 FTA 协定，该协定不仅包含货物贸易、服务贸易，还涉及人员流动、海关程序等内容，也是一个较为全面的 FTA协定。
2008.11.19	秘鲁	中国和秘鲁签署 FTA 协定，这是我国与拉美国家之间签署的第一个"一揽子"性质的 FTA 协定。
2013.4.15	冰岛	中国和冰岛签署 FTA 协定，是我国与欧洲国家签署的第一个自由贸易协定。
2013.7.6	瑞士	中国和瑞士签署中瑞 FTA，是我国与欧洲大陆及世界经济 20强国家达成的首个 FTA 协定。

资料来源：根据 APEC 官方网、中国商务部和中国 FTA 服务网发布信息整理。

---

① 宾建成：《中国参与双边 FTA 的对策探讨》，《经济论坛》2004 年第 24 期。

整体看来，进入 21 世纪，我国区域经济一体化的发展较为迅速。从全球角度来看，这是顺应国际区域经济一体化发展趋势之举；从地区角度来讲，也是我国积极参与亚洲区域经济一体化进程的具体表现；从国内角度而言，开展区域经济合作能够有效减少贸易争端与摩擦，是进一步扩大并深化对外开放的重要举措。我国在加入 WTO 后，签署双边 FTA 成为我国发展双边经贸关系的重要组成部分。中国的 FTA 建设伙伴涵盖亚洲、非洲、拉丁美洲、欧洲和大洋洲，其中：亚洲周边国家与之自由贸易联系最为紧密，占到了中国在建和已实施的 FTA 协定的 49%，其次是拉美国家，这也代表了亚太地区 FTA 网络的发展趋势。总体看，中国的 FTA 建设基本遵循了"审慎稳重、循序渐进"的原则，首先选择与其地理位置较近、关系密切的东盟和我国香港、澳门地区结成自贸伙伴，然后逐步扩展到东南亚和南亚的新加坡、巴基斯坦，之后再跳出亚洲转向大洋洲、拉美、欧洲等地。在已建成的 FTA 中，除东盟经济体规模较大以外，其他经济体规模都相对较小。选择这些中小经济体进行谈判，一方面是因为达成 FTA 协定的难度较小，另一方面也是为了逐步积累经验，以此为基础对大经济体形成迂回包抄之势，因而也有专家指出，其象征意义大于实际意义（王琳，2014）。

2. 中国参与 FTA 的发展现状

截至目前，中国与 18 个 FTA 伙伴国（地区）货物贸易增长势头良好，贸易总额从 2002 年的 1737 亿美元增加至 2013 年的 12617 亿美元，贸易扩大效应明显（如表 3.3）。在贸易商品结构方面，伴随 FTA 的生效实施，中国原有优势产品仍保持优势地位，如机电产品、化工产品及纺织服装等；中国出口商品结构中资本密集型与技术密集型的商品种类有所增加，如运输设备、精密仪器等；中国进口商品结构中初级产品及资源类产品比重有所上升，如动、植物产品与矿产品等。

另据商务部统计数据显示，自 2002 年中国启动 FTA 建设工作以来，服务贸易进出口总体规模增长迅速，占世界服务贸易比重逐年提高。由此也说明，FTA 战略的推进对于开放中国服务贸易市场起到了促进作用。在中国 FTA 战略的推进过程中，服务贸易自由化承诺的部门已覆盖 10 个服务大类的 100 多个具体部门，开放承诺高于多边谈判的承诺水平，主要在商业、环境、运输、分销、文体、旅游等部门做出了"深度承诺"与"新增承诺"。

从 FTA 的投资效应角度看，在中国已生效的 FTA 协定中，中国—东盟 FTA 签署了《投资协议》，中国—巴基斯坦 FTA、中国—新加坡 FTA、中国—新西兰 FTA、中国—秘鲁 FTA 则在 FTA 协定中商谈了投资保护与促进条款。已生效的其他 FTA 协定中虽然没有明确的投资条款，但通过 FTA 建设的推进，双边资本流动也有所增加，实现了贸易与投资的联动，强化了区域生产贸易投资网络，特别是带动了中国境外投资规模的扩大，推动了中国"走出去"战略的实施。

表 3.3　中国大陆与 FTA 伙伴货物贸易发展情况（2010—2013 年）

（单位：亿美元）

自贸区伙伴	贸易方向	2010	2011	2012	2013
东盟	出口	1382.4	1698.6	2039.2	2440.4
	进口	2543.5	1924.7	1957.3	1995.6
新加坡	出口	323.3	353.0	403.2	458.3
	进口	245.8	277.6	284.3	300.6
巴基斯坦	出口	69.4	84.4	92.8	32.0
	进口	17.3	21.2	31.4	110.2
新西兰	出口	27.6	37.4	38.8	41.3
	进口	37.6	49.9	58.1	82.5
智利	出口	80.3	108.2	126.1	131.1
	进口	177.6	205.8	206.1	207.1
秘鲁	出口	35.5	46.6	53.3	61.9
	进口	61.2	78.7	84.8	84.1
哥斯达黎加	出口	6.9	8.9	9.0	9.3
	进口	31.1	38.4	52.7	47.6
冰岛	出口	0.7	0.8	1.0	1.5
	进口	0.4	0.8	0.9	0.8
瑞士	出口	30.3	37.0	34.9	35.3
	进口	171.1	272.2	228.1	561.9
中国香港	出口	2183.8	2680.4	3236.5	3845.0
	进口	122.7	155.1	179.6	162.1
中国澳门	出口	21.4	23.5	27.1	31.7
	进口	1.2	1.6	2.8	3.9
中国台湾	出口	296.4	350.7	367.7	406.4
	进口	1156.5	1249.0	1321.9	1566.4

资料来源：表中 2010—2012 年数据来源于《世界贸易统计总览》，2013 年数据来源于联合国货物贸易数据库网站，其中 2013 年台湾地区数据来源于中国商务部统计。

虽然 FTA 以经济活动为载体，为成员国提供了一个促进经济发展、往来与合作的平台。但 FTA 所具有的非传统收益也越来越引人关注。就中国而言，首先，中国借助 FTA 提供的良好平台，与周边及其他 FTA 战略伙伴国（地区）发展了稳定的睦邻友好关系，为促进区域政治与安全、维护国家主权与国家利益发挥了一定的作用；其次，中国在参与 FTA 建设过程中，不断谋求与亚太地区大国的合作，一定程度上实现了区域政治经济主导权的大国博弈诉求；最后，FTA 为中国提供了信息传递的新平台，向 FTA 的伙伴国（地区）及其周边国家（地区）展现了中国经济发展、改革开放、产业升级等多方面的成果，也向世界各国传递了中国全面开放的决心及信守承诺的态度，加深了世界对中国的认识。

面对后危机时代不断下行的国际经济形势以及多边贸易机制停步不前的局面，许多国家和地区都寄希望于通过签订 FTA 协定扩大本国的"经济领土"，① 实现降低经济危机影响、扩大出口抢占市场和避免被边缘化的目的。某些国家已率先建成以本国为轮轴的全球 FTA 网络。但中国的 FTA 建设起步相对较晚，与主要经济体相比，仍然存在一定差距。截至 2013 年年底，美国已与 20 个国家签署并生效 14 个 FTA 协定，与 FTA 伙伴的贸易额占其外贸总额的 40%；除加快自身一体化进程外，欧盟已与 66 个国家签署并生效 34 个 FTA 协定，与 FTA 伙伴的贸易额占其外贸总额的 28%；韩国已与 47 个国家签署并生效 10 个 FTA 协定，与 FTA 伙伴的贸易额占其外贸总额的 38%。② 根据韩国企业财政部的数据，中国的"经济领土"与日本接近，仅相当于美国的 51.1%，欧盟的 46.4%，韩国的 27.8%，墨西哥的 23.6%，智利的 19.4%。美国近期力推的 TPP 战略，其实质就是经济版的北约东扩，除具有刺激美国出口、扩大就业等经济目的外，利用 TPP 从经济上围堵或牵制中国的用意也十分明显。事实上，FTA 合作已出现全球经济曾司空见惯的"南北差距"和"垂直效应"。

作为全球第二大经济体和最大的发展中国家，中国应在参与多边机制建设的同时加紧扩展本国的 FTA 网络，争取早日在"经济领土"方面达到与欧盟和美国相当的水平，以此增加在多边贸易体系谈判中的谈判砝码，确保国家利益。为此，首先，应加强顶层设计、谋划大棋局，既要谋子更要谋势，逐步构筑起立足周边、辐射"一带一路"、面向全球的 FTA 网络，积极同"一带一路"沿线国家和地区商建 FTA，使我国与沿线国

---

① 一国的经济领土是指与这个国家签订 FTA 的国家的 GDP 之和占全球 GDP 的比例。

② 此处相关数据根据美国贸易代表办公室（USTR）、欧盟中国官网、韩国产业通商资源部等网站数据整理得到。

家合作更加紧密、往来更加便利、利益更加融合；其次，应尽快扩大 FTA 合作伙伴的规模，并不断提升 FTA 建设层次，重点建设几个对区域经济有重大影响力的高质量的 FTA，并在传统商品贸易、服务贸易、投资等领域的合作基础之上，加强国际规制合作、金融合作、环境保护合作等高端合作，深化合作内容；最后，应继续深练内功，加快国内市场化改革，营造法治化营商环境，加快经济结构调整，推动产业优化升级，支持企业做大做强，提高国际竞争力和抗风险能力。

二 中国参与 FTA 的战略意图

2014 年 12 月 5 日，中共中央政治局就加快 FTA 建设进行第十九次集体学习。习近平总书记在主持学习时强调，站在新的历史起点上，为了实现"两个一百年"奋斗目标、实现中华民族伟大复兴的中国梦，必须适应经济全球化新趋势、准确判断国际形势新变化、深刻把握国内改革发展的新要求，以更加积极有为的行动，推进更高水平的对外开放，加快实施自由贸易区战略，加快构建开放型经济新体制，以对外开放的主动赢得经济发展的主动、赢得国际竞争的主动。[1] 中国参与 FTA 的战略意图大致可包含以下几个方面：

（1）国家发展战略的重要组成部分

我国的区域经济合作并非单一追求贸易效益，而是作为我国国家发展战略的重要组成部分，为我国国家发展战略总目标的实现而服务。一直以来，我国强调构建一个和谐的社会、和谐的区域以及和谐的世界，为我国经济发展构造一个稳定和平的发展环境。在"睦邻、安邻、富邻"的方针政策指引下，我国首个 FTA 便是与近邻东盟建立的中国—东盟 FTA，同时也积极与周边国家如巴基斯坦、韩国等签订 FTA 协定。近年来，我国的 FTA 布局正逐渐朝着全球化的战略方向迈进，目前与我国签署 FTA 协定的国家已遍及亚洲、大洋洲、美洲和欧洲。

（2）保障外贸发展环境及出口市场安全，增强对区域乃至世界的影响力

2008 年金融危机发生后，世界经济形势逐渐恶化，国际贸易环境形

---

① 习近平：《加快实施自由贸易区战略 加快构建开放型经济新体制》，中国自由贸易区服务网，http://fta.mofcom.gov.cn/article/ftanews/201412/19394_1.html。

势严峻，贸易保护主义逐渐抬头。因此，依托区域贸易协定来改善我国的外贸发展环境，突破日益盛行的贸易壁垒实属当务之急。我国是目前全球倾销的最大受害国，也是全球反倾销的最大受害国。究其根源，主要是因为我国被定位为"非市场经济国家"，[①] 给我国外贸带来了诸多不利影响。通过建立双边 FTA，可有效消除我国在国际贸易中遭受的不平等待遇，也可有效改善我国在反倾销诉讼中的不利地位。因此，我国要借助双边 FTA 的建立来改善自身的外贸环境，从而保障本国出口安全、拓宽外贸发展空间，增强世界影响力。

（3）拓宽稳定的能源资源进口渠道，为本国经济持续发展提供保障

我国是一个能源资源相对丰富的国家，但由于人口众多，随着工业化步伐的加快，对能源资源的需求量也迅速扩大，自身储量已难以满足经济高速增长对能源资源的需求，进口需求放大。因此，通过建立与能源国之间的 FTA，与能源资源输出国建立稳定的利益关系，获取稳定的国际能源资源进口渠道，可为我国的经济发展提供稳定的能源供给，保障我国战略性能源资源的国际市场安全，为我国经济持续快速发展提供保障。

（4）扩大消费选择范围，促进国内产业结构升级

随着一系列双边 FTA 的建立，可以使区域内的市场边界得到有效的扩展，区域内的市场开放则使得区域内产品的自由贸易显得更为高效与便捷。得益于绝大多数商品的零关税，区域内各方的产品均可以更加自由地流入到其他市场，可以有效促进贸易市场的发展，同时也为区域内的消费者带来更多的消费选择，并使得区域内的资源配置更加合理，也有利于增强国内市场的竞争，从而加速国内产业结构的不断升级。

（5）营造有利的外交环境，树立良好的大国形象

随着综合国力的不断提升，我国已成为以美国为首的部分西方国家遏制的主要对象，"中国威胁论"在国际上肆意横行，而已有的国际对话体系的话语权也掌握在西方国家的手中。在上述大背景下，通过与部分国家签订 FTA 协定，密切与这些国家的经济联系，进而加强国家间在政治外交等方面的合作，逐渐消除"中国威胁论"的恐慌，向世界展现一个开

---

① 我国在加入 WTO 时，被界定为为期 15 年的"非市场经济国家"。非市场经济（英文简称 NME）问题，旧称"统制经济"问题，起源于冷战时期西方国家贸易法中处理诸如基本贸易待遇和反倾销问题时，对社会主义国家采取的一种歧视性做法。

放负责的大国形象，将成为我国构筑和谐的外部环境以及实现外交战略上突围的有效途径。此外，借助已有的 FTA 合作谈判经验，也可以为更大范围的 FTA 谈判积累经验，为未来更好地参与全球竞争做好准备。

（6）加强对国际经济规则制定"话语权"的掌控

加快实施 FTA 战略，是我国积极参与国际经贸规则制定、争取全球经济治理制度性权力的重要平台，我们不能当旁观者、跟随者，而是要做参与者、引领者，善于通过 FTA 建设增强我国的国际竞争力，在国际规则制定中发出更多的中国声音、注入更多的中国元素，维护和拓展我国的发展利益。为此，我国可以依托 FTA 伙伴国，联合更多的发展中国家在国际规则的制定方面争取更多的"话语权"。

（7）以推动 FTA 投资自由化促进企业"走出去"

随着经济全球化和货物贸易的不断发展，投资自由化是一个必然的发展趋势。从贸易自由化到投资自由化的发展，是跨国经济从低层次向高层次发展的表现。目前，我国经济的发展阶段到了从注重吸引外资转变为吸收外资和"走出去"并重的阶段，对外部市场和资源的需求越来越大。"走出去"战略的实施对中国经济可持续发展将发挥更大的作用。2008 年开始的全球性金融危机，为中国企业"走出去"创造了机遇，但部分"走出去"的企业也遭遇了很多不公平待遇，尤其是国有企业的"走出去"将面临新的政治风险。通过签订 FTA 协定，能为企业"走出去"提供更好的制度环境，规避大部分不正当审查风险。但是在实际谈判中，投资自由化尤其是准入前国民待遇往往阻碍了双方投资协定的签署，因此，在进行 FTA 谈判的时候，应该分析新形势，理性考虑签署更符合中国实际和国际惯例的投资自由化条款。

三 中国 FTA 合作对象的选择

美国学者杰弗里·司柯特（Jeffrey Schott）在其主编的《自由贸易区：美国的战略及关注重点》一书中总结了美国选择区域经济合作伙伴的四类标准，即：该伙伴对美国国内政治的影响，对实现经济政策目标的影响，伙伴国在国内、区域及 WTO 贸易改革方面的承诺，以及对美国外交政策的影响。国内学者也指出，中国政府将战略意义突出、经济互补性强、市场规模大或者资源丰富、推动和谐发展效果显著作为选择 FTA 谈判对象的主要标准（易小准，2006）。因此，在下一步拓展中国 FTA 全球网络时，能作为潜在 FTA 谈判伙伴的国家同时应当在中国对外贸易中占据较为重要的位置。此外，潜在 FTA 伙伴国选择战略的确定，核心依据应当是 FTA 达成后可能给双方经济贸易及产业带来的影响（黄鹏、汪建新，2009）。笔者认为，中国可以将如下内容作为确立 FTA 合作伙伴的遴选标准：①该伙伴对中国内政外交的影响及其在外交和安全事务方面与中国的合作程度；②该伙伴与中国经贸关系的密切程度及其对实现中国宏观经济政策目标的影响；③该伙伴在国内、区域及 WTO 的承诺；④该伙伴的市场规模与经济发展潜力及其同中国经贸的竞争与互补程度；⑤该伙伴是否同中国竞争者达成类似优惠协议等。

整体来看，我国正在以 FTA 战略为突破口，寻求相互的利益合作，以周边为基础，逐步建设覆盖全球的高标准 FTA 网络。2014 年，我国提出了"一带一路"的合作倡议，并将依托"一带一路"战略，强化与周边国家的联系，努力形成辐射全球的对外开放新格局。在 FTA 合作对象的选择方面应主要考虑如下几个方面：

第一，应依托 FTA 发展战略，积极提升 FTA 层次。近年来，我国 FTA 建设发展迅速，但主要仍以发展中国家为主要 FTA 合作伙伴。在目前与我国已经签署 FTA 协定或正在商谈的 31 个国家或地区中，仅有冰岛、挪威、瑞士、澳大利亚、新西兰、新加坡和韩国 7 个发达国家，其他大部分国家仍为发展中国家，属于南南合作型。在合作对象的选择上，应积极发展与发达国家的 FTA 谈判，提升 FTA 合作的层次。

第二，应按照巩固周边、布局全球的顺序，远交近攻，以 1 + X 模式推动双边 FTA 体系的建设，构建覆盖全球的 FTA 网络，逐步确立我国的"轮轴国"地位。我国历来重视发展与周边国家的对外关系，因此我国与亚太地区国家的贸易总额占到了我国贸易总额的 3/4，亚洲国家也一直是我国重要的产品出口目的地及进口来源地。因此，我国在制定 FTA 战略时，首先是以周边国家为主选择合作对象，已建立 FTA 的合作伙伴，如东盟、巴基斯坦等国家或地区，均是我国的近邻。但作为世界经济与贸易大国，也基于对能源和资源需求不断扩大的考虑，中国在世界各地都有着不可忽视的经济利益。中国参与区域合作的对象应该走向全球，与并不毗邻的国家、地区、组织和次区域组织建立合作关系，特别是要将北美的墨西哥、非洲的南非、中东的海合会与以色列、欧盟的德国和法国以及俄罗斯等纳入 FTA 合作网络，避免在上述地区的贸易被边缘化。

第三，要服从"引进来"与"走出去"战略，保障技术引进与产业转移。进入 21 世纪后，提高利用外资质量和鼓励企业"走出去"已成为中国对外开放战略的主要诉求之一。在近期无法与美国、日本、欧盟等发达国家达成全面贸易投资自由化协定的情况下，可以优先选择一些具有经济增长潜力、投资需求旺盛的国家或地区进行 FTA 谈判，并侧重将投资协定作为 FTA 谈判的重点领域。

第四，应将能源战略作为我国 FTA 战略的重要方面，保障能源资源安全。中国是一个能源资源相对贫乏的国家，石油、天然气、铁矿石、铀等战略性资源进口依存度始终较高。为了保证中国经济持续发展对能源和矿产资源的需求，中国应当和能源与特殊金属矿产资源丰富的国家缔结FTA。我国与东盟、海合会以及南部非洲关税同盟等区域的合作可以为我国提供稳定的石油、天然气资源供给，与澳大利亚、智利等国签订 FTA可以保障我国获取铜矿、铁矿资源。以能源资源为导向应成为我国 FTA合作对象选择的重要特征。

第三节　海合会参与 FTA 的历程与现状

一　海合会概况

成立于 1981 年 5 月的海湾阿拉伯国家合作委员会（Gulf Cooperation Council，GCC，简称"海合会"），是中东地区重要的区域性组织，也在整个阿拉伯世界和中东地区力量构成格局中扮演着重要角色，拥有沙特阿拉伯、阿联酋、阿曼、巴林、卡塔尔、科威特等六个成员国。加强各成员国的相互合作与交往，推动各国工业、农业以及科学技术的不断发展，增强各国间的非官方交流与合作，促进相互的经贸合作是海合会成立的宗旨。2001 年年底，海合会各国同意也门参与到海合会教育、卫生、社会事务和劳工部长理事会等机构中。2011 年，海合会决定吸纳约旦和摩洛哥为成员国。海合会的地域范围已从海湾地区延展到地中海东岸和北非地区，由次区域性组织扩展为区域性组织。但单从经济角度而言，上述两位新成员与原有的六个成员国之间经济实力相差甚远，贫富差距巨大，其能否真正融入海合会国家的经济一体化进程还是一个未知数。海合会正逐渐从海湾阿拉伯国家共同体向阿拉伯君主共同体转型，一个跨越海湾地区、马什里克地区和马格里布地区的阿拉伯"神圣同盟"正在浮现。①

　　作为中东地区重要的区域性组织，海合会成员国总面积约 267.3 万平方公里，人口 3760 万，仅占全部阿拉伯国家的 12%，但其 GDP 却占阿拉伯国家 GDP 总量的 45%，② 拥有伊斯兰金融资产 3532 亿美元，占世界伊斯兰金融资产的 42.9%。③ 海合会成员国以石油和天然气为主要资源。在该地区，已探明的石油储量（约 4680 亿桶）约占世界总储量的 45%，且这里的石油还具有开采成本低廉的优势，一桶石油成本仅需 1 美元左右，比美国和北海要低 90% 以上。在目前其他许多产油地石油资源趋于枯竭的时候，海湾地区的石油仍可平均持续开采 44 年，原油及石油产品在其出口中的较高占比凸显了其在世界能源市场中的重要作用；海合会国家天然气储量亦很丰富，仅阿联酋、卡塔尔和沙特三国的天然气储量之和就达 23 万亿立方米，占世界总储量的 14.8%，且不断有新的发现和开采；沙特、阿曼两国还拥有相对丰富的矿产资源；加之旱涝保收的石油美元、亚非欧三大洲交通枢纽的地理位置（如图 3.1）、④ 便捷发达的海运和空运网络、自由贸易政策的普遍实施，海合会国家已成为全球商家的必争之地。

　　海合会六国几乎都是世界重要的产油国和能源供应国。各成员国都希望通过价格的提高和市场的扩大来获得更多的经济收益，这为海合会的经济一体化提供了内在动力，而政治制度、文化、价值观、语言上的太多相似性也成为海合会六国合作的纽带和桥梁。自 1981 年以来，海合会各成员国通过整合各成员国的资源和力量，按步骤实现制度统一，加强彼此之间的合作和交往，从而实现了整个组织的一体化。成立初期，海合会主要为了维护区域安全以及各国的共同利益，协调对地区事务处理的意见，并在外交立场上达成一致。但事实上，海合会经济一体化的速度要远远快于其政治一体化的速度。1983 年 3 月，海合会六国建立了区域性的 FTA；

---

① 钮松：《中东剧变以来的东盟与海合会关系研究》，《阿拉伯世界研究》2012 年第 5 期。
② 王俊鹏：《海湾六国占阿拉伯国家经济总量近半》，《经济日报》，2012 年 10 月 2 日（3）。
③ Top 500 Islamic Financial Insititutions, *The Banker*, November 2009.
④ 大部分西方所需的海湾石油必须通过海湾唯一的出海航道霍尔木兹海峡运出。若该海峡被切断，以美国为代表的西方国家经济将受到致命打击。因此，控制自海湾西岸经霍尔木兹海峡过阿曼湾到阿拉伯海的这条海上东西通道，始终是美国重要的战略目标。

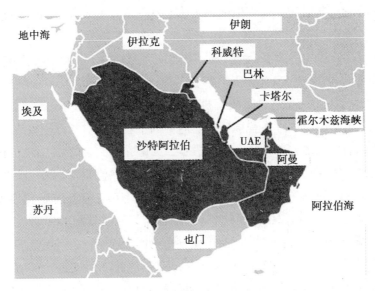

图 3.1 海合会六国区位图

注：图中黑色标注的国家为海合会国家，其中 UAE 为阿拉伯联合酋长国。

图片来源：安文雯：《中国—海合会 FTA 经济效应研究》，重庆大学，2012 年。

2003 年 1 月 1 日，海合会国家启动了《海湾国家关税同盟协定》，争取尽早实现区域关税同盟；2008 年 1 月 1 日，海合会正式启动了共同市场。此外，各成员国还积极就建立货币联盟进行磋商，并在地区安全、电网、交通等领域采取了一系列整合性措施。

总体看，自成立之日起，海合会始终奉行"安全为先、发展其次"的宗旨，在一定意义上成为次区域组织的典范，在 2008 年以来的全球性金融危机和 2010 年年底以来的中东剧变中经受住了考验，发挥了地区主导作用，近年来有进一步扩员并崛起之势。[1] 自 20 世纪 50 年代始有区域经济一体化的构想，至 1981 年六国首脑在阿布扎比召开会议达成了旨在实现六国在各领域的协调、一体化和联系的《经济统一协定》，到 1991 年成立，海合会走过了 30 多年的艰辛历程，挑战与问题随着经济一体化进程的深入变得更加严峻，海合会已经走到了一个关键的十字路口，未来发展充满不确定性。

由于海合会各成员国的产业结构和投资优势存在差异，因而区域经济

---

① 余泳：《海合会对外关系的政策逻辑考察》，《阿拉伯世界研究》2013 年第 1 期。

贸易一体化的建立有助于其取长补短、互利共赢，并增强市场的开放性和透明度，从而有利于提升整个海湾地区的国际竞争力。2001 年 12 月 31 日，海湾六国共同签署了《海合会国家经济协议》。新的经济协议包括贸易、海湾共同市场、经济和货币联盟、整体发展、人力资源、科技研究、运输通讯和基础设施建设、执行机制和最终条款等共 9 章 33 条。由此，海湾六国开启了以建立关税同盟、建立共同市场、建立货币联盟、海关一体化为内容的区域经济一体化的新进程。问题在于，在这六国中，除沙特与阿曼外，其余四国都属于小国，但当形成区域联盟时，小国也会关注其在权力分配中所占的比重和所拥有的话语权，不会完全受制于"领头羊"沙特；反之，沙特也不会轻易就范，去迎合其他成员国的所有诉求。因此，在海合会的对外关系中，也常有一些不和谐的声音，区域经济一体化进程相对艰难，例如虽然 2009 年 6 月 7 日，沙特、科威特、卡塔尔、巴林等四国在利雅得签署了《海湾货币联盟协议》，但此前阿曼早在 2007 年就宣布，由于本国经济准备不足将无法参加货币联盟，而阿联酋也因不满海湾货币委员会（海湾中央银行）总部落户沙特首都利雅得，在 2009 年 5 月决定退出海湾统一货币计划。在两国退出的情况下，海湾国家货币一体化的完整性和作用受到极大影响。因为货币一体化会带动各个国家整个财政和货币政策的改革与创新，缺少了货币一体化这个重要推手，实现经济一体化的动力和执行力也就难以为继。因此，由于货币一体化的搁浅，整个海湾六国的经济一体化也受到了很大影响。

世界经济论坛中东会议发布的《海合会国家与世界：展望 2025》分析报告，为海合会成员国未来发展描绘了三种不同的发展方向——"绿洲"、"沙暴"或是"富饶的海湾"。上述三个词汇也代表了未来海合会发展的三个方向，即：如果其内部能够精诚团结，形成有效的管理机制和良性的区域市场，海合会国家将成为中东地区稳定而繁荣的"绿洲"；如果海合会国家在动荡的外部环境中迷失了自我，内部改革放缓或最终失败，各国政府为了短期的利益牺牲了长期的发展，将最终在整个地区危机四伏的"沙暴"中迷失方向；但如果各成员国有意愿且有决心进行必要的政治经济改革，并能够在复杂的中东地区确保国家内部的稳定，海合会六国将成为"富饶的海湾"。2012 年 5 月 14 日，海合会成员国首脑会议在沙特首都利雅得举行，正式讨论了构建"海湾联盟"（Gulf Union）的问题，成员国一致同意进一步研究并落实沙特提出的"海湾联盟"的构想，超越目前"海湾经济共同体"概念，将海合会打造成类似欧盟的一体化区域联盟。① 沙特和巴林随即提出了"海湾联盟"初期阶段的行动方案，内容包括海合会成员国之间开放国境、修建连接六国的海合会铁路等。"海湾联盟"方案如若能够得偿所愿，不仅能够应对可能面临的政治、经济和军事等方面的威胁，还能促进成员国之间的资金流动，加快地区经济发展和贸易的增长，并大力提升海湾六国在国际舞台上的地位及影响力。但要真正实现由"合作组织"向"联盟"的转变，成为"中东版欧盟"，并最终达到"共同应对挑战"的战略目标，恐怕还需要一定时间的磨砺与等待。

众所周知，石油属于不可再生资源。据国际能源界最具权威性的《BP 世界能源统计年鉴》中东海湾成员国原油储产比的最新预测数据，科威特的石油储量可供开采的年份已由原先约 115 年降至 88.7 年，阿联酋由原先的 97.4 年降至 79.1 年，沙特阿拉伯由原先的 96 年降至 63 年，卡塔尔由原先的 38 年降至 33.2 年，阿曼由原先的 19.6 年降至 16.3 年，巴林内陆地石油资源估计也只能维持 15 年。② 海湾国家已强烈意识到利用油气收入大力发展其他产业、实现经济多元化的极端必要性。近十年来，为了摆脱经济收入对油气资源的过分依赖，海湾六国开始在经济方面进行渐进式的转型——宏观上，海湾六国的经济是从封闭、单一和落后的传统经济社会，向开放、多元和现代化经济社会转型；微观上，是从单一依赖油气资源出口的分配经济，向生产导向型经济转型，从食利经济向多种产业经济转变；从单纯消耗禀赋资源经济向可持续发展经济转变③——通过积极推进经济多元化发展，经济重心向第三产业转移，大力发展旅游、金融等服务产业，推进区域经济一体化，建立"自由贸易港区"，改善营商环境（如表 3.4 所示），吸引外国投资，鼓励私人投资等，逐渐完成经济转型，以提升国际竞争力，逐渐树立了海湾国家开放自由的国家形象。但海湾六国当前的渐进式经济转型尚处于促进经济市场化的初期，这种渐进式的经济转型要从产业推动上升到更高层次的创新推动，还需要很长的过程。

---

① 海合会六国商讨创建"海湾联盟"，http：//news. xinhuanet. com/world/2012 – 05/15/c_ 123133317. htm。

② *BP Statistical Review of World Energy*，June 2013，London，P6.

③ 虞卫东：《海湾六国的经济转型及其前景》，《国际关系研究》2013 年第 4 期。

表3.4　　海合会六国营商环境全球排名变化一览表（2008—2011年）

年份 国家	2008	2009	2010	2011
沙特	38	23	16	13
巴林	—	—	18	20
阿联酋	77	68	46	33
卡塔尔	—	—	37	39
科威特	46	40	52	61
阿曼	55	49	57	65

数据来源：世界银行2011年各国营商环境排名。

二　海合会参与FTA的历程与现状

海合会自成立以来，积极推动区域经济一体化进程，于2003年1月1日正式启动关税联盟，并逐步取消区域内的关税壁垒，而对从成员国以外的国家或地区进口的商品则统一征收5%的关税。2008年1月1日，海合会正式启动海湾共同市场。区域经济一体化进程不断加快，也促使海合会积极与其他国家或地区开展FTA谈判。2008年12月15日，海合会与新加坡签署了FTA协议，该协议是海合会同其他国家或组织签署的首份FTA协议。根据该协议内容，海合会国家所有商品出口到新加坡将享受零关税待遇，而新加坡99%的商品出口至海合会国家市场也享有零关税待遇，并允许新加坡企业和永久性居民在海合会成员国的服务业投资时拥有大部分股权；与此同时，卡塔尔、科威特和阿联酋三国认可新加坡伊斯兰理事会出具的食品证书和标签（HALAL认证和标签）。目前，海合会已同新加坡、黎巴嫩、叙利亚、欧洲自由贸易联盟（EFTA）签订了FTA协定，同时还与中国、印度、欧盟、美国、日本、韩国、澳大利亚、巴基斯坦、韩国、东盟等国家或区域组织启动了FTA谈判。[①]

三　海合会FTA合作对象的选择

海合会FTA谈判对象的选择主要考虑如下几个方面：

首先，积极寻求国家利益。国家利益观认为，国际关系实质上是国家的利益关系，国家间之所以出现亲疏冷热的关系，也是由其自身的国家利

[①] 海合会与美国、欧盟、印度、日本等主要贸易伙伴的FTA谈判情况参见本章第六节海合会与其他主要贸易伙伴的经贸关系及FTA谈判。

益以及国家力量来决定的。① 海合会国家所在的海湾地区不仅油气能源丰富，更具有重要的战略地位。因此，如何维护好区域安全成为海合会国家的共同议题。受制于国家实力的限制，海合会国家积极开展区域合作，并寻求与超级大国的合作，欧美国家尤其是美国因而成为海合会国家外交政策的重中之重。因此，海合会国家在选择 FTA 合作对象时，始终将欧美国家作为首选。

其次，注重经贸的互补性。从海合会六国的经贸特点来看，各成员国油气资源丰富，油气出口占国民经济比重相当高，经济结构单一，绝大多数产品需要进口，包括粮食。因此，单从经济角度考虑，海合会会趋向于选择两类国家建立 FTA：一类是能够保障其石油输出的国家，通过与资源进口市场国家进行 FTA 谈判，为区域内的石油生产提供稳定的外部市场，保障石油出口的多元化路径，为区域内各国带来稳定的石油收入，为此加紧与中国、美国等油气需求量较大的国家进行 FTA 谈判；另一类是能够保障其国内生产生活所需的国家，如通过与新加坡等国家签订 FTA 协议，保障自身的农产品需求。

最后，积极推进区域政治外交的平衡发展。长期以来，海合会各国在经济、政治以及外交上对美国有着较强的依赖性。通过与世界上主要经济体或区域经济组织进行 FTA 谈判，有利于海合会逐步减轻对美国政治外交上的依赖，同时也为其自身在国际上争取更多的话语权。中国已成为全球第二大经济体，发展速度日益稳健，是发展中国家的领头羊，也是国际社会牵制美国的重要力量。从这个层面看，中国是海合会进行 FTA 谈判的理想对象。尽管海合会历来注重区域内的一体化，但受限于市场规模的限制，海合会也期望通过与更大的经济体建立 FTA，进而实现海合会的轮轴国地位。

综上所述，海合会国家在选择 FTA 合作对象时，以自身国家安全及经贸发展为考量，更加注重与不同经济政治力量关系的平衡化发展。欧盟与海合会国家的 FTA 谈判一再搁浅，欧盟国家对海合会仍存在着不同层次的歧视，美国近年来的中东政策不仅没有稳定该区域的地区形势，反而助推了该地区的战争形势，而这一切都将有利于中国与海合会的 FTA 谈判。

---

① 俞可平：《权利政治与公益政治——当代西文政治哲学评析》，社会科学文献出版社 2000 年版，第 128 页。

第四节   建立中海 FTA 的可行性——
基于轮轴—辐条（H&S）结构

1994 年，哈特波尔（Hutbauer）和斯科特（Schott）提出了轮轴—辐条结构理论，认为一国在与多个国家或地区建立 FTA 后，能够形成类似轮轴—辐条的 FTA 结构模式（hub and spoke，H&S）。"轮轴—辐条"结构模式包括一个处于中心地位的轮轴国和多个围绕在轮轴国周围的辐条国，轮轴国与每个辐国分别签订区域贸易协定，辐条国之间无贸易协定。处于中心位置的经济体将获得更大的市场空间与收益，而处于外围的经济体获得的市场与收益则来源于中心国家，这就是区域贸易安排中的"轮轴—辐条"效应（Baldwin，1994）。[①] 处于轴心地位的轮轴国，既形成了以自我为中心的 FTA 网络，也成为全球 FTA 网络中的关键节点，[②] 集聚了区域的生产能力，享受所有辐条国的市场优惠，因而其产品出口更具竞争力，其产品的进口也能够享受更多的关税优惠，由此也促进了资本、技术等生产要素向轮轴国的集聚，进而成为区域的贸易主导。从辐条国角度来看，辐条国能够实现与轮轴国之间的贸易互通，能够享受轮轴国的市场准入，同时依托与轮轴国的 FTA，提升自身在国际对话中的谈判能力，并增强自身对外部经济冲击的抵御能力，但是随着轮轴国不断拓展 FTA 合作对象，原辐条国享受到的自由贸易利益将逐渐减少。由于大部分国家不只参与一个 FTA 协定，因此出现了很多重叠性的 FTA，一些国家既是轮轴国，又是辐条国，从而使得以众多轴心国向外辐射而成的"轮轴—辐条"网络呈现出相互交叉、重叠的态势，形成了纠缠交错的"意大利面条碗现象（Spaghetti bowl phenomenon）"。[③]

[①] Baldwin, Richard, *Towards an Integrated Europe*, London：CERP, 1994.

[②] 何剑，孙玉红：《全球 FTA 网络化发展对不同地位国家的影响》，《中国软科学》2008 年第 5 期。

[③] "意大利面条碗现象"一词源于巴格沃蒂（Bhagwati）1995 年出版的《美国贸易政策》（*U. S. Trade Policy*）一书。指在双边自由贸易协定（FTA）和区域贸易协定（RTA），统称特惠贸易协议下，各个协议中不同的优惠待遇和原产地规则，就如同碗里的意大利面条，一根根地绞在一起，剪不断，理还乱。

Baldwin（2003）认为，在东亚经济一体化的进程中，将形成以中国和日本为双轮轴的自行车结构。[1] 由于轮轴国在双边经贸合作中具有明显的优势，东亚各国都在积极促进本国 FTA 的发展，力争实现自身的轮轴国地位。东盟往往作为一个整体参与 FTA 谈判，从而增强其成为轮轴国的可能性。日本经济实力雄厚，尽管受近年来经济增长乏力的影响，但其既有的优势已使其具有轮轴国的地位。韩国近年来对外区域合作发展迅速，韩国的 FTA "经济领土"已上升至全球第二。对于中国而言，中国与东盟 FTA 协定的签订已经使中国在与东盟的博弈中拥有"先动优势"，[2] 中国作为经济增长最快的新兴经济体，应积极推动与各目标国的 FTA 谈判，尽快在全球范围内形成的"轮轴—辐条"网络格局中确立自身"轮轴国"的地位，而中海 FTA 的建立是当前中国在中东地区发展并实现自身"轮轴国"地位的重要途径之一。

对于中国和海合会双边而言，中国作为最大的发展中国家，也是全球第二大经济体，经济发展态势稳定趋好，市场机制不断完善，对外开放程度也越来越高。从这个角度上来看，中国有成为轮轴国的基础条件。因此中国非常有可能成为中海 FTA 建成以后的轮轴国。但中国目前面临着诸多障碍，例如西方国家鼓吹的"中国威胁论"、现有的市场机制还不够完善、金融投资领域的管控较严、现有的 FTA 建设合作内容有待进一步拓展以及非市场经济地位等，上述因素给我国 FTA 战略的实施带来了不良影响。

就海合会而言，自其成立以来，就积极推进区域一体化进程。在对外合作中，海合会国家积极启动了与主要贸易伙伴的 FTA 谈判，以避免自身沦为辐条国进而在贸易利益的分配上受到歧视。海合会与新加坡早在2008 年就签订了 FTA 协定。双方谈判的结果仍是新加坡的关税水平高于海合会国家的关税水平，这也印证了海合会在 FTA 建设过程中，希望成为区域经济合作中心的想法。但是，其中面临的障碍也很多，如：海合会在经济规模和市场容量上不占优势、海合会 FTA 建设步伐较慢、各国协调成本较大、非市场阻碍较多等。

---

[1] Baldwin, Richard E., "The Spoke Trap: Hub and Spoke Bilateralism in East Asia", http://www.unige.ch/? baldwin/papers/, 2003.

[2] 东艳：《区域经济一体化新模式——"轮轴—福条"双边主义的理论与实证分析》，《财经研究》2006 年第 9 期。

因此，中海双边无论是谁成为区域合作的经济中心，都将依赖于双边贸易制度的设计，尤其是在投资和贸易条款的设计上，必须符合有助于轮轴国形成的条件，即：若要成为区域经济中心，必须满足贸易、投资的开放度比合作对象要高的条件，双边贸易谈判关税水平的差异将决定着双边主要贸易流的走向，而投资的开放度也决定了资本等生产要素的流向。尽管目前我国的整体关税水平相对较高，但根据中国已建立的 FTA 的情况来看，FTA 建成以后绝大部分商品均实现了零关税。与此同时，中国的投资环境也在逐渐改善，加之中国制定的"一带一路"沿线 FTA 发展战略——中国正在积极争取成为全球 FTA 网络中的轮轴国。

中国如何才能成为海合会实现外部经济一体化的首选呢？就现实情况而言，中国具有以下几方面的优势：首先，中国快速发展的经济规模。改革开放以来，中国经济蓬勃发展，GDP 年均增速达 9.8%，远高于同期世界 2.8% 的平均增速，经济增长的持续时间和速度均超过日本以及亚洲"四小龙"，并已超过日本成为全球第二大经济体。2013 年，中国成为世界第一货物贸易大国和全球第二大对外投资国。2014 年，中国成为全球外国投资第一大目的地。2008 年全球性金融危机爆发以来，中国成为复苏世界经济的重要引擎，对全球经济增长的年均贡献率大于 20%。中国缔造了世界经济发展史上的奇迹，海合会国家也期望能够搭上中国这艘快速发展的大船。其次，中国始终主张以和平共处五项原则为基础处理国际事务，绝不干涉他国内政。因此，中国的外交政策也获得了海合会国家的认可，与海合会国家所寻求的地区安全如出一辙。事实上，随着中国综合国力的不断增强，中国会更有能力去维护地区的和平与安全。最后，"一带一路"沿线FTA 战略的助推。"一带一路"战略经由国内自贸园区和国际 FTA 建设的加速而逐步落地，从而促进区域经济一体化发展。中方正在积极同"一带一路"沿线国家和地区商建 FTA，中海 FTA 正是中阿共建"一带一路"、进一步扩大双边合作的重点领域，中海 FTA 的建立将为中阿关系未来发展注入新的活力。

第五节　中国与海合会建立 FTA 的背景与谈判进程

一　中国与海合会建立 FTA 的背景

1. 全球 FTA 的迅速发展

近年来，全球对外贸易发展迅速，经济全球化和区域经济一体化已成为世界经济的两大特征。由于以多哈谈判为代表的国际经贸合作进展艰难，使得各国纷纷将目光转向区域自由贸易合作，因而使得双边 FTA 得到了迅速发展。正是在这种区域经济一体化迅猛发展的大背景下，我国加快了建设双边 FTA 的步伐，党的十七大正式提出我国要"实施 FTA 战略"，十八大进一步明确要加快实施 FTA 战略，2014 年，习近平又提出了"一带一路"的对外合作之顶层设计。因此，随着 FTA 建设被提升到战略高度，我国的 FTA 建设必将迈上新的台阶。与此同时，海合会六国在加速区域内部经济一体化的同时，也加快了同其他国家或区域的经贸合作步伐。

2. 双边贸易的不断增长

自 20 世纪 50 年代开始，我国与海合会六国就有直接的贸易往来。20世纪 80 年代开始，双边贸易得到了较快的发展；90 年代，随着双方政治关系的发展，双边贸易更是突飞猛进。如表 3.5 所示，我国的对外贸易增长较快，高于世界贸易的平均增速，而中海贸易的增长速度又远远高于我国对外贸易的增长速度。2004—2013 年，中海贸易呈现较快增长态势，从 2004 年的 247.32 亿美元增长至 2013 年的 1653.47 亿美元，增长了近五倍，其中年增长率超过 30% 的年份有 6 年，2008 年的增长率达到了59.12%，虽然 2009 年受全球性金融危机影响下滑，但次年就扭转颓势，中海双边经贸合作逐渐迈入了快车道，呈现出可喜的态势。经济学人智库2014 年年底发表的题为《海湾阿拉伯国家合作委员会（GCC）贸易与投资流动》的报告中指出：到 2020 年，中国将占有海湾地区对外出口的最大份额，达到 1600 亿美元。与此同时，中国也将主导海湾地区的进口市场，为海湾地区提供价值 1350 亿美元的货物，这一数字与 2013 年相比增长了近一倍。中海商建 FTA 可以扩大双方的贸易总额，进而为双方带来更多的贸易收益。

表 3.5　　　　世界、中国以及中海对外贸易总额（2004—2013 年）

（单位：亿美元）

类项 年份	世界对外 贸易总额	世界对外 贸易增长率	中国对外 贸易总额	中国对外 贸易增长率	中海贸易 总额	中海贸易 增长率
2004	182665.53	—	11545.55	—	247.32	—
2005	206172.04	12.87%	14219.06	23.16%	337.57	36.49%
2006	239565.82	16.20%	17603.97	23.81%	449.44	33.14%
2007	274253.48	14.48%	21761.76	23.62%	581.24	29.33%
2008	316480.85	15.40%	25632.55	17.79%	924.87	59.12%
2009	244764.63	-22.66%	22072.02	-13.89%	679.62	-26.52%
2010	298028.19	21.76%	29737.66	34.73%	925.26	36.14%
2011	365107.72	22.51%	36417.83	22.46%	1337.14	44.52%
2012	346642.12	-5.06%	38669.81	6.18%	1551.12	16.00%
2013	358970.02	3.56%	41600.00	7.58%	1653.47	6.60%

数据来源：联合国商品贸易数据库。

3. 全球性金融危机的影响与助推

2008 年，由美国次贷危机而引发的全球性金融危机使美国、欧盟、日本等我国主要贸易伙伴的经济几乎都受到了严重影响，我国的对外贸易也因此受到了一定程度的影响。为应对危机，我国积极调整对外贸易战略，努力发展与新兴市场的贸易合作，海合会六国也随之成为我国重点合作的对象。事实上，此次金融危机对海合会六国也产生了一定的影响，虽然海合会国家凭借丰富的油气资源使国内经济保持了较快的增长，但是国际市场的不景气、全球原油需求量的下降也给海合会六国的石油出口带来了严峻的挑战，而美国、俄罗斯、巴西等国石油开采量的增长，进一步加重了海合会六国石油出口的困境，海合会六国迫切需要稳定的原油出口市场。如图 3.2 所示，2008 年，由于我国大量进口海合会国家的原油，使双边贸易得到了较快增长，年增长率达到近十年之最。与我国建立 FTA，能够为海合会国家带来稳定的能源出口市场，同时也有利于减轻海合会国家对美国的依赖程度。因此，国际金融危机的发生，使得中海间建立 FTA 显得尤为重要。

4. 能源战略合作的需要

能源贸易始终占据着中海贸易的核心地位，油气领域的合作也成为中海经贸合作的重要内容。如表 3.6 所示，在我国主要的石油原油进口国前 10 位中，海合会国家占据 4 席，其中：沙特是我国石油原油进口来源最

图 3.2　中海贸易总额及增长率（2004—2013 年）

数据来源：联合国商品贸易数据库

多的国家，2013 年石油原油进口额为 423.68 亿美元，占我国石油进口总额的 19.28%。海合会六国的经济结构本身很单一，石油经济占据着国家经济的主导地位，尽管各国均在尝试经济结构的多元化，但迅速转型的可能性不大。因而，能源合作仍是未来中海经贸合作的主要内容。据商务部信息，石油占据着海合会对我国出口总额约 80%，塑料、石化等石油相关产品约占海合会对我国出口总额的 16%。① 而在未来的经济发展中，我国经济的增长也将产生巨大的能源需求。日益增长的能源需求也要求我国积极寻求稳定的石油进口渠道，而中海 FTA 的建立则有助于稳固双方的能源合作。中海双边应积极依托紧密的能源合作，继续拓展合作领域，促进双方的互利共赢，助推中海 FTA 的建设进程。

表 3.6　2013 年中国自海合会国家进口石油原油（HS2709 类商品）情况

排名	进口来源国	进口金额（单位：亿美元）	占该商品总进口额的比重（%）
1	沙特	423.68	19.29
3	阿曼	199.32	9.07
9	阿联酋	83.67	3.81
10	科威特	72.77	3.31
40	卡塔尔	0.99	0.05

数据来源：联合国货物贸易数据库计算整理得出。分类依据：HS2007。

---

① http：//ae. mofcom. gov. cn/article/ztdy/201406/20140600620853. shtml.

二　中国与海合会建立 FTA 的谈判进程

自古丝绸之路开辟起，我国始终与阿拉伯世界保持着良好的交往传统。1981 年海合会成立，中国便与之建立了合作关系。自 1990 年起，历次联合国大会期间，我国外长均会集体会见海合会秘书长以及海合会各国外交大臣。1996 年，双边建立起了政治经济领域的对话机制，双方的经贸合作也日益紧密。

2004 年 7 月 8 日，中海双边签订《经济、贸易、投资和技术合作框架协议》，并宣布开启中海 FTA 谈判。[①] 2005 年 4 月，中海 FTA 首轮谈判在沙特首都利雅得举行，双方就 FTA 谈判的工作机制达成协议，还就货物贸易、技术合作和投资等问题进行了初步讨论。2005 年 6 月，中海 FTA 第二轮谈判在北京举行，双方签署了《经济贸易协定》和《投资保护协定》，中国还与除沙特以外的其他海合会五国签署了《避免双重征税协定》。2006 年 1 月，双边开展了中海 FTA 第三轮谈判，集中讨论了关税、原产地规则、市场准入等问题，并就技术性贸易壁垒、海关核查程序、贸易救济、卫生和植物卫生措施等议题交换了初步意见。在第三轮谈判之后，双方还举行了 3 次协调会议。2006 年 7 月，第四轮中海 FTA 谈判在浙江嘉兴举行，双方深入研究磋商了货物的市场准入、卫生和植物卫生措施、技术性贸易壁垒、原产地规则、贸易救济等议题，并初步了解及交换了双方服务贸易的要价问题。其后，由于各方面原因，中海 FTA 谈判中断，直至 2009 年 2 月，时任国家主席胡锦涛出访中东才打破谈判僵局，双方决定尽快重启中海 FTA 谈判。2009 年 6 月，中海 FTA 谈判重启，在沙特首都利雅进行了磋商，双方继续就货物贸易相关问题以及服务贸易的初步要价深入磋商，但此后再无实质性进展，出现了中海 FTA 谈判与中海经贸关系快速发展相脱节的现象。

2010 年 6 月，中国与海合会首轮战略对话在北京举行，双方同意尽快启动经贸联委会机制，同时还就双方共同关心的国际和地区问题进行了深入沟通。2011 年 5 月，中国与海合会第二轮战略对话在阿布扎比举行，双方均表达了希望尽早完成中海 FTA 谈判的意愿，并就双方共同关心的

---

① 潜旭明：《"一带一路"战略的支点：中国与中东能源合作》，《阿拉伯世界研究》2014年第 3 期。

国际政治问题进行了沟通。2014 年 1 月 17 日，中国与海合会第三轮战略对话在北京举行，双方就中海关系及各领域的深化合作进行了探讨，双方均强调应加快中海 FTA 的谈判进程。2014 年 3 月，沙特王储兼副首相、国防大臣萨勒曼访问中国期间，与习近平、李克强、李源潮等中方领导人会谈时，均提到要加快推进中海 FTA 谈判的议题。如表 3.7、3.8 所示，中海 FTA 谈判迄今已历时十年有余，谈判范围涵盖了货物贸易、经济技术合作和服务贸易等领域，并在货物贸易的大多数领域达成了一致，服务贸易的谈判也在进行中；与此同时，为解决双方在政治和外交方面存在的分歧，双方还举行了三轮战略对话，以期更好地实现中海 FTA 的建设与谈判目标。目前，中海 FTA 的谈判总体正朝着一个好的方向发展，但是国际上的大国因素以及区域内的地区形势对中海 FTA 的谈判影响较大，不容忽视。

表 3.7　　　　　　　　　　中海 FTA 谈判进程

序号	谈判时间	谈判进程	谈判结果
1	2004.07.06	共同宣布启动中海 FTA 谈判	双方签署《中国—海合会经济、贸易投资和技术合作框架协议》，并共同宣布启动中海 FTA 谈判。
2	2005.04.23—2005.04.24	第一轮谈判	双方建立了中海 FTA 谈判的机制以及谈判的主要大纲，并开始就关税减让等问题展开了磋商。
3	2005.06.20—2005.06.21	第二轮谈判	双方在货物贸易关税减让问题上达成一致，并对中海 FTA 的市场准入以及原产地规则等问题进行了具体谈判。双方正式签订了《经济贸易协定》、《投资保护协定》，与其他国家签订了《避免双重征税协定》（除沙特外）。
4	2006.01.17—2006.01.18	第三轮谈判	双方就关税问题进行了磋商谈判，集中研究了市场准入以及原产地规则，针对技术性贸易壁垒、海关核查程序。贸易救济、卫生和植物卫生措施等交换了初步意见。三轮谈判后，还举行了三次协调会议。
5	2006.07.19—2006.07.22	第四轮谈判	双方就市场准入、原产地规则、卫生和植物卫生措施以及技术性贸易壁垒等问题深入磋商，并初步交换了双方服务贸易要价的意见。
6	谈判中断		
7	2009.06.22—2009.06.24	重启中海 FTA 谈判	双方深入研究了市场准入、服务贸易初步要价等议题，并就卫生和植物卫生措施、原产地规则、技术性贸易壁垒等多个议题进一步交换了意见。
8	谈判中断		
9	2014.03.14	有望重启中海 FTA 谈判	沙特阿拉伯王国王储兼副首相、国防大臣萨勒曼访问中国期间，与习近平、李克强、李源潮等中方领导人会谈时，均提到要"加快推进中海 FTA 谈判"。

资料来源：根据中华人民共和国商务部网站新闻发布整理而得。

表 3. 8　　　　　中国和海湾阿拉伯国家合作委员会战略对话及成果

时间	战略对话	成果
2010. 06. 04	首轮战略对话	双方就中国与海合会共同关心的国际或地区问题深入交换意见，签署了双边关于战略对话的谅解备忘录。
2011. 05. 02	第二轮战略对话	双方共同发表了中国—海合会第二轮战略对话新闻公报。
2014. 01. 17	第三轮战略对话	双方就双边关系的深入发展问题进行了讨论，双方一致同意致力于建立中国和海合会战略伙伴关系，并签署了《双边战略对话 2014—2017 年行动计划》，强调加快中海 FTA 谈判进程。

资料来源：根据中华人民共和国商务部网站新闻发布整理而得。

中海 FTA 是我国目前正在商建的第二大 FTA，双方都极为重视。2014 年，中澳 FTA、中韩 FTA 均已结束了实质性谈判，而中韩 FTA 的谈判仅仅历时两年多，这给我国推进 FTA 战略带来了可资借鉴的经验。随着中沙关系的正常化，加之 2014 年双边均表示要加快中海 FTA 谈判，相信中海 FTA 的谈判将步入快车道。但也应清醒地看到，在这一过程中，还将面临来自发达国家和印度等新兴国家的强劲竞争。因此，加快中海 FTA 谈判的步伐尤为重要。

第六节　海合会与其他主要贸易伙伴的经贸关系及 FTA 谈判

一　海合会与美国之间的经贸关系及 FTA 谈判

1. 海合会与美国之间的经贸关系

一直以来，美国在海合会所在的中东地区都保持着政治军事上的优势，这也使得美国和海合会国家保持着较好的经贸联系。如表 3.9 所示，美国对海合会国家的商品进出口总额增长较快，双边贸易总额已从 2009 年的 601 亿美元增长至 2013 年的 1252 亿美元，增长了 2 倍多，占到了海合会国家对外出口总额的 8.08%。2010—2012 年，双边贸易总额的年均增速超过了 20%，双边贸易增长势头迅猛。而从双边贸易差额角度看，海合会对美国长期保持顺差，而且双边差额还在进一步增大。2009 年双边贸易差额为 14.45 亿美元，2012 年达到了 263 亿美元，2013 年虽有所下降，但整体来看，双边的贸易差额呈现逐步扩大的趋势，海合会保持着对美国的长期顺差。从贸易商品结构来看，海合会国家主要向美国出口石油、化肥、化工品以及铝等商品，而美国则主要向海合会国家出口机械设备、电子设备、飞机、汽车以及医疗设备等。

表 3.9　　　　美国对海合会整体的商品进出口情况（2009—2013 年）

（单位：亿美元,%）

年份 类项	2009	2010	2011	2012	2013
进口	307.83	411.77	633.93	761.98	715.84
出口	293.38	315.19	378.76	498.97	536.63
差额	-14.45	-96.58	-255.17	-263.00	-179.20
总额	601.21	726.96	1012.68	1260.95	1252.47
增速	—	20.92	39.30	24.52	-0.67
占比	7.59	7.37	7.86	8.45	8.08

数据来源：联合国货物贸易数据库相关数据整理。注：出口与进口均是指美国对海合会国家整体的出口与进口，占比为双边贸易总额占海合会国家对外贸易总额的比例。

2. 美国与海合会之间的 FTA 谈判

美国与海合会整体之间的 FTA 谈判起步较晚。2003 年，美国开启了与巴林的 FTA 谈判，经过几轮谈判，双边在 2004 年已基本达成一致，并于当年 5 月达成了美国—巴林 FTA 协议，同年 9 月正式签订了 FTA 协定，巴林由此成为海合会国家中第一个与美国签订 FTA 协定的国家。按照协定的要求，美国—巴林 FTA 将于 2009 年 1 月 1 日起正式生效。但巴林的这一行为直接导致沙特王储拒绝参加当年在巴林召开的海合会首脑峰会。沙特认为，巴林违背了海合会国家经济一体化协议、关税联盟协定以及海合会财经部长会议此前做出的决定，因此，沙特对海合会国家单独与美国签订 FTA 协定持保留意见。2004 年，美国与卡塔尔启动了 FTA 谈判；2005 年还分别启动了与阿曼和阿联酋两国的 FTA 谈判，与阿曼的 FTA 谈判在同年 10 月达成一致，双方在 2006 年 1 月正式签署了双边 FTA 协定，同样定于 2009 年正式生效。2006 年，美国与阿联酋在经过了前后 5 轮 FTA 谈判后，也遇到了来自海合会内部一体化的障碍。

按海合会经济一体化协议规定，海合会六个成员国必须作为一个整体与其他贸易伙伴进行谈判，因此阿曼、卡塔尔、阿联酋以及科威特等国均中止了与美国的单独谈判。根据海合会各国首脑会谈的结果，海合会与美国的 FTA 谈判将在共同市场启动后统一进行。2008 年 2 月，海合会与美国重新开始了 FTA 谈判。尽管对于美国而言，双边贸易额很小，但美国仍提出了建立"美国—中东自贸区"的构想，这也反映了美国试图通过自由贸易来促进反恐等战略目标实现的政治意图。但 2009 年奥巴马上台后，美国的对外战略目标发生了重大调整——"脱中东，入亚太"——对外战略重点由中东转移至亚太，海合会六国也开始逐步进入"后美国时代"。

二　海合会与欧盟之间的经贸关系及 FTA 谈判

1. 海合会与欧盟之间的经贸关系

海合会国家与欧盟国家的双边经贸关系历史悠久。从 17 世纪初到二战结束后，海湾地区一直是英国的殖民范围。20 世纪三四十年代，西方国家在海湾地区发现了石油资源，随着海湾地区石油的大量开采，大部分石油流向了欧洲地区。早在 20 世纪 80 年代，欧盟就与海湾国家开始建立合作伙伴关系。1988 年 6 月，海合会与欧盟前身欧共体签署了双边经济合作框架协议，其后双边经贸关系进一步飞速发展。欧盟方面主要是想从这种合作中获得稳定的能源供应，而海合会国家则想从欧洲得到各种工业产品和生活必需品，以及先进的技术和投资。多年来，双方都是彼此重要的贸易伙伴。20 世纪 90 年代初，海合会成员国的石油出口曾占其对欧共体成员国出口总额的 90%。进入 21 世纪，海合会与欧盟的经贸关系在各个领域不断拓展，双边贸易额持续攀升。2008 年，欧盟成为海合会第一大贸易伙伴，海合会对欧盟出口达到 375 亿欧元，其中 70% 是石油及其制品。海合会则是欧盟的第五大贸易伙伴，欧盟对海合会同期出口达到 550 亿欧元。[①] 2013 年，海合会与欧盟的货物贸易总额超过了 2000 亿美元，达到 2018.34 亿美元，其中：海合会对欧盟进口 1261.94 亿美元，出口 756.4 亿美元，占到了海合会国家对外贸易总额的 13.02%。如表 3.10 所示，2009 年至 2013 年间，欧盟对海合会国家整体的进出口总额均增长较快，尤其是在 2011 年，同比增速超过了 36%。双边贸易的快速增长使得双边经贸关系日益密切。从贸易差额角度看，欧盟是海合会主要贸易伙伴中，唯一一个对海合会国家长期保持贸易顺差的国家。2009 年，海合会对欧盟的贸易逆差为 490.02 亿美元，2013 年双边的贸易逆差扩展至 505.54 亿美元，尽管中间波动较为明显，但是海合会对欧盟的逆差也说明了海合会国家对欧盟所产制成品等商品的依赖。而从双边贸易占海合会

---

① 周华：《海合会与欧盟自贸区谈判的回顾与展望》，《阿拉伯世界研究》2010 年第 3 期。

国家对外贸易总额的比例来看，2009 年，海合会与欧盟的双边贸易占到了海合会对外贸易总额的 14.2%，而 2013 年下降为 13.02%，说明欧盟在海合会国家中的贸易地位也在不断受到冲击。欧盟与海合会长期保持着密切的经贸关系，也因此成为海合会 FTA 谈判中起步最早的谈判对象。

表 3.10　　欧盟对海合会整体的商品进出口情况（2009—2013 年）

（单位：亿美元,%）

年份 类项	2009	2010	2011	2012	2013
进口	317.58	464.33	799.31	786.71	756.40
出口	807.59	864.80	1016.23	1075.11	1261.94
差额	490.02	400.47	216.92	288.40	505.54
总额	1125.17	1329.13	1815.55	1861.83	2018.34
增速	—	18.13	36.60	2.55	8.41
占比	14.20	13.48	14.10	12.47	13.02

数据来源：联合国货物贸易数据库相关数据整理。注：出口与进口均是指欧盟对海合会国家整体的出口与进口，占比为双边贸易总额占海合会国家对外贸易总额的比例。

2. 欧盟与海合会之间的 FTA 谈判

1988 年，海合会与欧共体签署了关于建立 FTA 的框架协议，并共同启动了正式谈判。双方主要在天然气定价、政府采购、开放投资、服务贸易市场准入、知识产权保护等方面着重进行了商谈。期间，双方的谈判波动起伏，曾经一度非常接近签订双边协议，但因多方面因素，并未达成最终协定。双边的实质性 FTA 谈判是在 1990 年开始的，但由于这一时期发生了海湾战争、苏联解体、东欧剧变等一系列地区性安全事件，加之欧盟始终坚持以海合会实现经济一体化作为双方签署 FTA 的前提，使得双边的谈判效果甚微，陷入了僵持阶段。2001 年 4 月，海合会甚至威胁声称放弃与欧盟的 FTA 谈判。其后，随着海合会与欧盟的一体化进程加快，加之区域经济合作化趋势的增强，双边的谈判互动明显增强，暂时打破了僵局，并在货物贸易的部分领域基本达成一致。2007 年，海合会发布的信息声称，已完成与欧盟 FTA 谈判近 95% 的谈判内容，但双方在服务贸易市场准入、投资开放以及知识产权等方面仍存在一定分歧。2008 年 12 月，由于欧盟又提出了其他附加条件，致力于将一些政治条款，如反恐、人权、环境保护及保护外国劳工等条款列入双边 FTA 协议中，使得海合会搁置了与其的 FTA 谈判。2013 年，海合会与欧盟的 FTA 协定条款完成了99%的谈判内容，仅在出口关税等方面仍未完全达成一致，但双边仍致力于签订一揽子性质的 FTA 协定。

三　海合会与印度之间的经贸关系及 FTA 谈判

1. 海合会与印度之间的经贸关系

海湾诸国与印度地理毗邻，中间只隔着阿拉伯海，从阿曼首都马斯喀特到印度首都孟买只有 967 英里的距离，双边经济文化交往由来已久。冷战期间，因印度与海合会主要国家分属苏美两大阵营，彼此间在印巴问题、巴以问题、苏联入侵阿富汗等问题上都存在明显分歧，政治关系一直在低谷徘徊。[①] 第一次海湾战争后，印度开始从现实主义角度和国内经济改革的需要出发，提出了全方位多边自主外交政策，并于 2005 年提出了针对海湾地区的"西向政策"。此后，双方高层互访频繁，政治合作关系不断升温，经贸关系发展迅速。双方除在石油领域的共同利益之外，在服务业、基础设施、文教事业等方面都有合作的意向。

近年来，海合会与印度的双边贸易总额虽然呈现出增长的态势，但是增长速度在逐年放缓。2010 年 6 月，印度取代中国成为海合会最大的贸易伙伴，海合会则成为印度第一大进口来源地和第二大出口目的地，其中：阿联酋是印度最大的贸易伙伴，沙特是印度第四大贸易伙伴，石油及相关化工产品是双边贸易中的最大宗产品，约占全部贸易额的 90%。从表 3.11 可以看出，2013 年印度自海合会的进口额为 1054.10 亿美元，较2009 年增加了 500 多亿美元；印度对海合会的出口额也处于平稳增长的态势，2009 年印度出口海合会的总额为 318.50 亿美元，至 2013 年，已增长到 521.80 亿美元；尽管双边贸易总额占海合会国家对外贸易总额的比重总体保持在 10% 左右，但与此前相比，2013 年海合会与印度贸易总额的增速下降幅度较大。海合会国家自印度进口的商品主要有珠宝、纺织品、金属制品、机械、工具和钢铁等，印度也是海合会国家最大的粮食供应国。海合会国家向印度出口的商品主要包括石油、黄金、有机和无机化工产品、有色金属等。数据显示，2010—2011 财年，印度国内石油消耗

---

① P. R. Mudiam, *India and the Middle East*, London: British Academic Press, 1994.

的 87.3% 需要进口，其中 50% 来自海湾地区。[①]

表 3.11　　　印度对海合会整体的商品进出口情况（2009—2013 年）

（单位：亿美元,%）

年份 类项	2009	2010	2011	2012	2013
进口	489.94	707.32	950.26	1076.23	1054.10
出口	318.50	354.35	461.87	490.55	521.80
差额	-171.43	-352.97	-488.39	-585.68	-532.30
总额	808.44	1061.66	1412.13	1566.78	1575.90
增速	—	31.32	33.01	10.95	0.58
占比	10.20	10.77	10.97	10.50	10.17

数据来源：联合国货物贸易数据库相关数据整理。注：出口与进口均是指印度对海合会国家整体的出口与进口，占比为双边贸易总额占海合会国家对外贸易总额的比例。

　　除货物贸易往来外，海合国家与印度的双边直接投资也获得快速发展。许多印度著名的信息技术企业都在沙特麦地那的知识经济城、阿联酋的杰拜勒·阿里自由贸易区设立了分支机构。2007 年 3 月，印度与阿联酋签署了一项金额为 200 亿美元的房地产开发协议，在新德里郊区兴建两个大的卫星城。另据印度《金融时报》报道，印度国家银行（SBI）和阿曼国家总储备基金（SGRFO）于 2010 年 7 月 14 日签署协议，成立总额为 1 亿美元的投资基金。此外，由于印度劳动力资源丰富，因此印度对海合会的劳务输出也是双方经贸领域的一个亮点。[②]

　　印度素有大国之志。近年来，南亚"一超多弱"的战略格局继续向印度倾斜，有关大国对其竞相拉拢，印度自认为其"战略机遇期"已经到来，更是积极寻求在海湾地区发挥更大的影响力，非常重视同海合会之间的关系。从海合会国家的角度而言，加强与印度的合作既有助于制衡伊朗的地区野心，也有利于逐步改变其对美国的过度依赖。[③] 海合会国家是中印两国海外石油资源的主要来源地。毫无疑问，在当前国际原油市场实行配额制的情况下，中国与印度在对海合会石油贸易中的竞争将进一步加

---

①　*Reserve Bank of India Annual Report* 2010—2011，published by Reserve Bank of India，August 25，2011，New Delhi，p. 35.

②　Ginu Zacharia Oommen，"India's 'Look West' Policy and Its Impact on India – GCC Relations"，*International Politics*，Vol 3，No 6，Summer & Autumn 2010，p. 76.

③　李益波：《"西向政策"下的印度与海合会关系》，《当代世界》2012 年第 9 期。

剧。较中国而言，印度与海合会国家在地理位置上更为接近，随着美国战略重心移至亚太，海合会各国已开始重新审视其对外政策，原先在经济和政治上过于依赖美国的国家将把视线转向新兴经济体国家，[①] 中国与印度在海湾地区的竞争关系也将从经贸、能源领域扩大到政治安全等其他领域。

2. 海合会与印度之间的 FTA 谈判

为了推进与海合会国家的经贸关系，印度与海合会于 2004 年签署了《经济合作框架协议》，该协议已涉及双方应就建立印度—海合会 FTA 的可行性进行讨论的议题。自 2005 年"向西看"政策提出后，印度便开始与海合会开展 FTA 谈判。虽然谈判进展较为缓慢，但有一定成效。2006 年 3 月 21—22 日，印度与海合会在沙特首都利雅得展开首轮 FTA 谈判。在这次 FTA 谈判中，双方对合作关系进行拓展，一致同意从以前的货物贸易拓展到涉及服务、投资、一般经济合作等领域。2008 年 9 月 9—10 日，第二轮 FTA 谈判依然在沙特首都利雅得展开，双方就关税自由化的日程展开充分讨论。经过以上两轮谈判，印度与海合会双方已就未来 FTA 协定的关税规则、原产地规则基本达成一致。第三轮谈判即将在印度举行，并将针对取消限制性关税、降低货物贸易关税进行深入探讨。印方认为或在此次谈判后签订 FTA 协议，关税的取消或降低将更加有利于印度产品出口到海合会国家市场，特别是对于印度医药、化工产品的出口提供了更多的机会。

四　海合会与日本之间的经贸关系及 FTA 谈判

1. 海合会与日本之间的经贸关系

海合会与日本之间始终保持着平稳发展的经贸关系。由表 3.12 可知，2009—2013 年间，日本与海合会的双边贸易总额呈现出平稳增长的态势，2009 年日本对海合会的进口额为 804.95 亿美元，2013 年则达到 1488.07 亿美元，较 2009 年翻了近一番。日本对海合会一直存在贸易逆差，贸易逆差额也从 2009 年的 629.88 亿美元上涨至 2013 年的 1263.72 亿美元。从双边贸易总额占海合会国家对外贸易总额的比重来看，2009 年至 2013

---

① 贾舒琦、肖宪：《21 世纪初印度与沙特关系及其对中国的影响 》，《亚非纵横》2013 年第 1 期。

年间，总体保持在 12% 左右。整体而言，日本与海合会之间的经贸关系近年来始终发展较为平稳。从贸易商品结构看，海合会对日本出口的产品主要以石油及其他石油产品为主，海合会从日本进口的产品则以机械设备为主，同时也有轻工产品、食品、原材料等。

表 3. 12　　日本对海合会整体的商品进出口情况（2009—2013 年）

（单位：亿美元,%）

年份 \ 类项	2009	2010	2011	2012	2013
进口	804.95	1025.39	1424.84	1573.33	1488.07
出口	175.07	201.08	195.65	249.68	224.35
差额	−629.88	−824.32	−1229.19	−1323.65	−1263.72
总额	980.02	1226.47	1620.50	1823.02	1712.42
增速	—	25.15	32.13	12.50	−6.07
占比	12.37	12.44	12.58	12.21	11.05

数据来源：联合国货物贸易数据库相关数据整理。注：出口与进口均是指日本对海合会国家整体的出口与进口，占比为双边贸易总额占海合会国家对外贸易总额的比例。

2. 日本与海合会之间的 FTA 谈判

日本与海合会之间的 FTA 谈判始于 2006 年 9 月 21 日，此次谈判为期两天，双方讨论的焦点集中在货物贸易、服务贸易两个方面，并期望在 2008 年能够达成相关协议；同年 12 月进行了第二轮谈判。2007 年 2 月，日本与海合会举行第三轮 FTA 谈判。虽然 2010 年、2011 年日本与海合会进行过战略对话会议，但是 FTA 谈判已从 2009 年中断至今。2013 年 4 月至 5 月，日本首相安倍晋三对阿联酋及沙特进行访问；同年 8 月，安倍晋三对巴林、科威特、卡塔尔等国进行访问。日本此次"能源外交"的重要内容就是希望能够重启与海合会之间的 FTA 谈判。

第七节　本章小结

伴随经济全球化和区域经济一体化成为当今世界经济发展的两大主流和趋势，全球双边 FTA 协定经过几十年的发展，已成为区域经济一体化的重要载体。在上述大背景下，中国与海合会国家的 FTA 建设步伐明显加快。

　　从中国的 FTA 进程来看，自 2000 年提出建立"中国—东盟 FTA"的设想开始，逐步踏上了 FTA 建设之路。截至 2014 年年底，我国正与 31个自贸伙伴建设 18 个 FTA。本章首先介绍了全球双边 FTA 的发展进程；第二，分别分析了中国和海合会六国参与 FTA 的历程、现状、战略意图及其在 FTA 合作对象选择方面的现实思考，认为我国将以 FTA 战略为突破口，寻求相互的利益合作，以周边为基础逐步建设覆盖全球的高标准 FTA 网络，海合会 FTA 谈判对象的选择则会以自身国家安全及经贸发展为考量，更加注重与不同经济政治力量的平衡化发展。欧盟与海合会国家 FTA 谈判的不断搁浅，美国近年来的中东政策不仅没有稳定该区域的地区形势，反而助推了该地区的战争形势，而这一切都将有利于中国与海合会国家的 FTA 谈判；第三，基于轮轴—辐条（H&S）结构理论分析了建立中海 FTA 的可行性；第四，分析了中国与海合会建立 FTA 的背景与谈判进程，认为中海 FTA 的谈判将步入快车道，但在这一过程中，还将面临来自发达国家和印度等新兴国家的强劲竞争；因此，在本章的最后，针对海合会与美国、欧盟、印度、日本等主要贸易伙伴的经贸关系和 FTA 谈判进行了具体分析，认为加快中海 FTA 谈判的步伐尤为重要。

　　在全球 FTA 发展迅速、双边贸易不断增长、金融危机影响、能源战略合作需要的大背景下，中海双方合作互利互惠。中国与海合会的 FTA 谈判已进入最后阶段，一旦建成，将为双方合作带来更为广阔的发展空间。海湾阿拉伯国家是古丝绸之路的交汇地，地理位置重要，发展潜力巨大，是中国推进"一带一路"国际合作的天然和重要伙伴。中海 FTA 的谈判总体正朝着一个好的方向发展，但是国际上的大国因素以及区域内的地区形势对中海 FTA 谈判的影响较大，不容忽视。因此，梳理中国和海合会双边的 FTA 发展以及中海 FTA 的谈判进程是本书研究的前提，与此同时，为进一步理清中国和海合会建立 FTA 的经贸基础，下章将重点解决中国与海合会六国双边经贸关系及其发展涉及的相关问题。

第四章 中国与海合会六国双边经贸关系的发展

第一节 中国与海合会六国的经贸发展情况

一 中国经贸发展情况

1. 货物贸易发展情况

自推行改革开放政策以来，中国对外贸易高速发展，进出口总额突飞猛进，取得了举世瞩目的成绩。特别是进入 21 世纪以来，伴随着加入世贸组织，中国经济增长势头更加强劲，对外贸易及投资都取得了实质性飞跃，中国在全球经济中的地位明显提升。

如图 4.1 及表 4.1 所示，自 2000 年以来，我国对外贸易总额呈现快速增长的态势，尽管受到国际金融危机的影响，但整体增幅十分明显，不仅促进了国内经济社会的快速发展，同时也为世界经济复苏做出了积极贡献。

表 4.1　中国进出口总额、增长速度、在全球贸易中的比重及
　　　　贸易差额（1981—2013 年）　　　（单位：亿美元,%）

类项 年份	贸易总额			出口额		进口额		贸易差额
	金额	增长率	占全球贸易 总额的比重	金额	增长率	金额	增长率	
1981	440.2	16.0	1.1	220.1	22.2	220.1	10.4	-0.1
1985	696.0	29.8	1.8	273.5	4.4	422.5	54.2	-149.0
1990	1154.4	3.4	1.6	620.9	18.2	533.5	-9.8	87.5
1995	2808.6	18.7	2.7	1487.8	23.0	1320.8	14.7	167.0
2000	4743.0	31.5	3.6	2492.0	27.8	2250.9	35.9	241.1
2001	5096.5	7.5	4.0	2661.0	6.8	2435.5	8.2	225.5
2002	6207.7	21.8	4.7	3256.0	22.4	2951.7	21.2	304.3

续表

年份 \ 类项	贸易总额			出口额		进口额		贸易差额
	金额	增长率	占全球贸易总额的比重	金额	增长率	金额	增长率	
2003	8509.9	37.1	5.5	4382.3	35.0	4127.6	21.2	304.3
2004	11545.6	55.5	6.2	5933.3	35.4	5612.32	39.0	321.0
2005	14219.1	7.5	6.7	7619.5	28.4	6599.5	17.6	1020.0
2006	17604.4	23.8	7.2	9689.9	27.2	7914.6	19.9	1775.2
2007	21765.7	23.6	7.7	12204.4	26.0	9561.2	20.8	2643.4
2008	25632.6	17.8	7.8	14306.9	17.2	11325.7	18.5	2981.3
2009	22075.4	-13.9	8.7	12016.1	-16.0	10059.2	-11.2	1956.9
2010	29740.0	34.7	9.7	15777.5	31.3	13962.5	38.8	1815.1
2011	36418.7	22.5	9.9	18983.8	20.3	17434.8	24.9	1549.0
2012	38671.2	6.2	10.4	20487.1	7.9	18184.1	4.3	2303.0
2013	41590.0	7.5	10.0	22090.1	7.8	19499.9	7.2	2590.2

数据来源：《中国统计年鉴》各年度及笔者计算整理。

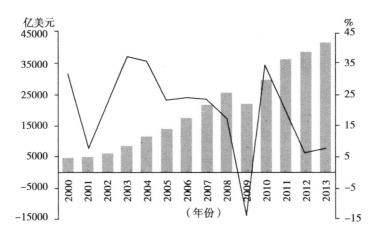

图 4.1　我国对外贸易总额及增速（2000—2013 年）

数据来源：《中国统计年鉴》各年度。

2013 年，我国 GDP 总额为 9.18 万亿美元，同比增长 7.7%，经济总量有所增加，产业结构更趋优化；货物贸易进出口总额达到 4.16 万亿美元，其中：进口 1.95 万亿美元，出口 2.21 万亿美元，较上年增长 7.6%，成为超过美国的全球第一大货物贸易大国，也成为第一个货物贸易总额超过 4 万亿美元的国家，缔造了世界贸易发展史上的神话。2013 年，我国与欧盟、美国、东盟等主要贸易伙伴的双边贸易继续增长，其中：与东盟、美国的双边贸易额分别达到 4436.1 亿美元、5800 亿美元，同比增长

10.9%、7.5%；与南非等新兴经济体的贸易总额也实现了稳步增长。如表4.2所示，在出口商品中，我国出口排名靠前的商品主要有通信设备、自动数据处理设备和电子集成电路，上述三类产品的出口占我国出口总额的19.22%，这些产品的主要出口目的国/地区主要包括我国的香港地区、美国、韩国、新加坡等发达国家或地区；而以纺织品、服装等为代表的劳动密集型产品出口稳步增长，较2012年同比增长10.3%，占到了我国出口总额的20.9%。2013年我国商品进口情况如表4.3所示，我国主要的进口商品为电子集成电路、石油原油以及铁矿砂，上述三类商品的进口占到了我国进口额的28.62%，其中：电子集成电路主要从韩国、马来西亚、美国、日本、新加坡、菲律宾等国家进口；石油原油主要来自于中东地区，包括沙特、阿曼、伊拉克、伊朗等国；铁矿砂则主要来自于澳大利亚、巴西等地。

表4.2　　　　　　　中国出口排名前五类的商品情况（2013年）

排名	SITC编码①	商品名称	金额（十亿美元）	占比（%）	主要出口目的国或地区
1	764	通信设备	174.9	7.92	中国香港、美国、韩国、日本、荷兰、越南
2	752	自动数据处理设备	161.7	7.32	美国、中国香港、荷兰、日本、德国、英国
3	776	电子集成电路	87.9	3.98	中国香港、新加坡、韩国、马来西亚、美国、日本
4	871	液晶器件	38.6	1.75	中国香港、墨西哥、韩国、美国、马来西亚、日本
5	759	751－752d设备配件	29.4	1.33	中国香港、美国、墨西哥、日本、捷克、泰国

数据来源：联合国货物贸易数据库，分类依据：SITC rev. 3。

表4.3　　　　　　　中国进口排名前五类商品情况（2013年）

排名	SITC编码	商品名称	金额（十亿美元）	占比（%）	主要进口来源国
1	333	石油原油等	232.1	11.90	韩国、马来西亚、美国、日本、新加坡、菲律宾

---

① 国际贸易标准分类（Standard International Trade Classification，简称：SITC），SITC采用经济分类标准，即：按原料、半制成品、制成品分类并反映商品的产业部门来源和加工程度。该标准目录使用5位数字表示，其中：第1位数字表示类，前两位数字表示章，前3位数字表示组，前4位数字表示分组。

续表

排名	SITC 编码	商品名称	金额（十亿美元）	占比（%）	主要进口来源国
2	776	电子集成产品等	219.7	11.27	沙特、安哥拉、阿曼、俄罗斯、伊拉克、伊朗
3	281	铁矿砂	106.2	5.45	澳大利亚、巴西、南非、伊朗、乌克兰、加拿大、印度
4	931	特别交易及货物	104.7	5.37	—
5	871	液晶器件	55.4	2.84	韩国、日本、泰国、新加坡、美国、德国

数据来源：联合国货物贸易数据库，分类依据：SITC rev. 3。

2. 服务贸易发展情况

①服务贸易整体规模持续上升

如表4.4及图4.2所示，近年来，我国服务贸易发展迅速，2000年我国对外服务贸易总额为664.6亿美元；2002年至2008年间，服务贸易的年均增长率约为23%；2009年，受金融危机影响增幅有所下降，但2010—2013年间仍保持着较快增长；2013年对外服务贸易总额突破5000亿美元，达到了5396.4亿美元。从出口角度看，2000年，我国服务贸易出口额约为304.3亿美元，2013年达到了2059.6亿美元，年均增速达16.53%；从进口角度看，2000年，我国服务进口额为360.3亿美元，到2013年已增长至3306.8亿美元，年均增速达到18.85%。与此同时，我国服务贸易总额占对外贸易总额的比重也持续攀升，2011年服务贸易总额占对外贸易总额的比重为10.3%，2013年已上升至11.5%。

表4.4　　　　　中国服务贸易发展情况（2000—2013年）　　（单位：十亿美元）

年份	服务贸易总额	服务出口总额	服务进口总额	服务贸易差额
2000	66.46	30.43	36.03	−5.60
2001	72.60	33.33	39.27	−5.93
2002	86.27	39.74	46.53	−6.78
2003	102.07	46.76	55.31	−8.55
2004	137.63	64.91	72.72	−7.81
2005	158.37	74.40	83.97	−9.56
2006	192.84	92.01	100.83	−8.83
2007	252.32	122.21	130.12	−7.91
2008	306.03	147.11	158.92	−11.81
2009	288.33	129.48	158.86	−29.38

续表

年份	服务贸易总额	服务出口总额	服务进口总额	服务贸易差额
2010	355.49	162.17	193.32	-31.16
2011	414.49	176.42	238.07	-61.65
2012	472.63	191.43	281.20	-89.77
2013	539.64	205.96	330.68	-124.66

数据来源：联合国服务贸易数据库。

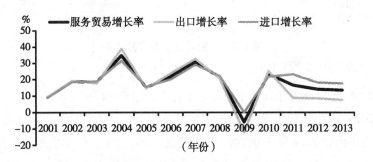

图 4.2　中国服务贸易总额、出口额以及进口额的增长情况

数据来源：依据联合国服务贸易数据库数据计算整理得出。

②服务贸易结构不断优化

从服务贸易结构来看，金融服务、咨询、计算机和信息服务、专利使用费和特许费等高附加值服务贸易的总体增幅较大，分别达到了 66.2%、19.9%、17% 和 16.7%。从出口角度看，高附加值服务出口出现较快增长，其中：金融出口增长最快，增速达到了 54.2%；其次是咨询，同比增长 21.2%；再次是保险，同比增长 20%，此外，计算机和信息服务的出口同比增长 6.8%。而传统服务，如运输、建筑等的出口则有所下降。2013 年，中国出境旅游增长迅速，旅游服务出口额为 516.37 亿美元，进口额为 1286.52 亿美元，继续占据我国服务贸易进口的首位。

③服务贸易逆差仍在扩大

近年来，我国服务贸易逆差不断扩大。2000 年，我国服务贸易逆差为 56 亿美元；至 2013 年年底，已扩大至 1246.6 亿美元，与 2012 年相比增长 32.1%，其中最大的逆差项是旅游、运输、专利使用费和特许费、保险等，旅游服务逆差 770.15 亿美元，运输服务逆差 566.8 亿美元，专利使用费等逆差 201.5 亿美元，保险逆差 181 亿美元。计算机和信息服务、咨询、其他商业服务、建筑服务等项目则均实现贸易顺差。

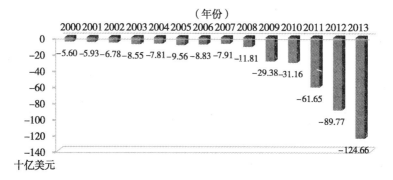

图 4.3　中国对外服务贸易逆差

数据来源：依据联合国服务贸易数据库数据计算整理得出。

3. 外商直接投资（FDI）及对外直接投资（OFDI）发展情况

2015 年 1 月 29 日，联合国贸易和发展会议（简称"贸发会议"）发布报告指出，2014 年中国大陆首次超越美国，成为全球外商直接投资第一大接收方。贸发会议当天发布的《全球投资趋势监测报告》称，2014年全球外商直接投资流入量达 1.26 万亿美元，比 2013 年下跌 8%，这是2009 年金融危机以来的最低水平。中国大陆 2014 年吸引的外商直接投资约为 1280 亿美元，较 2013 年增长约 3%。《华尔街日报》的报道指出，中国排名的上升反映出外国投资从发达经济体转向发展中经济体这一较长期的转变。

我国大陆吸引的外商直接投资（FDI）主要以亚洲地区为主，尤其是来自港台的资本占据着绝对优势。在产业分布上，第二产业利用外资的比重占绝对优势，其次是第三产业，第一产业所占比重最小。有专家认为，由于中国新的外商直接投资法草案趋于宽松，将增强中国对外资的吸引力，预计未来流入中国服务行业的外资将持续增长，流入制造行业的外资增速则放缓；而在制造业方面，流入高科技领域的外资将增长，流入劳动密集型领域的外资则减少。表 4.5 列示了 2002—2014 年中国吸引外商直接投资的情况。

表 4.5　　　　中国吸引外商直接投资情况（2002—2014 年）

类项 年份	项目数（个）	同比变化率（%）	FDI 金额（亿美元）	同比变化率（%）
2002	34171	30.7	550.1	10.8
2003	41081	20.2	535.0	-2.7

续表

年份 \ 类项	项目数（个）	同比变化率（%）	FDI 金额（亿美元）	同比变化率（%）
2004	43664	6.3	606.3	13.3
2005	44001	0.8	603.2	-0.5
2006	41473	-5.7	658.2	9.1
2007	37871	-8.7	747.7	13.6
2008	27514	-27.3	924.0	23.6
2009	23435	-14.8	900.3	-2.6
2010	27406	16.9	1057.4	17.4
2011	27712	1.1	1160.1	9.7
2012	24925	-10.1	1117.2	-3.7
2013	22773	-8.6	1175.9	5.3
2014	23778	4.4	1195.6	1.7

数据来源：《中国统计年鉴》各年度。

自 20 世纪 90 年代开始，中国始终被认为是世界上最大的外商直接投资输入国之一。2001 年"走出去"战略的正式提出标志着中国对外直接投资进入了新的增长阶段。近年来，中国日渐成为发展中国家中最重要的外商直接投资输出国（表 4.6），与此同时，中国政府也开始对外商直接投资采取更为自由宽松的政策。截至 2013 年年底，我国对外直接投资（OFDI）累计净额（存量）已超过 6604 亿美元，由全球排名第 13 位上升至第 11 位。如表 4.6 所示，2013 年，我国境外直接投资存量为 6135.85 亿美元，较 2002 年增长了近 16.5 倍。中国对东盟、欧盟、美国、俄罗斯、日本等 7 个国家/地区累计实现投资 654.5 亿美元，占到中国对外直接投资总额的 72.61%。投资领域几乎覆盖了国民经济的所有行业，其中：以商务服务业、采矿业、批发零售业、制造业以及建筑业等行业为主，占到了对外直接投资存量总额的 82.7%。此外，文化体育以及娱乐业增速最快，分别实现了同比 129.1% 和 102.2% 的增速。

2013 年，我国全年完成对外承包工程业务营业额 1371.4 亿美元，同比增长 17.6%，新签合同额达到了 1716.3 亿美元，同比增长 9.6%；截至 2013 年年底，累计完成营业额 0.79 万亿美元，累计签订合同总额达 1.16 万亿美元。同年，对外的劳务合作共计输出各类劳务人员 52.7 万人，与 2012 年相比增加约 1.5 万人，截至 2013 年年底，我国累计输出各类劳务人员超过 692 万人。

表 4.6　　　　　　　中国对外直接投资情况（2002—2014 年）

（单位：亿美元，%）

类项 年份	中国 OFDI 流量	占发展中国家 OFDI 流量比重	占世界 OFDI 流量比重	中国 OFDI 存量	占发展中国家 OFDI 存量比重	占世界 OFDI 存量比重
2002	25.18	5.64	0.48	371.72	3.96	0.47
2003	28.55	5.51	0.49	332.22	3.18	0.33
2004	54.98	4.84	0.60	447.77	3.69	0.38
2005	122.61	8.69	1.36	572.06	4.07	0.46
2006	211.60	8.72	1.48	750.26	4.01	0.48
2007	265.10	8.10	1.17	1179.11	4.53	0.61
2008	559.10	16.52	2.80	1839.71	7.13	1.11
2009	565.30	20.43	4.83	2457.55	8.31	1.25
2010	688.11	16.35	4.69	3172.11	9.10	1.49
2011	746.54	17.67	4.36	4247.81	10.66	1.94
2012	878.04	19.95	6.52	5125.85	11.14	2.14
2013	1010.00	22.24	7.16	6135.85	12.29	2.33

数据来源：《中国对外直接投资统计公报（2014）》。

二　海合会六国经贸发展情况

1. 货物贸易发展情况

油气出口收入是海合会国家外汇收入的主要来源。国际油价的高低直接决定了海合会国家货物贸易的规模与收益水平。2000—2008 年，国际油价进入新一轮上升周期，海合会国家的货物贸易大幅增长，进出口贸易总额由 2548.4 亿美元上升至 11338.7 亿美元，年均增幅高达 23.8%，其中：出口额由 1751.7 亿美元升至 7502.5 亿美元，年均增幅 17.5%；进口额由 950.0 亿美元升至 3836.2 亿美元，年均增幅 22.1%；贸易顺差由 853.3 亿美元升至 3666.3 亿美元，年均增幅 18.2%。2009 年，因受全球性金融危机影响，国际油价出现大幅回落，海合会国家货物贸易受到一定影响，但整体上仍呈现出了较快的增长态势。2013 年，因安全形势稳定，石油价格在高位小幅起伏，经济发展总体平稳，海合会对外贸易总额达到 15503.13 亿美元，同比增长 3.86%，其中：出口总额约为 9322.77 亿美元，约占对外贸易总额的 60.13%。阿联酋与沙特的对外贸易总额约占海合会整体贸易额的 72.89%。

从出口商品结构来看，海合会国家对外出口产品种类较为单一，主要

出口石油石化产品、矿产以及少量农产品等，其中原油出口占据了商品出
口的绝大部分。而从进口商品结构来看，进口的商品主要包括以下几类：
一是农产品及食品，海合会国家大部分的农产品及食品有赖于进口；二是
机械设备及工业品，主要用于满足建立工业体系及发展的需要；三是日用
消费品，主要满足国内人们的日常生活需要。

　　整体而言，海合会国家因油气资源丰富（巴林除外），大量的油气出
口带动了国家经济的快速增长，外贸经济也因此占据了海合会国家国民经
济体系较为重要的一部分。近年来，海合会国家的对外货物贸易发展较
快，加之海合会各国正逐渐改变自身单一的石油经济，因而海合会的对外
经贸合作发展较快。尽管受到了国际金融危机、石油价格下降等不利因素
的影响，出口贸易总额有所波动，但整体增长趋势仍在持续，整体经济实
力仍有较大的增长空间。

表 4.7　　　　　　海合会六国的对外贸易总额（2009—2013 年）（单位：亿美元,%）

年份 国家	2009	2010	2011	2012	2013
阿联酋	3387.76	3789.88	4635.01	5268.60	6100.00
沙特	2878.66	3580.06	4962.85	5439.94	5201.00
科威特	519.37	626.98	1026.96	1440.50	1454.00
巴林	203.77	320.61	402.05	330.00	396.00
阿曼	455.01	563.73	707.10	802.55	870.00
卡塔尔	480.70	980.50	1142.99	1645.04	1482.13
海合会	7925.27	9861.76	12876.96	14926.63	15503.13
增速	—	24.43	30.57	15.92	3.86

数据来源：联合国货物贸易数据库计算整理得出。

2. 服务贸易发展情况

　　如表 4.8、图 4.4 所示，2000 年海合会国家服务贸易总额为 534 亿美
元，其中：服务贸易出口额为 105.2 亿美元，服务贸易进口额为 428.8 亿
美元，服务贸易逆差为 323.6 亿美元。随后服务贸易进出口一直呈现稳定
增长的态势，到 2013 年，海合会整体服务贸易总额为 2603.1 亿美元，其
中：服务贸易出口额为 2081.2 亿美元，服务贸易进口额 521.9 亿美元，
服务贸易逆差为 1559.3 亿美元。2000 年至 2013 年间，海合会服务贸易
总额增长了 4 倍多，服务贸易出口增长较为平稳，进口增幅较大，波动也
较为明显，其中以 2004 年至 2006 年间增速最快，均超过了 20%，2008

年至 2009 年，受金融危机影响，海合会国家服务贸易的总体增速明显放缓，呈现低速增长的态势。近年来，海合会的服务贸易逆差越来越大，2000 年海合会的贸易逆差为 323.6 亿美元，到 2013 年海合会的服务贸易逆差已增至 1559.3 亿美元。

　　就贸易结构而言，2013 年，海合会服务贸易出口以旅游、交通为主，旅游和交通的出口额分别为 253.2 亿美元、160.9 亿美元，分别占到了海合会国家对外服务贸易出口总额的 48.52% 和 30.83%；海合会服务贸易进口也以旅游、交通为主，其中交通和旅游的进口额分别为 847.8 亿美元和 557.1 亿美元，分别占服务贸易进口总额的 40.74% 和 26.77%。

表 4.8　　　　　　　　　海合会服务贸易进出口情况　　　　（单位：十亿美元）

年份	服务贸易总额	服务贸易出口额	服务贸易进口额	贸易差额①
2000	53.40	10.52	42.88	-32.36
2001	49.54	11.29	38.25	-26.96
2002	52.54	11.79	40.75	-28.96
2003	59.83	14.69	45.14	-30.45
2004	73.31	17.73	55.58	-37.85
2005	98.09	28.18	69.91	-41.73
2006	135.88	38.32	97.56	-59.24
2007	167.31	43.01	124.30	-81.29
2008	189.49	39.92	149.57	-109.65
2009	177.95	38.75	139.20	-100.45
2010	191.94	40.39	151.55	-111.16
2011	226.14	46.97	179.17	-132.20
2012	242.04	50.57	191.47	-140.90
2013	260.31	52.19	208.12	-155.93

数据来源：联合国服务贸易数据库。

　　3. 外商直接投资（FDI）及对外直接投资（OFDI）发展情况

　　近年来，海合会国家外商直接投资增长较快，2000 年海合会外商直接投资存量仅为 296.5 亿美元，但到 2013 年，海合会外商直接投资存量达到 4026 亿美元，增长了 10 余倍，成为阿拉伯国家中主要的外资目的地，而沙特和阿联酋又是海合会国家中最主要的外资目的地。如图 4.6 所示，2000 年至 2013 年间，沙特和阿联酋两国吸引外商直接投资总量超过

---

　　① 贸易差额采用出口减去进口的形式来计算。

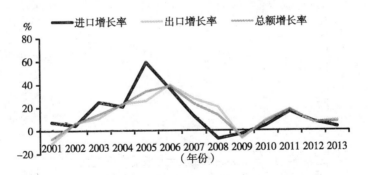

图 4. 4 海合会服务贸易进出口增长率变化情况（2001—2013 年）

数据来源：依据联合国服务贸易数据库数据计算整理得出。

了海合会国家整体的 70%；沙特吸引的 FDI 最多，在 2008 年至 2010 年间，其吸引的外商直接投资一度超过海合会吸引外商直接投资总量的 60%，2013 年占到了海合会整体吸引外商直接投资的 52%。

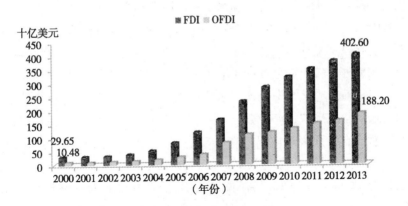

图 4. 5 海合会 FDI 与 OFDI 情况

数据来源：http：//unctadstat. unctad. org/wds/TableViewer/tableView. aspx。

总体来看，在遭受国际金融危机的冲击后，海合会国家普遍积极调整经济发展战略，大力发展非石油产业，努力实现经济转型，力求达到经济社会可持续发展目标。近年来，沙特重点发展采矿、旅游、轻工和农业等非石油产业，沙特内阁于 2009 年批准的《国家工业发展战略》中明确规定，到 2020 年，沙特工业产值占 GDP 比重将从 2009 年的 10% 提高到 20%；阿联酋政府重点发展了食品、饮料、烟草、钢铁、造纸和纺织等产业；阿曼利用海岸线较长的地理优势，创建了各类工业园区、自贸区等，欲打造地区转口贸易中心；巴林通过举办各类展会，打造地区物流中心；

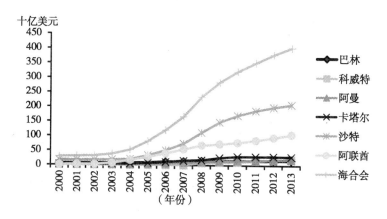

图 4.6 海合会及各成员国吸引外商直接投资的存量情况（2000—2013 年）

数据来源：http://unctadstat.unctad.org/wds/TableViewer/tableView.aspx。

卡塔尔则通过深化资本市场改革，增加交易品种，引入国际标准，努力打造国际能源交易中心和具有国际水平的地区证券交易中心。

在对外直接投资方面，如图 4.5 所示，2000—2013 年，海合会国家的对外直接投资呈现出三阶段发展态势：第一阶段为 2000—2006 年，海合会各国对外直接投资呈现低速增长的态势；第二阶段为 2006—2008 年，海合会各国对外直接投资呈现高速增长的态势；第三阶段为 2008 年至今，尽管受金融危机影响，海合会对外直接投资的增速有所放缓，但近两年来海合会对外直接投资总体仍实现了较快增长。2000 年，海合会的对外直接投资额存量仅为 104.8 亿美元，但到 2013 年，已达到 1882.20 亿美元，增长了近 18 倍，成为阿拉伯国家中主要的对外直接投资来源国。如图 4.7 所示，阿联酋、科威特、沙特、卡塔尔的对外直接投资近 5 年来基本都在 20 亿美元以上，是海合会国家中主要的对外直接投资来源国。

三　中国与海合会六国双边经贸发展情况

1. 中海双边货物贸易发展情况

中国与海合会国家经贸关系发展迅速。2004—2013 年双边贸易额年均增长率约为 23.5%，高于同期我国进出口总额的平均增速。如图 4.8 所示，除 2009 年外，中海贸易额持续增长，2008 年的年增长率最高，达到 59.12%。2013 年，中海贸易总额达到 1653.47 亿美元，贸易逆差高达459.93 亿美元，其主要原因在于石油贸易逆差。海合会六国中，以中国和沙特的贸易额最多（表 4.9）。2013 年，中沙之间的贸易总额达到了

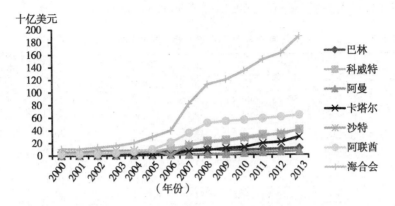

图 4.7 海合会及各成员国对外直接投资的存量情况（2000—2013 年）

数据来源：http：//unctadstat. unctad. org/wds/TableViewer/tableView. aspx。

721. 91 亿美元，约占中海贸易额的 43. 67%；其次是阿联酋，约占中海贸易额的 27. 96%，其后依次是阿曼、科威特、卡塔尔和巴林。中国与巴林间的贸易总额较海合会其他成员国最低，约占中海贸易的 0. 93%。沙特为海合会六国中中国最大的进口来源国，而阿联酋则是中国在海合会国家中最大的出口目的国。① 从贸易差额角度来看，除阿联酋与巴林以外，我国对海合会其余 4 个成员国均存在贸易逆差。2013 年，中沙之间的贸易逆差额为 347. 11 亿美元，与阿曼间的逆差为 191. 40 亿美元，与科威特和

图 4.8 中海贸易总额及增长情况

数据来源：联合国货物贸易数据库计算整理得出。

---

① 阿联酋是全球第三大转口贸易中心。我国销往阿联酋的很多货物并非用于阿联酋国内消费，而是以再出口形式转销至其他阿拉伯国家和非洲国家。

卡塔尔间的贸易逆差分别为 69.11 亿美元和 67.52 亿美元。

表 4.9　　　　　中国与海合会六国的贸易额（2007—2013 年）　　（单位：亿美元）

国家	类别	2007	2008	2009	2010	2011	2012	2013
中国—阿联酋	出口	171.05	236.44	186.32	212.35	268.13	295.68	334.11
	进口	30.12	46.13	25.95	44.52	83.07	108.52	128.24
	差额	140.93	190.31	160.37	167.83	185.06	187.16	205.87
中国—科威特	出口	13.46	17.51	15.43	18.49	21.28	20.89	26.76
	进口	22.91	50.39	35.01	67.09	91.75	104.67	95.87
	差额	-9.45	-32.88	-19.58	-48.60	-70.47	-83.78	-69.11
中国—阿曼	出口	5.48	7.95	7.47	9.44	9.98	18.12	19.01
	进口	67.23	116.27	54.10	97.79	148.77	169.75	210.41
	差额	-61.75	-108.32	-46.63	-88.35	-138.79	-151.63	-191.40
中国—卡塔尔	出口	6.23	10.74	8.72	8.55	11.99	12.05	17.11
	进口	5.88	13.12	13.76	24.56	46.94	72.78	84.63
	差额	0.35	-2.38	-5.04	-16.01	-34.95	-60.73	-67.52
中国—沙特	出口	78.40	108.23	89.78	103.66	148.50	184.53	187.40
	进口	175.60	310.23	236.20	328.29	494.68	548.61	534.51
	差额	-97.20	-202.00	-146.42	-224.63	-346.18	-364.08	-347.11
中国—巴林	出口	3.86	6.55	4.75	8.00	8.80	12.03	12.39
	进口	1.02	1.31	2.11	2.52	3.26	3.48	3.05
	差额	2.84	5.24	2.64	5.48	5.54	8.55	9.34

数据来源：联合国货物贸易数据库计算整理得出，贸易差额为出口减去进口。

　　就中海货物贸易的结构而言，中国从海合会六国进口的商品较为集中，主要是油气等矿物燃料、石油化学品等，这与该地区本身的资源禀赋和技术水平有很大关系。2013 年，中国自海合会的进口总额为 1056.7 亿美元，其中：原油的进口额为 865.33 亿美元，占进口总额的 81.89%。而中国对海合会出口商品种类相对较多，主要是工业设备、机电设备等制成品以及服装等劳动密集型产品。如表 4.10 所示，2013 年，中国对海合会国家主要出口产品为 HS84 类（机械设备及零件）、HS85 类（电机及家电音响设备等）以及 HS61 类（服装），其中：中国对海合会出口的 HS84 类（机械设备及零件）产品的出口额最高，为 91.47 亿美元，占到了我国对海合会国家整体出口的 13% 以上；其次是 HS85（电机及家电音响设备等），出口总额为 86.28 亿美元；我国对海合会出口产品排在第三、第四、第六位的产品均属于劳动密集型产品，分别是 HS61（针织类服装等）、HS94（家具、垫子等）、HS62（非针织类服装）。此外，HS73（钢铁制品）、HS39（塑料及其制品）以及 HS27（矿物油等）在中国对海合会部分国家的出口中也占有一定的比重。整体来看，我国对海合会国家出口的产品品类与我国的产业比较优势有关。

表 4.10　　中国对海合会国家出口的主要产品及其占比（2013 年）

（单位：亿美元,%）

HS编码	出口总额	占对阿联酋出口的比例	占对阿曼出口的比例	占对科威特出口的比例	占对卡塔尔出口的比例	占对沙特出口的比例	占对巴林出口的比例
84	91.47	16.97	17.63	10.43	12.66	13.51	9.20
85	86.28	16.33	9.31	16.20	9.59	12.16	9.61
61	47.43	9.09	—	8.24	—	7.42	7.61
94	47.06	6.82	11.53	6.88	12.30	9.15	7.98
73	17.30	—	15.32	10.89	5.79	5.60	—
62	15.50	4.64	—	—	—	—	—
39	2.24	—	5.64	—	6.81	—	—
27	0.86	—	—	—	—	—	6.92

数据来源：联合国商品贸易数据库，表中数据是根据 2013 年中对海合会六国出口的前 5 种商品的加总而来。

如表 4.11 所示，中国主要从海合会国家进口原油及其相关产品。2013 年，我国从海合会国家进口最多的产品仍是 HS27 类（石油等），进口总额达到 887.66 亿美元；其次是 HS29 类（有机化工品等），进口总额为 82.48 亿美元；第三位是 HS39 类（塑料等），进口总额为 62.25 亿美元；此外，HS26 类（矿渣等）、HS25 类（盐、硫黄、泥土及石料、石膏料、石灰及水泥）、HS74 类（铜及其制品）等进口也较多，但占比相对较低。从中国自海合会国家进口商品来看，品种较为单一，而且各个品种的差距较为明显，排在第一位的 HS27 类（石油等）进口总额为 887.66 亿美元，而排在第二位的 HS29 类（有机化工品等）进口总额只有 82.48 亿美元，相差甚远，而且其他大部分类别的商品在我国自海合会国家的进口中份额较低。

表 4.11　　中国从海合会进口的主要商品构成及其占比（2013 年）

（单位：亿美元,%）

HS编码	进口总额	占对阿联酋进口的比重	占对阿曼进口的比重	占对巴林进口的比重	占对卡塔尔进口的比重	占对沙特进口的比重	占对科威特进口的比重
27	887.66	80.28	94.91	19.41	86.85	81.02	81.22
29	82.48	1.41	3.52	30.89	2.36	10.81	13.07

HS 编码	进口总额	占对阿联酋进口的比重	占对阿曼进口的比重	占对巴林进口的比重	占对卡塔尔进口的比重	占对沙特进口的比重	占对科威特进口的比重
39	62.25	9.71	0.18	—	8.48	7	5.01
26	4.09	—	0.89	34.56	—	0.22	—
25	4.04	—	—	—	1.11	0.50	0.43
74	2.65	1.94		1.26	—		0.13
15	2.48	1.93					
76	0.99	—	0.32	10.27	—	—	—
28	0.52	—	—	—	0.61	—	—

数据来源：联合国商品贸易数据库，表中数据是根据 2013 年中国对海合会六国出口的前 5 种商品的加总而来。

整体来看，中国与海合会之间货物贸易主要产品同质性较低，中国在工业制成品以及日用消费品等方面具有较强的竞争优势，而海合会在原油及其制成品等方面具有较大优势，海合会对中国的制成品依赖性较强，而中国对海合会的原油等产品存在较强的依赖性。

事实上，由于海合会国家在政治和经济上长期高度依赖西方发达国家，美国、欧盟等西方发达国家与海合会国家的经贸往来发展得比较早，也比较深入，不但占据了多数海合会国家的市场，其产品在品牌、市场推广等方面也较中国产品具有明显优势。在全球性金融危机的影响下，发达国家也希望通过扩张出口贸易来缓解国内产能过剩、内需不足的问题，肯定不会放松对整体消费水平较高的海合会国家市场的投入，这也是中国与海合会国家深化经贸合作中存在的潜在威胁。

2. 中海服务贸易发展情况

中国与海合会国家均属于服务贸易进口大国，而且贸易逆差呈现逐步攀升的态势。从服务贸易出口来看，中国近年来服务贸易出口不断增长，到 2013 年已实现服务贸易出口 2059.2 亿美元，海合会的服务贸易出口发展相对较为缓慢，2013 年实现对外服务贸易出口 521.9 亿美元。从服务贸易进口来看，中国对外的服务需求不断提高，增速高于海合会同期增长水平，但整体来看，海合会国家对外服务贸易需求更大，服务贸易进口额为出口额的 3 倍之多。因此，服务贸易领域也将成为双边今后积极合作的重要领域。

表 4.12　　　　　　　　　**中国与海合会服务贸易整体情况**　　　　（单位：十亿美元）

年份\类项	中国			海合会		
	出口总额	进口总额	贸易差额	出口总额	进口总额	贸易差额
2000	30.43	36.03	-5.60	10.52	42.88	-32.36
2001	33.33	39.27	-5.93	11.29	38.25	-26.96
2002	39.74	46.53	-6.78	11.79	40.75	-28.96
2003	46.76	55.31	-8.55	14.69	45.14	-30.45
2004	64.91	72.72	-7.81	17.73	55.58	-37.85
2005	74.40	83.97	-9.56	28.18	69.91	-41.73
2006	92.01	100.83	-8.83	38.32	97.56	-59.24
2007	122.21	130.12	-7.91	43.01	124.30	-81.29
2008	147.11	158.92	-11.81	39.92	149.57	-109.65
2009	129.48	158.86	-29.38	38.75	139.20	-100.45
2010	162.17	193.32	-31.16	40.39	151.55	-111.16
2011	176.42	238.07	-61.65	46.97	179.17	-132.20
2012	191.43	281.20	-89.77	50.57	191.47	-140.90
2013	205.92	330.58	-124.66	52.19	208.12	-155.93

数据来源：联合国服务贸易数据库。

海合会国家是全球工程承包的主要新兴市场之一。2008 年，中国在海合会国家工程承包的签约额超过 100 亿美元。截至 2012 年年底，中国在海合会国家累计签订工程承包合同额为 674 亿美元，其中：沙特、科威特和阿联酋为最大的承包工程市场。2012 年，中国与沙特的新签合同额达到 39.88 亿美元，完成营业额 46.22 亿美元，同比增长 6.05%，项目领域已涵盖铁路、港口、房建、电站、路桥、市政等；与科威特的新签合同额达到 17.69 亿美元，已完成营业额 7.2 亿美元，同比增长 9.54%；与阿联酋的新签合同额为 11.27 亿美元，完成营业额 15.43 亿美元。尽管受金融危机以及中东北非局势恶化的影响，中国在海合会国家的工程承包呈现下滑态势，2012 年，中国与海合会国家的新签合同额已下降至 76.2 亿美元，同比下降 18%，但随着海合会国家经济转型以及一大批基础项目的修建，未来中国在海合会各国的工程承包必将面临更为广阔的市场和发展机会。目前，中国大型国有企业和中小规模的私营公司正在积极进军海合会市场，集中于公路、铁路和港口等基础设施建设领域。虽然中国是海合会基础设施和交通运输领域的后来者，但中国的市场份额不断扩大，而且中国企业在海合会国家的工程承包业务也向着多样化、大型化方向发展，承揽的项目逐步由劳动密集型为主向劳动与技术、资金密集相结合型转变，业务范围从初期的普通房建、路桥建设等扩展到技术性较强的各类工业、能源、通信、石化等高技术领域。①

表 4.13　　　　　　中国在海合会国家承包工程统计（2012 年）（单位：万美元,%）

类项国家	新签合同额	同比	完成营业额	同比
沙特	398830	-11.62	462231	6.05
科威特	176937	13.91	72217	9.54
阿联酋	112673	6.72	154369	-20.36
卡塔尔	44090	-76.86	151785	34.42
阿曼	29013	13.38	29681	-49.60
巴林	367	79.02	179	-88.22

数据来源：《中阿经贸关系发展进程 2013 年度报告》。

在金融领域，2012 年 1 月，时任国家总理温家宝访问中东期间，中国人民银行与阿联酋中央银行达成了 350 亿元人民币（约 55.4 亿美元）交换 200 亿迪拉姆的货币交换协议，以促进双边贸易与投资的发展。目前，中国四大国有商业银行全部进驻迪拜国际金融中心，提供包括人民币兑换和交易在内的金融服务。2012 年上半年，通过中东银行间货币市场，中国工商银行成交 21 亿元人民币，交易量增长了 58%。汇丰银行（HS-BC）、渣打银行（Standard Chartered）以及迪拜的阿联酋迪拜国家银行（NBD）等部分非中资金融机构也对外提供人民币账户业务。专家分析，迪拜极有可能成为中国在中东地区能够提供人民币清算业务的新市场。事实上，迪拜本身也计划成为中东人民币离岸贸易的中心。2014 年 11 月，中国人民银行正式授权中国工商银行卡塔尔多哈分行担任多哈人民币业务清算行。这也是中国央行首次在中东地区选定人民币清算行。2015 年 4 月 14 日，该行正式启动服务，为中国与该地区的经贸发展带来更多便利和更大潜力。

3. 中海双向直接投资情况

图 4.9 反映了 2004—2012 年中海双向 FDI 变化情况。总体看，中国与海合会国家双向投资规模较小，双向投资水平还有待进一步提高。

————————

① 余莉：《中国与海合会国家的经贸关系》，《阿拉伯世界研究》2013 年第 1 期。

图 4.9　中海双向直接投资变化情况（2004—2012 年）

表 4.14 显示了中国对海合会国家的直接投资情况。2012 年，中国对海合会的直接投资已经达到 28.86 亿美元，其中：对阿联酋的直接投资为 13.37 亿美元，约占对海合会整体投资总额的 46.33%；对沙特的直接投资为 12.06 亿美元，约占对海合会整体投资总额的 41.79%。整体来看，2004—2012 年中国对海合会六国的直接投资上升趋势较为明显，维持了较高的增长率，且对海合会各国的直接投资均呈现上升的趋势，部分国家增长异常明显，如阿联酋、沙特、卡塔尔等国。中国企业在海合会国家的投资领域涉及能源开发、轻工、纺织服装、机械制造、汽车组装等，以及信息、交通等基础设施和金融贸易服务业。[①]

表 4.14　　　中国对海合会六国的 FDI 流量（2004—2012 年）　（单位：万美元）

年份\类项	2004	2005	2006	2007	2008	2009	2010	2011	2012
中国对阿联酋	4656	14453	14463	23431	37599	44029	76429	117450	133678
中国对阿曼	1	653	3387	3717	1422	797	2111	2938	3335
中国对巴林	15	199	27	75	87	87	87	102	680
中国对卡塔尔	270	270	848	3979	4979	3628	7705	13018	22066

———————————

①　姜英梅、王晓莉：《浅析中国与阿拉伯国家间的相互投资》，《对外经贸实务》2014 年第 3 期。

续表

年份 类项	2004	2005	2006	2007	2008	2009	2010	2011	2012
中国对科威特	253	123	631	51	296	588	5087	9286	8284
中国对沙特	209	5845	27284	40403	62068	71089	76056	88314	120586
中国对海合会	5404	21543	46640	71656	106451	120218	167475	231108	288629

数据来源：《中阿经贸关系发展进程2013年度报告》。

表4.15显示了海合会国家对中国的直接投资情况。从整体上看，2004—2012年间海合会对中国的直接投资流量一直处于波动的状态，尤其是金融危机发生以后，海合会国家对中国的投资呈现出了较大的波动与下滑。海合会国家中，阿联酋、沙特是最主要的投资国，巴林和科威特对中国的直接投资也较多，但波动较大，且呈现出逐年下降的趋势。这也说明，对于海合会国家而言，中国作为投资目的地的潜力还未充分发挥。近年来，石油价格不断升高，海湾产油国通过石油贸易积累了雄厚的金融资本，积极在国外寻求投资伙伴。因此，中国需要不断优化国内投资环境，主动吸引来自海合会国家的投资。从间接投资情况看，2006年中国银行和中国工商银行IPO，沙特、卡塔尔和科威特主权财富基金纷纷竞购，可谓是海合会国家对华间接投资的转折点。目前，海合会国家的主权财富基金已入股四川久大盐业等中国企业，并在上海等地设立了代表处。

表4.15　　　　海合会国家对中国的FDI流量（2004—2012年）　（单位：万美元）

年份 类项	2004	2005	2006	2007	2008	2009	2010	2011	2012
阿联酋对中国	8565	9203	14156	10080	9381	10273	11003	7265	12963
阿曼对中国	—	—	—	52	—	—	5	—	—
巴林对中国	380	6	120	190	205	360	105		79
卡塔尔对中国	—	—	76	—	—	7	51	73	2706
科威特对中国	89	45	10	29	63	54	47	25	—
沙特对中国	701	937	816	12265	27524	11365	48397	2194	4987

年份 类项	2004	2005	2006	2007	2008	2009	2010	2011	2012
海合会 对中国	9735	10191	15178	22616	37173	22059	59608	9557	20735

数据来源：《中阿经贸关系发展进程 2013 年度报告》，注"—"表明数据不可获取或流量太低。

第二节　中海 FTA 建立的经济基础分析

一　中海双边关税水平的比较

近年来，中国与海合会的贸易往来日益紧密，中国在中海贸易中的竞争优势也逐年提升。关税水平是探究一国全球贸易竞争优势的重要指标之一。本书将基于最惠国简单平均关税（MFN）数据对中国及海合会国家 2012 年的关税水平进行详细分析。

表 4.16　　　　　　　关税产品大类划分平均关税税率①　　　（单位：%）

国家 关税产品大类	中国	阿联酋	巴林	科威特	卡塔尔	沙特
动物产品	14.8	3.4	3.4	3.1	3.4	3.8
乳制品	12.0	5.0	5.0	5.0	5.0	5.0
水果、蔬菜、植物	14.8	3.3	3.4	3.3	3.3	3.6
咖啡、茶	14.7	3.1	8.1	3.1	7.1	4.4
谷物和制剂产品	24.3	3.5	3.5	3.5	3.5	3.9
油籽、脂肪和油脂	10.8	4.9	4.9	4.9	4.9	4.9
糖及糖食	27.4	3.8	4.6	3.8	4.4	4.2
饮料及烟草	22.3	45.3	61.8	31.6	61.4	20.6
棉制品	15.0	5.0	5.0	5.0	5.0	5.0
其他农业产品	11.3	4.6	4.9	4.4	4.8	4.4
鱼类及鱼产品	10.8	3.3	3.3	3.3	3.3	3.3
矿产品和金属	7.4	4.9	4.9	4.9	4.9	5.3

---

①　阿曼不存在 MFN 最惠国关税数据。

续表

国家 关税产品大类	中国	阿联酋	巴林	科威特	卡塔尔	沙特
石油	4.4	5.0	5.0	5.0	5.0	5.4
化学品	6.5	4.4	4.5	4.4	4.4	4.6
木制品、纸张等	4.4	4.7	5.0	4.7	4.7	6.2
纺织品	9.5	5.0	5.0	5.0	5.0	5.6
服装	16.0	5.0	5.0	5.0	5.0	5.1
皮革制品、鞋类等	13.2	5.0	5.0	5.0	5.0	6.0
非机电产品	8.0	4.8	4.5	4.8	4.5	4.3
机电产品	8.3	4.0	3.7	4.0	3.7	3.6
交通设备	11.5	4.0	4.0	4.0	4.0	4.5
制成品等	11.9	4.7	4.6	4.7	4.6	4.5

数据来源：《中阿经贸关系发展进程 2013 年度报告》。

　　表 4.16 列示了中国及海合会六国的各大类产品的简单平均关税水平。整体来看，中国的平均关税水平要高于海合会国家，这也使得我国在进口货物方面处于劣势。中国只有饮料及烟草、木制品纸张、石油等三类产品的平均关税税率水平低于海合会国家，其中：中国饮料及烟草的平均关税税率为 22.3%，远低于海合会六国；石油的平均关税税率为 4.4%，略低于海合会国家整体水平（5%）；木制品纸张的关税税率为 4.4%，略低于海合会国家（4.7%）。石油作为我国从海合会进口的主要产品，较低的关税税率有利于国内进口石油。海合会国家除了在烟草及饮料两大类商品的平均关税差异较大之外，其他大类的关税水平基本相近，且关税平均水平均低于我国，这得益于 2003 年关税同盟的启动，使得各国的关税水平在大部分商品种类上达成一致。

表 4.17　　　　　依关税产品大类划分的零关税产品占比　　　　（单位：%）

国家 关税产品大类	中国	阿联酋	巴林	科威特	卡塔尔	沙特
动物产品	10.1	30.5	30.5	30.5	30.5	30.5
乳制品	0	0	0	0	0	0
水果、蔬菜、植物	5.8	32.7	32.3	32.7	32.7	32.2
咖啡、茶	0	37.5	37.5	37.5	37.5	37.5
谷物和制剂产品	3.4	30.0	30.0	30.0	30.0	30.0

国家 关税产品大类	中国	阿联酋	巴林	科威特	卡塔尔	沙特
油籽、脂肪和油脂	5.3	2.7	2.7	2.7	2.7	2.7
糖及糖食	0	25.0	25.0	25.0	25.0	25.0
饮料及烟草	2.2	0.7	0.7	0.7	0.7	0.7
棉制品	0	0	0	0	0	0
其他农业产品	9.3	11.2	11.2	11.2	11.2	11.2
鱼类及鱼产品	6.4	34.1	34.1	34.1	34.1	34.1
矿产品和金属	8.9	2.3	3.0	2.3	2.3	2.3
石油	23.6	0	0	0	0	0
化学品	1.9	11.1	11.2	11.1	11.2	11.2
木制品、纸张等	35.3	5.1	5.1	5.1	5.1	5.1
纺织品	0	0.2	0.2	0.2	0.2	0.2
服装	0	0	0	0	0	0
皮革制品、鞋类等	0.6	0	0	0	0	0
非机电产品	8.9	4.9	9.8	4.9	9.7	9.8
机电产品	24.0	20.9	25.7	20.9	26.3	26.3
交通设备	0.8	19.2	19.2	19.2	19.2	19.2
制成品等	9.6	6.2	8.2	6.2	8.2	8.2

数据来源:《中阿经贸关系发展进程 2013 年度报告》。

表 4.17 列示了中国和海合会各国（除阿曼外）在 22 个大类商品进口中，每大类中零关税产品的占比。从总体来看，中国与海合会各国在乳制品、棉制品和服装等三大类产品上不存在零关税。海合会各国在每大类商品上零关税产品所占的比例大致相同，这同样得益于海合会关税同盟的启动。中国的咖啡、茶，糖及糖食等两类产品不存在零关税，而海合会国家这两类产品的零关税占比分别是 37.5% 和 25%。因此，在上述两类产品上，我国的关税水平存在明显劣势。中国在石油产品上的零关税占比为23.6%，而海合会各国均为 0，与石油类似的产品还有皮革制品、鞋类等，在这些产品上，我国存在不同程度的进口贸易优势。另外，油籽、脂肪和油脂，矿产品和金属，木制品、纸张等，制成品等四大类产品也以中国的产品零关税占比略高而显示出中国在部分关税政策上的优势。但其余的产品大类仍以海合会的优势地位为主。中国的最惠国关税分布主要集中

在 5% 至 25% 之间，占比高达 75.9%。而海合会各国的最惠国关税分布主要集中在 0 到 5% 之间，占比达 70% 左右，说明中国在关税结构上同样缺乏竞争力。

总体而言，在现阶段的中海贸易中，中国在关税结构和关税税率水平上存在明显劣势。这也预示着，随着中海 FTA 谈判步伐的加快，中国的平均关税水平将逐步降低。中海双边的关税差异，也使得双边具有较大的谈判空间，也能够使双边绝大部分商品品类的关税水平在降至为零的情形下释放出更大的贸易创造力。

二　中海货物贸易关系分析

贸易的互补性或竞争性构成了不同国家间的贸易关系。当一国的主要出口产品类别与另一国的主要进口产品类别相符合时，此时两国的贸易互补性就很强；[①] 而当两国的产品出口在类别和市场结构上具有很高的相似性时，两国产品出口的竞争性较强。[②] 两国间产品贸易的互补性越强，双边贸易带来的福利增进也就越高，而两国产品贸易的竞争性越强，则双边贸易存在的竞争压力越大。

1. 基于贸易强度指数（TII）的分析

贸易强度指数（Trade Intensity Index，TII）常用来比较在世界贸易框架下的两个国家的贸易额和期望值，其计算公式如式 4.1 所示：

$$TII_{mn} = \frac{X_{mn}/X_m}{X_{wn}/X} \qquad (式 4.1)$$

其中：X_{mn} 表示 m 国对 n 国的出口总额，X_m 表示 m 国的对外出口总额，X_{wn} 表示世界对国家 n 的出口总额，即 n 国的进口总额，X 表示世界各国对外出口的总额。若 TII 的值小于 1，说明双边贸易额比预期要小；若 TII 的值大于 1，则说明双边贸易流量值大于预期值。

表 4.18 为中国同海合会国家的贸易强度指数。2004—2008 年期间，只有中国与阿联酋的贸易强度指数大于 1，但 2008 年以后，中国与阿联酋的贸易强度指数始终小于 1，说明中国与阿联酋的贸易流量比预期要低，而且有逐渐降低的趋势。中国与海合会其他五国的贸易强度指数均小

---

① 于津平：《中国与东亚主要国家和地区间的比较优势与贸易互补性》，《世界经济》2003 年第 5 期。

② 孙林：《中国与东盟农产品贸易竞争关系》，《国际贸易问题》2005 年第 11 期。

于 1，说明中国与海合会国家的贸易流量值比预期要小，这也说明中国与海合会各国的贸易流量并没有达到预期水平，还有待进一步提升。因此，中海 FTA 的建立将进一步促进双边贸易的增长。

表 4.18　　　　　中国同海合会的贸易强度指数（2004—2012 年）

年份	阿联酋	阿曼	沙特	科威特	巴林	卡塔尔
2004	1.28	0.17	0.65	0.37	0.22	0.18
2005	1.20	0.25	0.60	0.35	0.23	0.20
2006	1.18	0.34	0.52	0.41	0.29	0.23
2007	1.09	0.35	0.57	0.44	0.32	0.23
2008	1.12	0.37	0.64	0.48	0.42	0.35
2009	0.94	0.42	0.52	0.47	0.39	0.29
2010	0.89	0.42	0.51	0.45	0.53	0.25
2011	0.96	0.40	0.68	0.48	0.57	0.25
2012	0.79	0.53	0.66	0.38	0.63	0.20

数据来源：根据联合国商品贸易数据库数据计算得来。

2. 中国与海合会六国货物贸易的互补性分析

①中海双边货物贸易存在互补性的理论分析

第一，双边经济的高速发展给双方经贸合作带来了良好的发展契机。对外贸易历来是我国经济增长的三驾马车之一，在经济增长中占据着重要地位，而随着我国经济的持续高速发展，能源资源缺口也日益扩大。同样，随着海合会各国经济的不断增长，由于其国民经济的单一性，使其对进口农产品以及初级产品等的需求与日俱增，对外贸易也占据着海合会国家国民经济的重要地位。因此，随着经济的不断发展，双方未来的合作空间也会日益提升。如表 4.19 所示，整体来看，海合会国家的经济发展呈现出同步性特征，与我国的经济增长具有相似性：2004—2011 年，海合会国家经济呈现快速增长态势；2005 年 GDP 的增长率达到了 27.20%；尽管在金融危机发生后，海合会国家经济增长呈现下滑的趋势，波动也日益明显，但仍以增长为主。而我国的经济发展受金融危机的影响则要小得多，经济一直呈现快速稳定发展的态势。经济的快速发展也促进了中海双边经贸合作的发展，2013 年，中国与海合会六国的双边贸易额达到 1653.47 亿美元。由此也说明，随着双方经济的不断发展，双方的对外需求必将进一步提高，进而为双边合作提供了良好的发展空间。此外，海合会六国的经济增长波动较为明显，尤其是受金融危机的影响较大，这也说明了海合会六国作为能源国家，其能源出口的稳定性直接影响到其国民经济的增长。因此，建立中海 FTA，能够更好地促进双方经济的稳定增长。

表 4.19　　　　　　　中国及海合会六国 GDP 总量及其增长率

年份 \ 类项	海合会		中国	
	总量（十亿美元）	增长率（%）	总量（十亿美元）	增长率（%）
2004	533.65	—	1931.65	—
2005	678.78	27.20	2256.92	11.31
2006	813.96	19.92	2712.92	12.68
2007	928.64	14.09	3494.24	14.16
2008	1179.80	27.05	4519.95	9.64
2009	960.13	−18.62	4990.53	9.21
2010	1138.29	18.56	5930.39	10.45
2011	1441.61	24.65	7321.99	9.30
2012	1546.54	7.28	8227.04	7.80
2013	1584.12	2.43	9020.31	8.04

数据来源：WTO 数据库。

第二，经济结构的互补性成为双方经贸合作的基础。中国出口商品主要集中在制成品上，以机电产品以及服装纺织品为主。由于人口众多，劳动力成本相对较低，我国曾一度在劳动密集型产品上具有较强的出口优势。随着我国科学技术的发展，机电产品也具有一定优势。而海合会国家的出口产品主要集中在石油以及石化产品。海合会国家的产业结构以第二产业为主，农业和第三产业均欠发达，农业和第三产业需求的满足主要依赖进口。因此，双方产业结构具有一定的互补性，具备形成密切经贸往来关系的基础。就具体情况而言，我国主要从海合会国家进口石油等能源资源以及相关化工产品；而海合会国家从中国进口的商品则以机电产品、家具以及服装为主。以 2013 年为例，中国对海合会进口的商品主要集中在石油以及石化产品，其中：石油的进口额为 887.66 亿美元，约占到当年我国石油总进口额的 39.5%；中国对海合会国家出口制成品额约占中国对海合会国家总出口额的 95%，由此也显示出中国和海合会国家在产业结构方面存在的互补性。近年来，随着我国产业政策的不断调整，产业结构已日趋合理。2013 年，我国第三产业产值首次超过第二产业，占 GDP 的比重达到 46.1%，这也为今后中国和海合会开展服务贸易往来奠定了良好的基础。随着双方经济的不断发展，我国向海合会国家出口的机电类产品、轻工纺织品将会越来越多，而且所占比重也将不断扩大。与此同时，海合会对我国的能源产品出口也将不断增长。因此，尽管目前中海双方的出口均以第二产业为主，但由于优势产品的差异，双方产业结构的互补性很强。

第三，能源合作战略收益明显。如前所述，地处"世界油库"的海合会国家油气资源丰富。如表 4.20 所示，海合会国家（除巴林以外）均是世界上主要的石油原油出口国，也是我国重要的石油来源渠道。中国虽然能源矿产资源较为丰富，但由于人口众多，加之我国经济高速增长形成了巨大的能源缺口。根据能源信息署（EIA）预测，到 2020 年，中国的石油进口数量将由目前的 600 万桶/日上升到 870 万桶/日。到 2040 年，中国的石油消费量将以每年 2% 的速度增长，远高于 0.8% 的全球平均增长水平。因此，随着我国对外能源需求的日益增长，对外能源依赖性也将日益增强。为保障经济的稳定发展，中国已逐步建立起"走出去"与自身供给相结合的石油战略体系，对内鼓励积极拓展国内石油供给市场，对外拓宽石油供给渠道，加强与海合会等海湾国家、俄罗斯、墨西哥以及其他拉美国家的合作，以保障本国石油供给体系的安全性。与此同时，为适应世界能源市场的需求变化，海合会六国也制定了"能源东向"的战略，希望能不断扩大同中国等亚洲国家的石油合作。双方在能源发展战略方面存在一定程度的契合。

表4.20　　　　中国石油原油自海合会国家进口情况（2013 年）

进口来源国	进口金额（亿美元）	占该商品总进口额的比重
沙特	423.68	19.28
阿曼	199.32	9.07
阿联酋	83.67	3.81
科威特	72.77	3.31
卡塔尔	0.99	0.04

数据来源：联合国货物贸易数据库计算整理得出。

第四，全球性金融危机的发生密切了中海双边经贸关系。2008 年的全球性金融危机，对海合会六国的石油出口产生了较大影响，加之美国、俄罗斯、巴西等国石油开采量的增长，也加深了海合会六国石油出口的困境。所以海合会国家迫切希望寻求稳定的石油出口渠道，以保障其国民经济的较快发展。由于我国经济保持了近 30 年的快速发展，工业化进程也不断加快，对能源资源的需求量始终较大，而海湾地区本身恰恰是我国石油进口的主要来源地。因此，密切与中国的能源合作，与中国商建 FTA，能够为海合会国家的石油出口提供稳定的市场，同时也有利于海合会国家降低对美国的依赖程度。

②中海双边货物贸易互补性的实证分析

a. 基于贸易结合度指数（TI）的分析

贸易结合度指数（TI 指数）由布朗（A. J. Brown）于 1947 年提出，后经小岛清（1958）等人的不断完善，现已成为衡量两国贸易相互依存度的重要指标之一。TI 指数是指某国对其伙伴国的出口占该国出口总额的份额与该伙伴国进口总额占世界进口额的份额之比，其计算公式如式 4.2 所示：

$$TI_{mn} = \frac{X_{mn}/X_m}{X_n/X} \qquad （式 4.2）$$

其中：TI_{mn} 表示 m 国对 n 国的贸易结合度，X_{mn} 表示 m 国对 n 国的出口额，X_m 表示 m 国的出口额，X_n 表示 n 国的进口额，X 表示世界的进口总额。若两国的贸易结合度大于 1，则表明两国存在密切的贸易关系，若两国的贸易结合度小于 1，则表明两国的贸易关系较为松散。

如表 4.21 所示，从中国对海合会国家的贸易结合度来看，中国对海合会国家的贸易结合度均大于 1，说明 1999—2013 年期间，中国与海合会国家的贸易关系紧密，其中：1999 年，中国对海合会的贸易结合度为1.10，此后直到 2010 年均在 1.10 左右波动；2011 年双边贸易结合度为1.21，2012 年双边贸易结合度达到最高，为 2.17；2013 年为 1.65。由此也说明，中国与海合会的贸易关系日益紧密。

表 4.21　　　　中国对海合会的贸易结合度（1999—2013 年）　　（单位：亿美元）

年份	中国对海合会出口额	中国出口额	海合会进口总额	世界进口额	贸易结合度
1999	26.12	1949.31	687.32	56418.56	1.10
2000	36.80	2492.03	775.11	65124.27	1.24

续表

年份	中国对海合会出口额	中国出口额	海合会进口总额	世界进口额	贸易结合度
2001	40.74	2660.98	834.89	62740.27	1.15
2002	55.53	3255.96	990.61	65293.91	1.12
2003	80.86	4382.28	1173.37	76051.93	1.20
2004	104.36	5933.26	1507.68	92758.50	1.08
2005	137.64	7619.53	1686.94	104672.70	1.12
2006	183.82	9689.36	2204.39	121000.30	1.04
2007	278.48	12200.60	2895.47	139031.55	1.10
2008	387.42	14306.93	3847.00	160427.56	1.13
2009	312.48	12016.47	2896.47	123211.81	1.11
2010	360.50	15777.64	2980.55	150006.58	1.15
2011	468.68	18983.88	3837.94	188778.63	1.21
2012	543.30	20487.82	2144.98	175191.99	2.17
2013	596.77	22090.07	2945.10	179576.86	1.65

数据来源：联合国货物贸易数据库计算整理得出。

如表 4.22 所示，从海合会国家对中国的贸易结合度来看，1999 年，海合会对中国的贸易结合度为 0.27，到 2007 年上升至 0.82；2008 年，海合会对中国的贸易结合度为 1.04，大于 1，2012 年达到 1.69，2013 年增至 2.32。因此，海合会对中国的贸易关系在 2008 年以前均是较为松散的，2008 年以后海合会与中国的双边贸易关系越发紧密。

表 4.22　　　　海合会对中国的贸易结合度（1999—2013 年）　　（单位：亿美元）

年份	海合会对中国出口额	海合会出口额	中国进口额	世界进口额	贸易结合度
1999	8.29	1037.55	1656.99	56418.56	0.27
2000	7.73	1604.94	2250.94	65124.27	0.14
2001	8.92	1441.02	2435.53	62740.27	0.16
2002	7.41	1651.76	2951.70	65293.91	0.10
2003	46.65	2132.27	4127.6	76051.93	0.40
2004	49.81	2848.66	5612.29	92758.50	0.29
2005	166.03	3508.83	6599.53	104672.70	0.75
2006	198.63	4771.13	7914.61	121000.30	0.64

续表

年份	海合会对中国出口额	海合会出口额	中国进口额	世界进口额	贸易结合度
2007	302.77	5346.53	9561.15	139031.55	0.82
2008	537.45	7290.28	11325.62	160427.56	1.04
2009	367.14	4030.74	10055.55	123211.81	1.12
2010	564.76	5769.74	13960.02	150006.58	1.05
2011	868.46	6869.08	17433.95	188778.63	1.37
2012	1007.82	5742.56	18181.99	175191.99	1.69
2013	1056.70	4186.25	19499.92	179576.86	2.32

数据来源：联合国货物贸易数据库计算整理得出。

整体来看，如图4.10所示，中国对海合会的贸易结合度略高于海合会对中国的贸易结合度，但二者的差距在不断缩小。这也说明，中国与海合会国家的贸易关系一直较为紧密，而海合会国家与中国的贸易关系则是在近年来发展起来的。随着我国经济快速发展，对海合会的出口产品越来越多，加之海合会国家逐步扩大对中国的石油出口，使得双边贸易关系日益紧密。

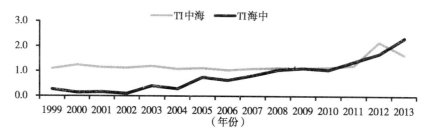

图4.10　中国对海合会以及海合会对中国的贸易结合度指数对比（1999—2013年）
数据来源：联合国货物贸易数据库计算整理得出。

b. 基于显示性比较优势指数（RCA）的分析

1965年，经济学家巴拉萨（Balassa）提出了显示性比较优势指数，即RCA指数，用于衡量一国产品的竞争力。该指数用定量的方法描述了一个国家内各个产业类别的相对出口表现，常被作为衡量一国产业类别在国际市场竞争力的重要指标。该指数是某国的商品出口额占该国出口总额的比重与该类商品的全球出口额占全球贸易总额的比重的比率，其计算公式如式4.3所示：

$$RCA_{mn} = \frac{X_{mn}/X_m}{X_n/X}$$ （式4.3）

其中：RCAmn 表示在 n 类产品贸易上 m 国的 RCA 指数，Xmn 表示 m 国对外出口 n 类产品的总额，X_m 表示 m 国对外出口总额，X_n 表示全球 k 类产品的出口总额，X 表示全球的出口总额。一般而言，若 RCA 值小于 1，则表明该国此类商品的国际竞争力相对较弱，在全球贸易中不具有比较优势；若 RCA 值等于 1，表明该国此类商品的出口处于世界平均水平；若 RCA 值大于 1，表明该国此类商品具有较强的国际竞争力，在国际市场上具有比较竞争优势。本书将采用 SITC 分类①数据对各类产品的 RCA 指数进行计算。

表4.23 计算了 2007—2013 年中国各类别出口产品的 RCA 指数。整体来看，从 2007 年到 2013 年，按照 SITC 的分类，中国第 0 类到第 5 类产品的 RCA 值均小于 1，说明我国在第 0 类到第 5 类产品的比较竞争优势都不强，其中：第 0 类、第 2 类、第 3 类及第 4 类的产品比较竞争优势呈现逐年减弱的趋势，而第 1 类和第 5 类的产品比较竞争优势呈现逐年增强的趋势；第 6 到第 8 类产品的 RCA 值都大于 1，说明上述类别商品已具备了不同程度的比较优势，其中：以第 8 类的比较竞争优势最为强劲，近几年的 RCA 值均大于 2，且呈现逐步增强的趋势；第 6 类和第 7 类产品均具有较强的比较优势，也呈现逐年上升的趋势。第 6 类及第 8 类产品属于劳动密集型产品。由此说明，中国的劳动密集型制成品和资本或者技术密集型制成品（如纺织品、服装及机电产品等）在国际市场上具有较强的比较优势。但随着我国工业化进程的不断加快，技术水平的不断提升，技术密集型产业如机械设备等产业得到了迅速发展，加之大型跨国企业把机械产品的零部件加工厂纷纷设在中国，进行加工装配，使得我国此类产品在国际市场上的竞争力也快速增强。

综上所述，我国对外出口的优势产品类别主要集中在劳动密集型产品

---

① SITC 将所有贸易产品划分为 10 大类，其中：第 0 类（食品及活畜）、第 1 类（饮料及烟类）、第 2 类（非食用原料（但燃料除外））、第 3 类（矿物燃料、润滑油及有关原料）、第 4 类（动植物油，脂及蜡）多为初级产品，后几类产品多为工业制成品，第 5 类（化学成品及相关产品）和第 7 类（机械及运输设备）多为资金密集型产品，而第 6 类（与原料相关的制成品）和第 8 类（杂项产品）多属于劳动密集型产品，第 9 类（未分类商品）为非常规商品，本书不予以讨论。

以及资本技术密集型产品，而这几类产品也正是海合会国家主要进口的生活用品和工业制成品。随着中国劳动力素质的逐渐提高以及工业化进程的不断加快，上述几类产品的比较竞争优势还将进一步凸显，也将能够更好地满足海合会国家对这些产品的刚性需求。

表4.23　　　　　　　中国出口产品的 RCA 指数 （2007—2013 年）

种类 年份	0 类	1 类	2 类	3 类	4 类	5 类	6 类	7 类	8 类
2007	0.50	0.14	0.22	0.16	0.09	0.42	1.22	1.23	2.24
2008	0.41	0.13	0.22	0.16	0.11	0.49	1.32	1.33	2.28
2009	0.41	0.15	0.19	0.06	0.06	0.42	1.19	1.42	2.16
2010	0.43	0.15	0.17	0.13	0.04	0.47	1.19	1.43	2.18
2011	0.43	0.15	0.17	0.04	0.04	0.52	1.22	1.41	2.24
2012	0.43	0.16	0.17	0.09	0.05	0.50	1.28	1.39	2.30
2013	0.41	0.15	0.16	0.09	0.05	0.49	1.31	1.38	2.28

数据来源：联合国商品贸易数据库，分类依据：SITC rev3。

　　表4.24 计算了2007—2013 年海合会国家各类别出口产品的 RCA 指数。如表4.24 所示，从横向看，除第3 类产品（矿物燃料，润滑剂和相关材料）外，海合会国家其他几类产品几乎没有出口比较竞争优势，RCA 值均小于1，因此海合会在除第3 类以外的绝大多数产品上依赖进口；从纵向看，各类产品的 RCA 值均呈下降态势。海合会国家在国际市场上最具竞争力的产品类别为第3 类（矿物燃料、润滑剂和相关材料），RCA 值均大于2.7，这与海合会国家盛产石油有很大关系。但是近年来其第3 类产品的比较竞争优势也在逐步减弱，这一方面与全球金融危机发生后国际油价的波动有关，另一方面与美国、俄罗斯等国加大了对本国石油的开发利用，减少了对海合会国家石油的需求有关。因此，从海合会国家出口产品的 RCA 指数来看，海合会国家面临的对外出口形势更加严峻。海合会国家在第5 类、第6 类与石油相关的加工制成品的出口比较优势也不明显，这说明海合会国家仍是以原油出口为主，其石油加工产业并未得到快速发展。

　　对比表4.23 和表4.24 可知，中国在第6 类、第7 类、第8 类产品的出口上具有明显的比较优势，第0 类和第5 类均为微弱的比较竞争优势，而海合会国家在第3 类产品的出口上具有绝对的比较优势，在第5 类产品

类别上具有微弱的竞争优势。除第1类、第2类、第4类产品中国和海合
会国家都不具有比较竞争优势以外，第0类、第6类、第7类、第8类产
品均是中国具有比较优势的产品类别，也正好是海合会国家不具有出口比
较优势而需要大量进口的产品。而第3类产品作为海合会国家出口具有明
显优势的产品类别，恰好是中国不具有比较优势的产品类别。在第5类产
品上，目前中国和海合会国家的出口比较优势都不明显，尚不存在双方产
品在市场上激烈竞争的情况。

表4.24　　海合会国家产品出口产品的 RCA 指数（2007—2013 年）

种类 年份	0 类	1 类	2 类	3 类	4 类	5 类	6 类	7 类	8 类
2007	0.15	0.14	0.12	5.40	0.14	0.36	0.23	0.10	0.10
2008	0.11	0.10	0.12	4.32	0.11	0.28	0.23	0.09	0.10
2009	0.14	0.16	0.11	4.53	0.12	0.35	0.28	0.13	0.12
2010	0.19	0.19	0.12	3.95	0.13	0.38	0.34	0.11	0.12
2011	0.14	0.16	0.13	3.63	0.16	0.38	0.28	0.09	0.11
2012	0.06	0.03	0.05	2.74	0.07	0.39	0.08	0.02	0.02
2013	0.06	0.04	0.07	3.04	0.07	0.36	0.05	0.02	0.02

数据来源：联合国商品贸易数据库，分类依据：SITC rev3。

综上所述，随着中国经济的不断发展，对海合会国家石油及其附属产
品的需求也将不断提升，而海合会国家的石油资源丰富。随着海合会国家
经济的不断转型，对日常消费品以及机械等工业用品的需求也将逐步上
升，而这些产品正是中国的优势产品。中国和海合会出口产品的互补性为
双边贸易的增长和建立 FTA 奠定了良好的基础，有助于双边经贸关系的
进一步扩大。

c. 基于贸易互补性指数（TCI）的分析

1967 年，彼得·德赖斯代尔（Peter Drysdale）提出了贸易互补性指数
（Trade Complementarity Index，TCI），它是衡量两个国家某个产业类别的贸
易互补情况的重要指标。某产业类别的 TCI 指数的计算公式如式4.4所示：

$$TCI_{ij}^a = RCA_{xi}^a * RCA_{mj}^a \qquad （式4.4）$$

其中：TCI_{ij}^a 表示 i 国对 j 国在 a 产业出口贸易上的互补性指数，RCA_{xi}^a
表示 i 国在 a 产业上的显示性比较优势。RCA_{mi}^a 则表示 j 国在 a 产业贸易上
的比较劣势，其计算公式如式4.5所示：

$$RCA_{mj}^{a} = \frac{M_{j}^{a}/M_{j}}{X_{w}^{a}/X_{w}} \qquad （式4.5）$$

其中：M_{j}^{a} 表示 j 国在 a 产业的进口额，M_{j} 表示 j 国的进口总额，X_{w}^{a} 表示世界在 a 产业上的出口总额，X_{w} 表示世界的出口总额。RCA_{mj}^{a} 值越大，表明 j 国在 a 产业的进口比重越大，其在该产业的生产上具有比较劣势，RCA_{mi}^{a} 值越小，则表明该国在 a 产业生产上的比较劣势越小。因此，若 TCI_{ij}^{a} 大于 1 时，表明两国在该产品类别的进口中具有较大的相似性，两国的互补性较强，而且该值越大，其互补性也就越强，反之亦然。

如图 4.11 所示，按照 SITC 分类，2007—2013 年以中国为出口国计算的中海贸易互补性指数显示，中海双边在第 6 类、第 7 类、第 8 类三类产品的贸易互补性指数大于 1，说明中海双边在上述三类产品的贸易上形成了互补，且均呈现出了不同程度上的增长趋势，尤其是第 6 类与第 7 类产品，双边的贸易互补性越来越强。此外，2013 年中海双边在第 0 类产品上的贸易互补性指数接近 0.79，说明在该类产品的贸易上中海双边存在较弱的互补性。

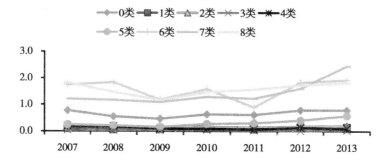

图 4.11　以中国为出口国计算的中海贸易互补性指数变化情况（2007—2013 年）

数据来源：联合国商品贸易数据库，分类依据：SITC rev3。

如图 4.12 所示，以海合会为出口国计算的中海贸易互补性指数显示，仅有 SITC 分类下的第 3 类产品双边存在极强的互补性，TCI 指数在 2007 年达到了 5.89，2013 年为 3.21，尽管近年来呈下降趋势，但相比其他种类的产品，中海双边在该产品类别上仍具有极强的贸易互补性。

因此，从双边贸易互补性指数来看，中海双边在 SITC 分类下的第 3 类、第 6 类、第 7 类、第 8 类等四类产品的贸易上存在着较强的互补性，在其他类别的产品贸易上的互补性较弱。

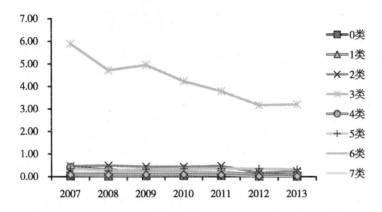

图 4.12　2007—2013 年以海合会为出口国计算的中海贸易互补指数变化

数据来源：联合国商品贸易数据库，分类依据：SITC rev3。

3. 中国与海合会六国货物贸易的竞争性分析

①双边主要出口产品的竞争性分析

如表 4.25 所示，按照 SITC 分类，2013 年中国出口排名靠前的产品类别有：第 77 类、第 76 类、第 75 类、第 84 类等，主要仍以机械或工业设备、办公设备、通信设备以及针织服装等产品类别为主；而海合会国家出口的主要产品类别为第 33 类、第 34 类、第 57 类、第 66 类以及第 51 类等，其中：2013 年，海合会国家石油及其相关产品出口额达到 6291 亿美元，天然气对外出口额超过 1000 亿美元。海合会国家对外出口整体以石油、天然气及相关化工产品为主，占据了海合会国家出口的绝大部分。对比中国以及海合会国家前十大出口产品的类别可知，只有第 89 类、第 78 类属于双边共同的重要出口产品类别，在其他重要出口产品类别上均没有重叠。由此可以初步判断，中国和海合会国家在主要的产品出口类别上没有太多的一致性，因而双边出口产品的竞争性不大。

表 4.25　　　中国和海合会国家前十大出口产品类别（2013 年）

SITC 编码	类别名称	中国对外出口额（亿美元）	SITC 编码	类别名称	海合会对外出口额（亿美元）
77	电气机械、仪器和用具等	2934.03	33	石油及相关产品	6291.12
76	通信、录音、音响等设备	2528.17	34	天然气（天然和制造的）	1041.20
75	办公室常用设备	2237.98	57	塑料（初级）	237.47

SITC编码	类别名称	中国对外出口额（亿美元）	SITC编码	类别名称	海合会对外出口额（亿美元）
84	服装及衣服配件	1774.35	66	非金属矿产制品	210.25
89	杂项制品	1555.49	51	有机化工产品	160.71
65	纺织纱线、织物及相关制成品	1065.78	89	杂项制品	94.96
74	一般工业机械设备及零件	939.53	78	道路车辆	89.07
69	金属制品	783.34	28	金属矿砂及金属废料	73.31
78	道路车辆	647.69	79	其他运输设备	62.81
87	专业仪器、控制用设备等	598.28	68	有色金属	59.76

数据来源：联合国商品贸易数据库，分类依据：SITC rev3。另注：因缺失巴林以及阿联酋 2013 年的贸易数据，因此 2013 年巴林和阿联酋的贸易数据通过 2009—2012 年的数据进行预测。

②基于贸易竞争力指数（TC）的分析

为进一步准确界定中国及海合会双边产品出口竞争情况，本书采用了贸易竞争力指数（Trade Competitiveness，TC 指数）来度量双边商品贸易的竞争性。TC 指数是一国的产品进出口差额占该国进出口总额的比重，能够较好地反映国家间产品贸易的国际竞争力，其计算公式如式 4.6 所示：

$$TC 指数 = （出口额 - 进口额）/ （出口额 + 进口额）（式 4.6）$$

TC 指数的取值一般在 -1—1 之间。若该指数等于 -1 时，表明该国该类产品完全依赖进口；若该指数取值在 -1—0 之间，则表明该国该类产品的国际竞争力较弱；若该指数等于 0，则表明该国该类产品的竞争力与国际平均水平相当；取值越趋近于 1，表明该国该类产品的国际竞争力越强。为便于对 SITC 产品类别的讨论，将所有的产品类别分为三类，即：生活及日常消费品、原材料、工业制品（含加工制成品）。将中国及海合会国家的相关贸易数据代入式 4.6，计算得到表 4.25、表 4.26、表 4.27。

首先，按照 SITC 分类，从生活及日常消费品角度来看，如表 4.25 所示，中国在第 84 类、第 85 类、第 82 类、第 83 类等几类产品的出口上具有极强的竞争优势，这几类产品的 TC 指数在 0.9 左右；在第 03 类、第

05 类也具有较强的贸易竞争优势，TC 指数的取值均在 0.5 左右；而其他类别产品的贸易竞争力均较弱。就海合会国家而言（表 4.26），除第 03 类以外，所有产品类别的 TC 指数均小于 0，鱼类的 TC 指数也接近于零，这说明海合会国家在生活及日常消费品的贸易上几乎没有贸易竞争力，绝大多数生活及日常消费品要依赖进口。

表 4.26　　中国和海合会双边出口产品竞争力指数（生活及日常消费品）（2013 年）

SITC 编码	类别名称	中国对外出口产品竞争力指数	海合会对外出口产品竞争力指数
00	活的动物以外的其他肉类	0.15	− 0.80
01	肉及肉制品	− 0.32	− 0.45
02	乳制品和禽蛋	− 0.90	− 0.44
03	鱼，软体动物和水生无脊椎动物	0.52	0.09
04	谷物和谷物制品	− 0.56	− 0.82
05	蔬菜和水果	0.46	− 0.41
06	糖，糖制品及蜂蜜	− 0.11	− 0.22
07	咖啡，茶，可可，香料及其制成品	0.45	− 0.63
08	喂养动物的（不包括没有碾磨的谷物）	− 0.18	− 0.76
09	杂项食品	− 0.03	− 0.61
11	饮料	− 0.41	− 0.36
12	烟草及烟草制品	− 0.05	− 0.35
41	动物油脂	− 0.09	− 0.81
42	固定油脂，原油等	− 0.95	− 0.38
43	动物或植物油脂	− 0.66	− 0.40
54	医药产品	− 0.14	− 0.85
82	家具及垫子等	0.92	− 0.79
83	旅游用品，手袋及类似容器	0.89	− 0.89
84	服装及衣服配件	0.94	− 0.73
85	鞋子	0.93	− 0.76

数据来源：联合国商品贸易数据库，分类标准：SITC rev3。

其次，按照 SITC 分类，从原材料角度来看，如表 4.27 所示，中国在原材料的出口方面基本不具有竞争优势，除第 35 类的 TC 指数为 0.56 外，其余各类原材料的 TC 指数均为负，其中：金属矿砂、皮类、纸浆类取值接近于 0，基本上依赖进口。海合会国家在第 33 类、34 类两类原材料的出口上具有绝对优势，TC 取值均接近于 1；在第 21 类也具有一定的贸易竞争力（TC 指数为 0.25），其他各类原材料的 TC 指数均为负。因此，海合会国家在原材料出口方面具有较强的竞争优势，尤其是油气类在国际市场上具有绝对的竞争优势。而中国多数原材料均以进口为主，除电力外，其他多数原材料类别的出口竞争力均弱于海合会国家。

表 4.27　中国和海合会双边出口产品竞争力指数（原材料）（2013 年）

SITC 编码	类别名称	TC 指数（中国）	TC 指数（海合会）
21	皮、毛皮等原料	-0.99	0.25
22	种子和含油果实	-0.95	-0.94
23	天然橡胶	-0.88	-0.52
24	软木	-0.89	-0.91
25	纸浆及废纸	-0.99	-0.04
26	纺织纤维	-0.65	-0.19
27	原油肥料，矿产等	-0.38	-0.31
28	金属矿砂及金属废料	-1.00	-0.12
32	煤，焦煤及煤球	-0.86	-0.94
33	石油，石油产品及副产品	-0.81	0.93
34	天然气（天然和制造的）	-0.84	1.00
35	电力	0.56	-0.58
68	有色金属	-0.39	-0.34

数据来源：联合国商品贸易数据库，分类标准：SITC rev3。

最后，按照 SITC 分类，从工业制品角度来看，如表 4.28 所示，中国大多数工业制品或加工制成品具有较强的产品贸易竞争力，其中以第 81 类、第 89 类、第 75 类、第 76 类、第 69 类等工业制品的出口贸易竞争力较强，TC 指数均大于 0.5；以第 63 类、第 65 类、第 64 类、第 29 类、第 62 类等加工制成品的出口贸易竞争力较强，TC 指数取值在 0.5 左右。海合会国家在工业制品出口上的优势较中国而言偏弱。如表 4.19 所示，海合会国家仅在第 56 类、第 57 类、第 51 类、第 61 类等几类产品贸易中具有一定的竞争优势，以第 56 类的贸易竞争力最强，TC 指数为 0.85，而其他大多数工业制品或加工制成品均依赖进口，出口竞争力较弱（TC 指数小于 0）。

表 4.28　　　　　　中国和海合会双边出口产品竞争力指数

（工业制品（含加工制成品））（2013 年）

SITC 编码	类别名称	TC 指数（中国）	TC 指数（海合会）
29	动物或植物材料制成品	0.48	−0.86
51	有机化工产品	−0.29	0.52
52	无机化学品	0.25	0.01
53	染料等	0.14	−0.36
55	精油及香膏和香水原料	0.20	−0.48
56	肥料	0.30	0.85
57	塑料（初级）	−0.63	0.65
58	塑料制成品	−0.06	−0.11
59	化学材料及制品	−0.14	−0.56
61	皮革，皮革制品	−0.39	0.37
62	橡胶制品	0.42	−0.54
63	软木及木制品	0.84	−0.77
64	纸，纸板	0.57	−0.47
65	纺织纱线，织物，制成品	0.66	−0.37
66	非金属矿产制品	0.40	−0.14
67	钢铁	0.44	−0.74
69	金属制品	0.68	−0.63
71	发电机械设备	0.18	−0.71
72	工业专用机械	0.02	−0.63
73	金属加工机械	−0.33	−0.92
74	一般工业机械及机器零件	0.31	−0.80
75	办公设备	0.59	−0.47
76	通信、录音、音响设备和仪器	0.55	−0.53
77	电气机械，仪器和用具等	−0.10	−0.69
78	道路车辆	−0.07	−0.71
79	其他运输设备	0.13	−0.39
81	管道，发热及照明装置和设备	0.95	−0.69
87	科学及控制用仪器及器具等	−0.19	−0.83
88	摄影仪器，设备和供应品	−0.01	−0.75
89	杂项制品	0.78	−0.27

数据来源：联合国商品贸易数据库，分类依据：SITC rev3。

综上所述，整体而言，海合会国家的出口竞争优势产品主要集中在石油、天然气、与石油相关的化工产品；而中国的出口竞争优势产品主要集中在服装、家具、鞋类及旅游用品等日常生活用品，以及管道、办公设备、通信设备、机械设备、针织衣物、木制品等工业制成品或加工制成品。因而，双方在对外贸易上不存在激烈的产品出口竞争，双边的出口竞争优势各有侧重，双边贸易能够形成有效互补。

③基于出口相似度指数（ESI）的分析

1979 年，迈克尔（Michael）和科瑞尼（Kreinin）提出了出口相似度（ESI）指数的概念，用于判断两个国家之间经济结构的趋同或差异程度。其基本计算公式如式 4.7 所示：

$$ESI = \sum_p min\ (S_{tcp},\ S_{tdp}) \qquad (式 4.7)$$

其中：S_{tcp} 和 S_{tdp} 分别表示 c、d 两国在 t 期内对世界出口的 p 产品在各自总出口中所占的份额。为了便于计算，将其转变为式 4.8：

$$ESI = \left[\ \sum_i \left(\frac{X_m^i/X_m + X_n^i/X_j}{2}\right) \times \left(1 - \left|\frac{X_m^i/X_m - X_n^i/X_n}{X_m^i/X_m + X_n^i/X_n}\right|\right)\right] \times 100$$

$$(式 4.8)$$

其中：X_m^i 表示 m 国的 i 种商品在世界市场上的出口额，X_m 表示 m 国出口总额，X_n^i 表示 n 国的 i 种商品在世界市场上的出口额，X_n 表示 n 国出口总额。该指数取值在 0—100 之间，取值越大代表双边的贸易产品越相似，出口结构较为相似；取值越小则表明双边贸易产品的相似程度越低，出口结构差异性明显。若指数随着年份不断增长，说明双边在世界市场上的竞争越来越激烈，反之，则表明双边在世界市场上的专业化分工程度越来越高，贸易关系更加互补。

如表 4.29 所示，按照 SITC 一分位数据分类计算的 2009—2013 年中国和海合会的出口相似度指数，双边在各个大类的 ESI 指数值均较低；2013 年，ESI 指数值最大的为第 5 类，其出口相似度为 1.69。由此可以看出，中海双边在产品贸易上的出口相似度指数均较低，说明双边在出口产品类别上的差异极为明显，不存在明显的相互竞争关系，而且整体各个类别上的 ESI 指数值均呈下降趋势，说明中国与海合会国家的对外贸易关系越来越互补。

表 4.29　　　　　　中国和海合会的出口相似度指数（2009—2013 年）

年份 种类	2009	2010	2011	2012	2013
第 0 类	0.98	0.18	0.15	0.17	0.22
第 1 类	0.14	0.02	0.02	0.02	0.03
第 2 类	0.40	0.29	0.45	0.28	0.30
第 3 类	1.70	1.69	1.70	1.51	1.53
第 4 类	0.03	0.02	0.02	0.02	0.03
第 5 类	4.49	0.70	0.76	2.27	1.69
第 6 类	3.97	0.58	0.55	1.16	0.42
第 7 类	4.93	0.23	0.20	0.34	0.31
第 8 类	1.57	0.09	0.05	0.06	0.12

数据来源：联合国商品贸易数据库，SITC rev3。

三　中海服务贸易关系分析

1. 基于贸易竞争力指数（TC）的分析

TC 指数作为衡量国际贸易中产品国际竞争力的重要指标，同样也适用于服务贸易产品的竞争性分析。因海合会国家仅有交通、旅游、政府服务等类别的服务贸易数据，因此主要对比整体服务贸易情况以及上述几个类别的贸易竞争力。中国与海合会国家的服务贸易 TC 指数计算结果分别如表 4.30 和表 4.31 所示。

如表 4.30 所示，2000—2013 年，我国服务贸易总额的 TC 指数均小于并趋近于 0，说明我国服务贸易的整体国际竞争力较弱，服务贸易的整体竞争力处于中间水平。近年来，我国服务贸易的 TC 指数值越来越小，意味着我国服务贸易的整体竞争力呈下降趋势。就具体类别而言，交通部门的 TC 指数均小于 0，说明我国在交通服务方面的国际竞争力较弱；2000—2008 年我国旅游部门的 TC 指数大于 0，2008 年以后则小于 0，说明我国在旅游服务方面的国际竞争力也在逐渐减弱；在政府服务类，中国近年来的国际竞争力波动较大，整体的国际竞争力不高。

表 4.30　　　　　　中国服务贸易 TC 指数（2000—2013 年）

部门 \ 年份	总额	交通	旅游	其他服务	政府服务
2000	−0.08	−0.48	0.11	−0.09	0.24
2001	−0.08	−0.42	0.12	−0.13	0.30
2002	−0.08	−0.41	0.14	−0.12	−0.10
2003	−0.08	−0.40	0.07	−0.01	−0.12
2004	−0.06	−0.34	0.13	−0.02	−0.17
2005	−0.06	−0.30	0.15	−0.06	−0.11
2006	−0.05	−0.24	0.17	−0.06	0.07
2007	−0.03	−0.16	0.11	−0.03	−0.22
2008	−0.04	−0.13	0.06	−0.03	−0.16
2009	−0.10	−0.33	−0.05	−0.02	0.06
2010	−0.09	−0.30	−0.09	0.04	−0.09
2011	−0.15	−0.39	−0.20	0.04	−0.17
2012	−0.19	−0.38	−0.34	0.05	−0.02
2013	−0.23	−0.43	−0.43	0.04	0.02

数据来源：联合国服务贸易数据库。

如表 4.31 所示，2000—2013 年海合会服务贸易以及交通、旅游、政府服务等各部门的 TC 指数值均小于 0，说明海合会整体服务贸易的国际竞争力较弱，其中：交通部门的 TC 指数值随着年份的推移呈现减小的趋势，说明海合会国家交通服务方面的国际竞争力正在逐渐减弱；旅游部门的 TC 指数值呈上升趋势，尽管仍小于 0，但其在国际上的竞争力有所增强。

表 4.31　　　　　　海合会服务贸易 TC 指数（2000—2013 年）

部门 \ 年份	总额	交通	旅游	其他服务	政府服务
2000	−0.61	−0.46	−0.46	−0.73	−0.93
2001	−0.54	−0.48	−0.39	−0.66	−0.91
2002	−0.55	−0.52	−0.39	−0.65	−0.90
2003	−0.51	−0.47	−0.40	−0.58	−0.77
2004	−0.52	−0.49	−0.42	−0.58	−0.81
2005	−0.43	−0.47	−0.38	−0.43	−0.74

续表

部门 年份	总额	交通	旅游	其他服务	政府服务
2006	-0.44	-0.42	-0.44	-0.44	-0.80
2007	-0.49	-0.57	-0.49	-0.42	-0.79
2008	-0.58	-0.63	-0.43	-0.64	-0.83
2009	-0.56	-0.63	-0.42	-0.62	-0.90
2010	-0.58	-0.63	-0.39	-0.70	-0.88
2011	-0.58	-0.65	-0.33	-0.72	-0.77
2012	-0.58	-0.65	-0.36	-0.71	-0.81
2013	-0.60	-0.68	-0.38	-0.73	-0.83

数据来源：联合国服务贸易数据库。

　　如图 4.13 所示，就中海服务贸易的 TC 指数对比而言，中国与海合会的 TC 指数均小于 0，双边的服务贸易国际竞争力均不强，但中国的 TC 指数值明显高于海合会国家整体的 TC 指数值，说明中国服务贸易整体竞争力比海合会国家要强。

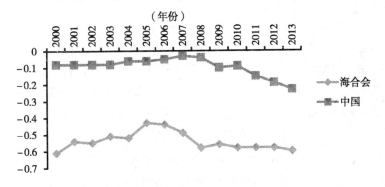

图 4.13 中国与海合会国家的服务贸易 TC 指数（2000—2013 年）

　　2. 基于显示性比较优势指数（RCA）的分析

　　表 4.32 为 2000—2013 年中国服务贸易各部门的 RCA 指数，交通运输部门的 RCA 指数在 0.53—1.17 之间，且呈上升态势，其中以 2007 年的指数值最高，说明中国在交通运输部门具有相对较强的比较优势。旅游服务部门的 RCA 值均大于 1，但呈现下降趋势，说明旅游部门虽具有一定的比较优势，但优势在减弱。通信部门、保险、金融服务以及政府服务的 RCA 值均较低，小于 0.8，说明上述部门的比较优势较弱。

表 4.32　　　　　中国服务贸易各部门的 RCA 指数（2000—2013 年）

部门 年份	交通运输	旅游	其他服务	通讯	保险	金融服务	政府服务
2000	0.53	1.70	0.75	1.96	0.19	0.04	0.46
2001	0.63	1.74	0.69	0.34	0.35	0.05	0.61
2002	0.66	1.72	0.71	0.60	0.19	0.02	0.41
2003	0.80	1.30	0.91	0.58	0.25	0.05	0.32
2004	0.85	1.40	0.84	0.36	0.24	0.02	0.26
2005	0.94	1.44	0.79	0.28	0.38	0.03	0.30
2006	1.05	1.41	0.78	0.33	0.28	0.02	0.29
2007	1.17	1.21	0.83	0.40	0.34	0.02	0.23
2008	1.15	1.13	0.88	0.43	0.44	0.03	0.26
2009	0.93	1.24	0.92	0.35	0.46	0.04	0.39
2010	1.02	1.16	0.93	0.30	0.43	0.11	0.33
2011	1.00	1.13	0.95	0.40	0.71	0.07	0.24
2012	1.02	1.06	0.97	0.38	0.75	0.14	0.30
2013	0.95	1.00	1.02	0.32	0.90	0.22	0.36

数据来源：联合国服务贸易数据库。

　　海合会国家服务贸易各部门的 RCA 指数如表 4.33 所示，2000—2013 年间，交通运输部门的 RCA 指数值均大于 1，说明海合会的交通运输部门具有相对较强的比较优势，且呈现逐步增强的趋势。旅游部门的 RCA 值大于 0.8，说明海合会国家旅游部门也具有一定的比较优势，同样呈现出增强的趋势。海合会国家在通信、政府服务等部门的 RCA 值大于 2.5，说明海合会在上述两部门的比较优势相对更强。金融服务与保险两个部门，则出现了较大变化，2000—2007 年海合会在保险部门的比较优势极强，而 2007 年以后出现了比较优势削弱的趋势，RCA 值从 2007 年的 2.61 下降至 2013 年的 1.63。金融服务部门的情况更加严峻，2000—2013 年间，海合会金融服务部门的比较优势一直呈现下降的态势，RCA 值由 2000 年的 2.43 下降至 2013 年的 0.14，目前海合会金融服务部门的比较优势较弱。

表 4.33　　　　海合会服务贸易各部门的 RCA 指数（2000—2013 年）

部门 年份	交通运输	旅游	其他服务	通信	保险	金融服务	政府服务
2000	1.49	0.92	0.81	3.80	3.39	2.43	2.83
2001	1.43	1.04	0.77	3.49	2.99	2.47	2.71
2002	1.37	1.11	0.77	3.70	2.28	2.46	2.81
2003	1.49	0.99	0.80	3.10	1.81	2.13	5.42
2004	1.45	0.21	0.24	2.64	0.05	0.04	0.04
2005	1.26	1.31	0.72	3.44	2.92	1.28	3.71
2006	1.24	1.24	0.78	4.66	2.45	1.26	2.97
2007	1.12	1.30	0.81	5.59	2.61	1.18	2.83
2008	1.32	1.57	0.59	7.19	1.42	0.30	3.72
2009	1.36	1.64	0.59	7.86	1.52	0.41	2.21
2010	1.42	1.85	0.46	4.89	1.76	0.40	2.55
2011	1.63	1.85	0.40	4.10	1.16	0.10	4.23
2012	1.66	1.86	0.38	3.88	1.30	0.11	3.36
2013	1.61	1.93	0.37	3.49	1.63	0.14	3.36

数据来源：联合国服务贸易数据库。

对比中国与海合会国家各服务部门的 RCA 值可知，中国仅在交通运输部门以及旅游部门具有较强的比较优势，其他部门的比较优势相对较弱。而海合会国家在交通运输、旅游、通信、保险以及政府服务等部门的比较优势均较强，尤其是在通信与政府服务等部门的比较优势更大。双边在交通、旅游部门均具有一定的优势，但是海合会的优势更加明显。因此，在 FTA 谈判策略的选择上，在双边共有的优势领域应逐步深化双边的开放程度，为双边服务贸易的开展提供更多的便利。而在海合会国家的优势领域中，在 FTA 服务贸易谈判过程中，应明确渐进的原则，即在双边服务贸易互通互利的前提下，允许中国设置一定的缓冲区间，来保护中国国内相对处于劣势的服务部门，以避免在 FTA 生效后对中国劣势服务部门的冲击。

4. 基于贸易互补性指数（TCI）的分析

以中国为出口国计算的中海贸易互补性指数值（如表 4.34 所示）显示，中海在交通运输和旅游部门的贸易上互补性较强，尤其是在交通运输部门，中海双边的贸易互补性呈现逐年增强的趋势，中海在旅游部门的贸易互补性指数值尽管在 2002—2008 年间一直处于下降的态势，但在 2009 年扭转了颓势，说明中海双边在旅游部门的互补性也在逐步增强。从以海合会为出口国计算的中海贸易互补性指数值（如表 4.35 所示）来看，2000—2013 年，中国和海合会在交通运输和旅游部门的贸易互补性指数值呈现上升趋势，在交通运输部门的贸易互补性指数值均大于 1，2013 年的贸易互补性指数值达到了 2.1，同样说明中海双边在服务贸易上具有很强的贸易互补性。

表 4.34   以中国为出口国计算的贸易互补性指数（2000—2013 年）

部门 年份	交通运输	旅游	其他服务
2000	1.27	1.16	0.76
2001	1.30	1.16	0.76
2002	1.35	1.11	0.78
2003	1.56	0.96	0.79
2004	1.55	0.96	0.78
2005	1.53	0.95	0.80
2006	1.56	0.92	0.81
2007	1.52	0.91	0.83
2008	1.39	0.93	0.87
2009	1.50	1.12	0.77
2010	1.58	1.16	0.71
2011	1.68	1.25	0.65
2012	1.54	1.47	0.60
2013	1.49	1.55	0.59

数据来源：联合国服务贸易数据库。

表 4.35   以海合会为出口国计算的贸易互补性指数（2000—2013 年）

部门 年份	交通运输	旅游	其他服务
2000	1.00	0.61	1.27
2001	1.20	0.70	1.10
2002	1.26	0.74	1.04
2003	1.35	0.76	0.99
2004	1.36	0.73	1.00

续表

部门 年份	交通运输	旅游	其他服务
2005	1.41	1.19	0.72
2006	1.19	1.26	0.79
2007	1.44	1.30	0.68
2008	1.57	1.05	0.73
2009	1.68	1.13	0.71
2010	1.65	1.12	0.71
2011	1.99	0.97	0.66
2012	2.08	1.04	0.60
2013	2.12	1.07	0.58

数据来源：联合国服务贸易数据库。

综上所述，中国和海合会双边在交通运输以及旅游部门具有较强的互补性，因其他服务部门的数据缺失，无法准确衡量所有部门的贸易互补性情况，但是交通运输以及旅游均在中国以及海合会服务贸易中占有重要比重，由此可以推断中国与海合会之间服务贸易的整体互补性较强。

四　中海双边投资关系分析

根据《世界投资报告（2014 年）》，中国在 2013 年继续保持全球第二大投资目的国和发展中国家第一大投资目的国的地位，吸引了全球约 9%的直接投资总额。在对外直接投资方面，中国的位次从第 13 名上升到第11 名，占全球对外直接投资总额的 6.1%。但与中国吸引的巨额直接投资和迅猛发展的对外直接投资相比，中国与海合会国家的双边投资规模仍然偏小。

1. 海合会国家对中国的投资情况分析

表 4.36 显示了来自于海合会国家对外直接投资的情况。从海合会各国占海合会总体对中国直接投资的比例来看，截至 2012 年年底，沙特对中国的投资占到了海合会整体对中国投资的 44.43%，沙特对中国的直接投资除 2011 年外，近 5 年来一直保持着较高水平，在 2010 年年底成为海合会以及阿拉伯国家中在中国投资的第一大外资来源国；其次是阿联酋，占到了 41.42%，阿联酋近 5 年对中国的直接投资基本保持在 1 亿美元左右，其在阿拉伯国家对中国直接投资存量第一的地位在 2010 年被沙特超

过；科威特占比也较高，占到了海合会整体对中国直接投资的 11.31%。巴林、阿曼以及卡塔尔三国对中国的直接投资相对较少，所占份额也极低。从图 4.14 来看，2007—2012 年间，海合会对中国的直接投资流量波动较大，尤其是沙特对中国的直接投资波动异常明显，基本上形成了 2 年的波动周期。卡塔尔对中国直接投资的波动也较大。总体来看，海合会对中国的直接投资流量与存量均不高，且各国对中国的直接投资波动较为明显。对于海合会国家而言，中国作为投资目的国的潜力还未充分发挥。海合会国家对中国的直接投资只占中国吸引全球直接投资额的 0.08%，也低于海合会国家在全球对外直接投资 1.3% 的比例，因此中国对海合会国家的 FDI 依存度极低。

表 4.36   中国吸引海合会国家直接投资存流量情况表（2006—2012 年）

（单位：百万美元）

类项 ＼ 国家	巴林	科威特	阿曼	卡塔尔	沙特	阿联酋
2006 年末存量	6.10	292.00	13.00	0.20	86.00	467.00
2007 年流量	1.90	0.30	0.50	0.60	123.00	102.00
2007 年末存量	8.00	292.30	13.50	0.80	209.00	569.00
2008 年流量	2.10	0.60	0	16.80	275.00	94.00
2008 年末存量	10.10	293.00	13.50	17.60	484.00	663.00
2009 年流量	3.60	0.50	0	0.10	114.00	103.00
2009 年末存量	13.70	293.05	13.50	17.70	598.00	766.00
2010 年流量	1.10	0.50	0.10	0	484.00	110.00
2010 年末存量	14.80	294.00	13.60	18.20	1082.00	876.00
2011 年流量	0	0.30	0	0.70	24.00	71.00
2011 年末存量	14.80	294.03	13.60	18.90	1106.00	947.00
2012 年流量	0.79	0	0	27.06	49.80	129.60
2012 年末存量	15.59	294.03	13.60	45.96	1155.80	1076.60

数据来源：2009 年及以前的数据来源于中国商务部，2010—2012 年的数据来源于中国统计年鉴。

从中国吸引海合会国家直接投资的行业分布来看，2006—2010 年中国吸引海合会国家直接投资项目个数共计 368 项，主要分布在纺织和服装业（合计 47 项）、非金属制品和金属制品业（合计 36 项）、各类机械设备制造业（合计 53 项）、批发和零售业（合计 99 项）、商务服务业（合

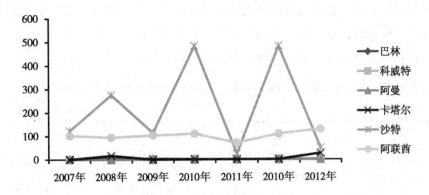

图 4.14　海合会国家对中国的直接投资流量情况（2007—2012 年）

数据来源：2009 年及以前的数据来源于中国商务部，2010—2012 年的数据来源于中国统计年鉴。

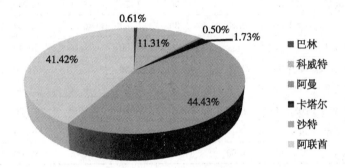

图 4.15　中国从海合会各国吸引的直接投资存量在海合会中

所占比例（%）（2012 年末）

数据来源：2009 年及以前的数据来源于中国商务部，2010—2012 年的数据来源于中国统计年鉴。

计 33 项）等几大行业，体现了海合会国家利用中国制造能力和市场流通方面的优势，弥补本国经济结构单一的投资意图。

2. 中国对海合会国家的投资情况分析

表 4.37 显示了中国对海合会国家直接投资的情况。截至 2012 年年底，中国对海合会国家的直接投资存量已超过了 27.8 亿美元，其中：阿联酋和沙特是中国主要的投资目的国，阿联酋占到了中国对海合会整体直接投资的 48.56%，其次是沙特，所占比例也超过了 40%，中国对上述两国直接投资存量总和达到了对海合会国家直接投资的 89%；卡塔尔和科威特分别排在第三位和第四位，卡塔尔及科威特分别占到了 6.21% 和 3.84%，对上述两国的直接投资均已超过了 1 亿美元。从对外投资流量来看，如图 4.16 所示，尽管中国对阿联酋的直接投资流量最大，但波动也

异常明显，对沙特的直接投资流量波动也较为明显，因此中国对海合会国家的直接投资流量也呈现较大的波动。从整体来看，中国对海合会国家的直接投资的流量与存量均不高，而且波动较为明显。

表 4.37　　中国对海合会国家对外直接投资存流量情况表（2007—2012 年）

（单位：百万美元）

国家 类项	海合会 *	巴林	科威特	阿曼	卡塔尔	沙特	阿联酋
2007 年流量	173.00	—	− 6.30	2.6	10.00	118.00	49.00
2007 年末存量	717.00	0.80	0.50	37.00	40.00	404.00	234.00
2008 年流量	205.00	0.10	2.40	− 23.00	10.00	88.00	127.00
2008 年末存量	922.00	0.90	2.90	14.00	50.00	492.00	361.00
2009 年流量	172.00	—	2.90	− 6.20	− 3.70	90.00	89.00
2009 年末存量	1094.00	0.90	5.80	7.80	46.30	582.00	450.00
2010 年流量	430.00	—	23.00	11.00	11.00	36.00	349.00
2010 年末存量	1524.00	0.90	28.80	18.80	57.30	618.00	799.00
2011 年流量	527.00		42.00	10.00	39.00	123.00	315.00
2011 年末存量	2051.00	1.00	70.80	28.80	96.30	741.00	1114.00
2012 年流量	473.00		14.00	—	43.00	239.00	177.00
2012 年末存量	2524.00	1.00	84.80	28.80	139.30	980.00	1291.00

数据来源：2011 年及以前的数据来源于 2011 年度中国对外直接投资统计公报，2012 年双边数据来源于中国商务部。注：一数据缺失。* 按可得数据加总。

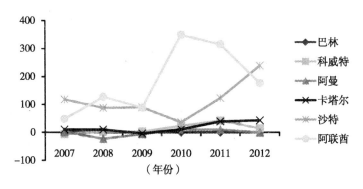

图 4.16　中国对海合会各国的直接投资流量情况（2007—2012 年）

在中国对海合会直接投资方面，海合会国家仅占到中国对阿拉伯国家直接投资流量的 29%，存量的 36.2%，远低于海合会国家吸引 FDI 占阿拉伯国家 55.4% 的比例。中国全球对外直接投资仅有 0.71% 流入海合会

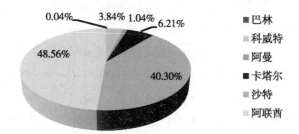

图 4.17　中国对海合会各国的对外直接投资存量在海合会中所占比例（2012 年年末）

国家，也低于海合会吸引全球直接投资约 2% 的比例。因此，中国与海合会国家的相互投资依存度远低于双边对外直接投资的平均水平，未来双边在相互吸引直接投资方面具有较大的增长潜力。

五　战略安全视阈下的中海能源合作

1. 中国的能源需求现状

作为一种战略性资源，石油既是一国经济增长和社会发展的重要物质基础，也是影响全球政治、军事格局和经济秩序的重要商品。多数情况下，作为国家经济安全重要组成部分的能源安全就专指石油安全，常态状况下的重点是石油价格问题，极端状况下的重点是能源稳定供应问题。考虑到中国的资源禀赋，中国能源安全的挑战亦主要集中在石油、天然气供应领域。2014 年 6 月 13 日，习近平总书记主持召开了中央财经领导小组第六次会议，专门研究我国的能源安全战略问题。习近平总书记在讲话中指出，要建立多元供应体系；还原能源商品属性；全方位加强国际合作，实现开放条件下的能源安全。

事实上，直至 20 世纪 80 年代，石油出口一直被作为中国出口创汇的重要手段之一，每年有 1/4 的原油用于出口，出口创汇占外贸总收入的1/4 左右。改革开放以来，随着社会经济的高速发展，中国对石油的需求不断增长。1993 年，中国石油消费开始大于石油生产，成为石油净进口国;[1] 1996 年，中国原油和成品油贸易均出现逆差，中国由此成为完全意义上的石油净进口国（净进口量为 1395 万吨）。[2] 入世后，中国石油需求

---

[1]　倪健民、郭云涛：《能源安全》，浙江大学出版社 2009 年版，第 37 页。

[2]　同上。

进一步增长，从 2003 年至 2012 年，中国石油需求日增长幅度为 50 万桶。2010 年，中国原油进口 2.38 亿吨，对外依存度为 53.8%；[1] 2012 年中国原油进口 2.71 亿吨，对外依存度为 57.0%。[2] 随着中国经济的不断发展，2013 年，中国已成为全球最大的能源消费国和石油进口国，对外依存度达到 58.1%，日进口石油达到 630 万桶（美国日均进口量为 624 万桶）。天然气是除石油之外最重要的能源，也是石油的主要替代品之一。目前，中国天然气对外依存度也由 2008 年的 2% 快速上升到 2013 年的 30%。中国进口天然气的主要方式为液化天然气（简称 LNG）。专家预测，到 2015—2020 年，中国不仅会继续保持世界原油第一大进口国的身份，还有可能成为世界天然气第一大进口国，到 2020 年，中国原油和天然气进口量将分别高达 4.5 亿吨和 1500 亿—1600 亿立方米。[3] 美国能源信息署（EIA）也预计，在 2020 年，中国对进口石油的依赖度将高达 70%，日均进口石油数量达到 920 万桶。当前，中国正处于工业化、城镇化迅速推进过程中，能源安全问题将直接关系到社会经济发展、人民生活质量提高、气候环境变化乃至国家安全。自身能源状况"小牛拉大车"的现象，决定了中国必须从外部寻求稳定的能源供应。

2. 中海能源合作的历史与现状

除石油生产落后于需求的内部因素外，现存国际能源格局是决定中国必须长期从国际市场大量进口石油的主要外因之所在。中东地区地缘位置显要，连接亚、非、欧三大洲，扼东西半球的交通要冲，世界 60% 以上的石油和 25% 的贸易从黑海—地中海—红海—波斯湾—印度洋—马六甲这条海上黄金通道经过。[4] 中东地区蕴藏着丰富的石油资源，是世界石油阀门之一，且这里油层埋藏浅，石油开采成本低于世界平均水平，产出石油油质好，多为经济价值较高的中、轻质油。

中东油气宝库主要集中在海湾地区，特别是海合会成员国（如表

---

① 陈柳钦：《新世纪中国能源安全面临的挑战及其战略应付》，《决策咨询通讯》2011 年第 3 期。

② 中华人民共和国国务院新闻办公室：《中国的能源政策（2012）》白皮书，2012 年 10 月 24 日。

③ 张抗、卢雪梅：《中国石油进出口分析及相关问题探讨》，《国际石油经济》2012 年第 8 期。

④ 高祖贵：《美国与伊斯兰世界》，时事出版社 2005 年版，第10 页。

4.38、表 4.39）。2013 年中国原油进口前 10 位来源国中，沙特、阿曼、阿联酋、科威特分别位居第 1、第 3、第 9、第 10 位，其中：沙特（同时也是全球天然气主要储产国之一）是我国对外能源合作的重点。自 1990 年中沙建交以来，沙特很快成为我国在中东地区最大的石油贸易伙伴；1999 年双方签署石油协议，宣布建立"战略石油伙伴关系"，[①] 中沙战略性能源合作随之进入快车道；2006 年 1 月和 4 月，中沙两国领导人成功实现互访，双方签署了《关于石油、天然气和矿产领域开展合作的议定书》，并就开展能源领域全方位合作，不断完善两国能源对话机制与合作方式，全面提高两国能源合作水平达成共识；2011 年 3 月，中石化与沙美石油公司达成投资 85 亿美元的初步协议，合资兴建加工能力 2000 万吨的延布炼油厂，次年 1 月签署协议，[②] 其对于中沙油气贸易以及延伸双方在石化产业链领域的战略合作具有深远影响；2012 年 4 月，中石化与沙特基础工业公司在天津合资建设中沙（天津）石化有限公司二期项目。此外，沙美公司还与中石油签署了在云南合作建设大型炼油厂的协议。2002 年以来，沙特始终是中国最大的原油供应国，其向中国出口的原油从 2002 年的 1140 万吨增加到 2013 年的 5390 万吨，占 2013 年我国进口原油总量的 19.1%（如表 4.41 所示）。中国与科威特、阿曼、卡塔尔、阿联酋等其他海合会国家成员国的能源合作也取得了一系列成就（如表4.40、表 4.41、表 4.42、表 4.43 所示）：2005 年 3 月，科威特石油公司在北京设立办事处，与中国签署长期原油供应协议，决定逐步增加对华石油出口；2006 年，中科合资在广东南沙建设炼油项目；卡塔尔是全球主要液化气产出国，也是中国最大的海外液化天然气供应方，2008 年 3 月，中国发改委与卡塔尔能源部门签订能源合作备忘录，同年 4 月，中海油与卡塔尔公司签订购买液化天然气的框架协议；2012 年 1 月，中石油与卡塔尔石油、壳牌石油公司达成协议合资建设浙江台州炼化一体化项目；2006 年 3 月，中化集团与阿联酋达成联合开发乌姆盖万海上气田协议；2008 年 11 月，中国石油工程建设公司承建阿布扎比原油管线项目；2010

---

① 根据协议，除上游石油勘探与生产外，沙特向中国开放其国内石油和天然气市场，中国则向沙美石油公司（沙特国家石油公司）开放其下游石油部门，合作建设炼油厂以加工提炼进口的中东原油。

② 刘中民、朱威烈：《中东地区发展报告（2012 年卷）》，时事出版社 2013 年版，第 352—353 页。

年6月，"扬州—海湾阿拉伯国家石油化工产业合作论坛"成功举办。

表4.38　　　　　海合会国家石油原油出口情况（2004—2013年）

（单位：千万美元，%）

国别	2009年			2010年			2011年			2012年			2013年		
	出口总额	占海合会比重	占世界比重	出口总额	占海合会比重	占世界比重	出口总额	占海合会比重	占世界比重	出口总额	占海合会比重	占世界比重	出口总额	占海合会比重	占世界比重
巴林	—	—	—	—	—	—	2.37	0.01%	0.00%	—	—	—	—	—	—
科威特	2965.89	12.10	4.13	—	—	—	—	—	—	4021.02	11.11	3.15	7904.10	18.38	6.10
阿曼	1393.90	5.69	1.94	2082.63	7.04	2.04	2772.34	6.43	2.11	3067.66	8.47	2.41	3208.71	7.46	2.48
卡塔尔	1574.57	6.42	2.19	2019.33	6.82	1.98	2640.43	6.13	2.01	2611.52	7.21	2.05	2487.77	5.79	1.92
沙特	14219.42	58.02	19.81	18943.36	64.01	18.59	28487.60	66.11	21.74	30523.72	84.31	23.93	29399.46	68.37	22.70
阿联酋	4353.54	17.76	6.06	6548.21	22.13	6.43	9193.58	21.33	7.01	—	—	—	—	—	—
海合会	24507.31	100.00	34.14	29593.53	100.00	29.04	43106.32	100.00	32.88	36202.91	100.00	28.38	43000.04	100.00	33.20

数据来源：联合国贸易数据库。HS编码：2709。分类标准：HS2002。

表4.39　　　　　海合会国家天然气出口情况（2004—2013年）

（单位：百万美元，%）

国别	2009年			2010年			2011年			2012年			2013年		
	出口总额	占海合会比重	占世界比重	出口总额	占海合会比重	占世界比重	出口总额	占海合会比重	占世界比重	出口总额	占海合会比重	占世界比重	出口总额	占海合会比重	占世界比重
巴林	0.02	0.00	0.00	0.12	0.00	0.00	0.02	0.00	0.00	0.01	0.00	0.00	—	—	—
科威特	1571.84	5.68	0.77	—	—	—	—	—	—	—	—	—	3764.81	3.95	0.88
阿曼	2497.85	9.03	1.23	2432.18	4.78	0.88	2312.95	2.82	0.62	4215.46	4.64	1.08	4369.09	4.58	1.03
卡塔尔	17246.20	62.33	8.49	41729.74	82.07	15.12	71245.50	86.91	19.10	82640.46	91.02	21.19	87538.39	91.77	20.57
沙特	5252.10	18.98	2.59	7050.62	13.87	2.55	8176.50	9.97	2.19	8155.72	8.98	2.09	7848.99	8.23	1.84
阿联酋	5157.48	18.64	2.54	2030.74	3.99	0.74	2519.94	3.07	0.68	—	—	—	—	—	—
海合会	27667.80	100.00	13.62	50848.80	100.00	18.42	81973.06	100.00	21.97	90797.29	100.00	23.28	95387.38	100.00	22.41

数据来源：联合国贸易数据库。HS编码：2711。分类标准：HS2002。

表4.40　　　　中国自海合会国家原油进口金额情况（2009—2013年）

（单位：千万美元，%）

类项 / 贸易伙伴	2009年进口金额		2010年进口金额		2011年进口金额		2012年进口金额		2013年进口金额	
	金额	占中国当年全球进口的比重	金额	占中国当年全球进口的比重	金额	占中国当年全球进口的比重	金额	占中国当年全球进口的比重	金额	占中国当年全球进口的比重
巴林	—	—	—	—	—	—	—	—	—	—

续表

类项 贸易 伙伴	2009 年进口金额		2010 年进口金额		2011 年进口金额		2012 年进口金额		2013 年进口金额	
	金额	占中国当年全 球进口的比重	金额	占中国当年全 球进口的比重	金额	占中国当年全 球进口的比重	金额	占中国当年全 球进口的比重	金额	占中国当年全 球进口的比重
科威特	286.2	3.21	547.2	4.04	734.4	3.73	841.5	3.81	727.7	3.31
阿曼	499.0	5.59	909.7	6.72	1381.8	7.02	1581.9	7.16	1993.2	9.07
卡塔尔	23.3	0.26	32.3	0.24	58.5	0.30	86.5	0.39	9.9	0.05
沙特	1892.3	21.20	2553.9	18.88	3901.5	19.83	4416.5	20.00	4236.8	19.28
阿联酋	152.7	1.71	310.9	2.30	5951.9	30.25	747.9	3.39	836.7	3.81
海合会	2853.5	31.97	4354.0	32.18	6628.2	33.68	7674.3	34.76	7804.4	35.53

数据来源：联合国贸易数据库。HS 编码：2709。分类标准：HS2002。

表 4.41　　中国自海合会国家原油进口总量情况（2009—2013 年）（单位：吨,%）

类项 贸易 伙伴	2009 年进口总量		2010 年进口总量		2011 年进口总量		2012 年进口总量		2013 年进口总量	
	比重	占中国当年全 球进口的比重	总量	占中国当年全 球进口的比重	总量	占中国当年全 球进口的比重	总量	占中国当年全 球进口的比重	总量	占中国当年全 球进口的比重
巴林	—	—	—	—	—	—	—	—	—	—
科威特	7075507.7	3.47	9830660.0	4.11	9541459.2	3.76	10489792.5	3.87	9343321.1	3.32
阿曼	11738232.8	5.76	15867621.1	6.63	18153209.4	7.15	19566530.9	7.22	25469564.3	9.04
卡塔尔	614822.8	0.30	560176.5	0.23	707012.5	0.28	995638.7	1.06	130750.0	0.05
沙特	41857126.4	20.54	44646861.5	18.66	50278423.9	19.81	53915478.7	19.90	53902874.0	19.13
阿联酋	3307030.9	1.62	5285062.2	2.21	6735182.0	2.65	8743839.2	3.23	10275845.8	3.65
海合会	64592720.6	31.70	76190381.3	31.84	85415286.9	33.66	93711279.9	34.58	99122355.3	35.18

数据来源：联合国贸易数据库。HS 编码：2709。分类标准：HS2002。

表 4.42　　中国自海合会国家天然气进口金额情况（2009—2013 年）

（单位：千万美元,%）

类项 贸易 伙伴	2009 年进口金额		2010 年进口金额		2011 年进口金额		2012 年进口金额		2013 年进口金额	
	金额	占中国当年全 球进口的比重	金额	占中国当年全 球进口的比重	金额	占中国当年全 球进口的比重	金额	占中国当年全 球进口的比重	金额	占中国当年全 球进口的比重
巴林	—	—	2.4	0.38	1.6	0.12	—	—	3.0	0.12
科威特	14.0	4.15	14.5	2.28	46.6	3.47	44.0	2.18	50.2	2.03
阿曼	1.6	0.47	—	—	—	—	5.2	0.26	3.7	0.15
卡塔尔	57.8	17.15	130.3	20.46	284.4	21.16	539.0	26.68	715.7	28.94
沙特	23.8	7.06	27.0	4.24	27.4	2.04	53.6	2.65	47.1	1.90
阿联酋	28.9	8.58	31.4	4.93	54.9	4.09	76.9	3.81	100.7	4.07
海合会	126.1	37.42	205.7	32.31	414.8	30.87	718.8	35.59	920.4	37.22

数据来源：联合国贸易数据库。HS 编码：2711。分类标准：HS2002。

表 4.43　　　中国自海合会国家天然气进口总量情况（2009—2013 年）

（单位：吨，%）

类项 贸易伙伴	2009 年进口总量		2010 年进口总量		2011 年进口总量		2012 年进口总量		2013 年进口总量	
	总量	占中国当年全球进口的比重	总量	占中国当年全球进口的比重	总量	占中国当年全球进口的比重	总量	占中国当年全球进口的比重	总量	占中国当年全球进口的比重
巴林	—	—	31970.4	0.21	16725.1	0.06	—	—	26503.6	0.06
科威特	259093.6	2.67	210841.2	1.39	529192.1	2.03	461878.2	1.36	534915.2	1.26
阿曼	65615.2	0.68	—	—	—	—	63488.5	0.19	44081.9	0.10
卡塔尔	1095211.7	11.30	1907733.7	12.54	3256077.2	12.49	5602835.2	16.45	7752141.2	18.20
沙特	457903.0	4.73	372949.1	2.45	310690.6	1.19	602122.0	1.77	538196.7	1.26
阿联酋	604363.1	6.24	471397.2	3.10	634166.1	2.43	821835.4	2.41	1093042.9	2.57
海合会	2482186.6	25.62	2994891.7	19.69	4746851.1	18.21	7552159.2	22.17	9988881.5	23.45

数据来源：联合国贸易数据库。HS 编码：2711。分类标准：HS2002。

3. 影响中海能源合作的不利因素

首先，从表面上看，海合会国家原油储量和出口量巨大、政局稳定、海运低廉便捷，是中国最大的石油供应国群体，似乎只要保持同沙特、阿曼、科威特等国良好的双边关系，或者在海合会框架内与之保持良好的多边关系，中国就可以稳定地提高自身的能源安全系数。然而，2005 年以来的油源多样化努力实践证明了这种想法的虚幻性。为了锁定几个长期供应国而增加直接进口量，中国领导人积极推动"海湾能源之行"，先后多次访问沙特、阿曼、阿联酋、卡塔尔等国，一再希望增加直接进口原油数量或签订长期的直接购油协议。然而，由于海合会国家的石油勘探和生产长期依赖西方大石油公司，政府所掌控的份额油数量有限，无法满足中国直接购油的愿望，双边石油贸易只有少量是直接进口现货，大部分交易仍必须通过国际期货市场进行。

其次，从原油进口通道角度看，尽管我国已初步形成了东北、西北、西南陆上和海上四大油气通道的战略格局，但是陆上原油进口通道作用还比较有限，主要依靠海上通道。目前，我国海上原油运输路径有三条，[①] 80% 和 38% 的进口原油需要经过马六甲海峡和霍尔木兹海峡，由此对上述地区形成了高度依赖，而我国在这些地区的影响力和控制力还相对

①　中国海上原油运输的三条路径分别：一是中东航线（波斯湾—霍尔木兹海峡—马六甲海峡—台湾海峡—中国内地）；二是非洲航线（北非—直布罗陀海峡—地中海—马六甲海峡—台湾海峡—中国内地）；三是东南亚航线（马六甲海峡—台湾海峡—中国内地）。

较弱。

　　再次，中东海湾地区是名副其实的"火药桶"，宗教冲突、民族矛盾、能源争夺等原因使这一地区战争不断，中东地区的战争曾多次影响国际石油价格。对中东石油的依赖是中国石油进口的潜在风险之所在。

　　最后，由于缺少定价话语权以及其他价格调控能力，我国抵御石油价格上涨和大幅波动的能力比较弱，受影响较大，经济社会发展也因此付出了一定的代价。尽管 21 世纪已经不再是产油国可以单方面决定的"石油政治"时代，产油国和消费国之间存在着相互依赖基础上的利益平衡，但产油国依旧可以利用其拥有的战略资源和粗大的油气管线提高自身话语权重，通过操控原油供应的总量、种类、稳定性以及优惠程度等显示力量。

　　4. 中海能源合作的前景

　　中国十分需要同海合会国家在包括能源领域在内的政治、经济和文化等方面保持长期友好合作关系，海合会也有同中国开展油气合作的迫切愿望。"9·11"事件后，因在反恐问题上的诸多分歧，美国和沙特及其他海合会国家关系明显冷却。而美国也以"9·11"事件为契机，开始寻找能够取代沙特的能源进口替补基地，明显加强了与美洲能源资源国的战略合作，加之近年来美国伴随页岩气革命出现的追求"能源独立"和减弱对海湾石油国依赖的趋势，以及在叙利亚和伊朗问题上与沙特等国分歧明显、政策相左等，也促使以沙特为首的海湾产油国为找到更多、更具市场前景的合作伙伴而加强努力。相形之下，冷战结束以来，中国处理中东事务的政策更趋务实，在中东问题上坚持公平、公正立场，加之拥有潜力巨大的油气消费市场，也使海合会各国十分希望同中国就加强油气勘探、开采、生产、提炼等能源产业各环节全面的合作交往。中海签署的《经济、贸易、投资和技术合作框架协议》，其重点便是确保中国与海合会在能源方面的紧密合作。

　　习近平总书记在 2014 年 6 月 5 日中阿合作论坛第六届部长级会议开幕式的主旨演讲中强调，"一带一路"是互利共赢之路。中国同阿拉伯国家因丝绸之路相知相交，是共建"一带一路"的天然合作伙伴。中阿双方应坚持共商、共建、共享原则，打造中阿利益共同体和命运共同体；既要登高望远，也要脚踏实地，构建"1 + 2 + 3"的合作格局，即：以能源合作为主轴，以基础设施建设、贸易和投资便利化为两翼，以核能、航天卫星、新能源三大高新领域为新的突破口，努力提升中阿务实合作层次。① 与会阿方代表赞同习总书记提出的加强论坛建设、发展阿中战略合作关系的主张，支持中方提出的共建"一带一路"倡议。从空间来看，"新丝绸之路经济带"可分为国内段和国外段两大部分，其中：国际部分的建设运行主要涉及中国和中亚、南亚、中东三个地区，辐射作用还可延伸至欧洲地区。② 中东地区是"一带一路"战略的枢纽地区。能源因素在中国外交战略中的权重增加，中国与中东特别是海合会国家的能源合作也必然是"一带一路"战略的重要支点。③

能源合作虽然只是内容广泛的中海合作的一部分，却对双方国家社会经济可持续发展、国家安全与经济利益维护，乃至全球国际能源体系的稳定运行，具有不容低估的战略意义。新形势下中海能源合作的推进与完善，需要双方加强沟通协调、默契配合，不仅要处理好油气进出口贸易涉及的一系列相关问题，还要有效促进双方在能源领域从勘探、开发、运输、提炼、销售等各环节的相互投资、合作经营到工程和劳务承包等方面的交往与合作，以及将油气合作向清洁可再生能源合作和共同应对气候变化延伸拓展，"走出去"与"请进来"相结合，实行利益置换，扩大利益交汇，实现共赢。

稳定石油与天然气进口已经成为中海 FTA 战略的重要目标之一。中海 FTA 的建立不但会带来海合会对华油气出口规模的增加，也将在一定程度上消除当前存在的"亚洲升水"④ 现象，从而改善我国能源安全状况。

第三节　本章小结

近年来，中海双边经贸发展较快，尽管受到国际金融危机的影响，但

---

① 习近平：《弘扬丝路精神 深化中阿合作——在中阿合作论坛第六届部长级会议开幕式上的讲话（2014 年 6 月 5 日）》，《人民日报》，2014 - 06 - 06。

② 冯宗宪：《中国向欧亚大陆延伸的战略动脉——丝绸之路经济带的区域、线路划分和功能详解》，《人民论坛·学术前沿》2014 年第 4 期。

③ 潘旭明：《"一带一路"战略的支点：中国与中东能源合作》，《阿拉伯世界研究》2013 年第 5 期。

④ "亚洲升水"现象指每桶中东原油销往中国等东北亚地区的价格比销往欧、美地区的价格要高 1—3 美元。

整体的增长趋势仍较为明显。双边在货物贸易、服务贸易以及对外直接投资等领域均实现了较快的增长，从而也奠定了中海FTA谈判发展的经济基础。本章分为两大部分：一方面，系统分析了中国及海合会六国的经贸发展现状，并着重分析了中国与海合会六国在货物贸易、服务贸易、外商直接投资等方面的双边经贸发展情况。分析指出，目前中海双边货物贸易增长最为明显，服务贸易领域和双边直接投资可能成为未来双边合作的新领域；另一方面，从双边关税水平、货物贸易关系、服务贸易关系、投资关系、能源合作等方面分析了中海建立FTA的经济基础。研究认为：第一，在现阶段的中海贸易中，中国在关税结构和关税税率水平上存在明显劣势，一旦中海FTA建立，也将会因此释放出更大的贸易创造效应。第二，从货物贸易角度分析来看，中国与海合会各国的贸易流量并没有达到预期水平，还有待进一步提升，中海FTA的建立，将进一步释放双边的贸易潜力，促进双边贸易的增长，为双边带来更多的贸易福利；而且中海双边经贸发展存在一定的互补性，但双边出口产品的竞争性却不大。第三，从服务贸易角度分析来看，中海双边在服务贸易上均存在较大的提升空间，这也是双边未来合作的重点领域之一。第四，从中海双边投资关系角度分析来看，中国与海合会国家的相互投资依存度远低于双边对外直接投资的平均水平，未来双边在直接投资方面仍有较大的增长潜力。第五，能源合作虽然只是内容广泛的中海合作的一部分，却对双方国家社会经济可持续发展、国家安全与经济利益维护，乃至全球国际能源体系的稳定运行，具有不容低估的战略意义。中海FTA的建立将有利于海合会国家的能源资源为中国经济的持续发展提供源源不断的动力。总之，中海双边存在着良好的经济基础，这也必将使得中海FTA建立后释放出巨大的贸易创造效应。

第五章 中海 FTA 建立的预期效应与成本分析

第一节 中海 FTA 预期效应的理论分析

一 中海 FTA 贸易效应的形成机理

FTA 具有静态与动态两种效应，其中：静态效应主要是 FTA 建成以后带来的贸易创造效应、贸易转移效应；动态效应有规模经济效应、竞争促进效应、投资促进效应等。

根据罗布森（Robertson）对 FTA 福利效应的分析，当 FTA 建成后，由于区域内关税的削减，非关税壁垒的不断消除，使得区域内各国原先的高成本产品被区域内其他各国的产品进口所取代，进而创造了更多的贸易，即 FTA 的贸易创造效应；与此同时，FTA 建成后，还使得贸易更多的由区域外转向区域内，即 FTA 的贸易转移效应——这是 FTA 最主要的两个静态效应。

从 FTA 的动态效应来看，FTA 的建立，使得区域内的关税壁垒与非关税壁垒逐步削弱，进而形成了一个更大的统一市场，市场规模得到了极大的扩展。随着市场规模的扩大，市场分工更加专业化，生产效率得到提高，从而实现了规模经济效应。也正是得益于统一大市场的形成、区域内关税及非关税壁垒的削弱，使得区域内微观主体的竞争更加激烈，各国生产者纷纷采用新技术、降低成本，而由于厂商的技术改进和激烈的市场竞争，使得产品的价格下降，从而增加了消费者的福利。此外，FTA 的建成，还能促进区域内的投资增长，即具有投资促进效应。区域经济一体化理论认为，区域一体化组织成立后，伴随商品、资本及其他要素流动障碍的消除，可以激发区域内成员间相互投资的增加。另外，由于投资壁垒的平均保护水平上升，或外商直接投资的数量受到一国国内市场最初规模限制的放松，从区域外流向区域内的外商直接投资也会增加，更大的市场使FTA 所在区域成为更具吸引力的投资目的地。也有学者从成本角度考虑，认为一旦若干个国家结成稳定和繁荣的贸易区或签订其他经济协定，由于边界更加开放、运输和管理成本更低、并且可能有更廉价的劳动力，外国投资者会增加对这些区域的直接投资，即：由于区域内市场壁垒的不断消除，区域内的投资更加便利化、低成本化，将会有更多的投资者将目光转向 FTA 区域内，FTA 会为各成员国吸引更多的外来投资，进而促进区域内各国经济的发展。

二 中海 FTA 的静态效应分析

FTA 的静态效应主要是贸易创造效应和贸易转移效应，而关税的削减是影响静态效应的最主要因素。在现行关税水平下，关税壁垒的逐步消除将有利于给双边带来更多的福利效应。若建立 FTA 之前各国的关税壁垒较高，那么 FTA 建成后会带来更大的价格下降幅度，进而产生较大的贸易创造效应，若 FTA 区域内各成员国比世界上其他国家的关税壁垒高，则 FTA 建立所产生的贸易创造效应也相对较高。

据 WTO 统计，2012 年中国和海合会的简单平均最惠国关税税率分别为 9.63% 和 5%。若中海 FTA 建成，双边绝大部分产品类别将逐步实现零关税。总体关税水平的逐步下降，将促使双边从对方进口更多本国处于生产劣势的产品，进而替代本国高昂成本的产品生产，促进双边贸易的迅速增长，这就是所谓的贸易创造效应。与此同时，中海 FTA 具有广阔的市场潜力，消费规模巨大。中国经过改革开放以后的经济腾飞，人均可支配收入以及消费水平得到不断提高，而海合会国家拥有丰富的石油美元储备，单一的国民经济体系决定了海合会对外部市场的依赖。因此，中海 FTA 建成后关税的削减，能够为双边带来巨大的贸易创造效应。但需要注意的是，在区域贸易规模增长的同时，贸易转移效应依然存在。若随着区域内关税水平降至零关税，同时对非区域内的国家设置关税壁垒，将会使得区域外原先低成本的产品出口国的产品价格高于区域内高成本的产品生产国的产品价格，出现区域贸易由区域外国家转向区域内国家的情形。

若中海 FTA 建成，随之而来的不仅仅是关税壁垒的消除，更重要的是能够逐步消除非关税壁垒。非关税壁垒在某种程度上已成为当前贸易保护主义的新方式。目前，存在于各国之间的非关税壁垒主要有原产地规则、许可证、技术性贸易壁垒以及海关障碍等。因此，消除非关税壁垒也成为各国进行 FTA 谈判的重要内容之一。据 UNCTAD 研究报告，为应对海关程序所付出的成本相当于贸易总额的 7%—10%，若提升海关通关的便利程度，将能够降低约 25% 的通关成本，同时获得贸易总额 1.75%—2.5% 的收益。[①] 中国与海合会国家之间存在的非关税壁垒主要在原产地规则、许可证以及技术性贸易壁垒等方面。若双边能够在 FTA 谈判过程中逐步消除现存的非关税壁垒，将会进一步促进双边贸易便利化，降低双边贸易的流通成本，增加 FTA 的福利效应。

从比较优势的视角来看，若一国的某类产品具有比较优势，就意味着该国在此产品的生产上具备成本优势。而 FTA 的贸易创造和贸易转移效应主要取决于关税水平以及价格成本两个因素。若区域内各国关税差异越大，贸易创造效应也就越大；若区域内的价格水平相对较低，则贸易转移效应也就越小。就成本而言，若区域内国家均不具有成本优势，FTA 建成以后将会产生贸易创造与贸易转移效应；若区域内双边国家中的一方具备成本优势，那么将不会产生贸易转移效应。正如第四章的分析，在 SITC 分类项下，除第 1 类、第 2 类、第 4 类产品中国和海合会国家都不具有较竞争优势外，中国在第 0 类、第 6 类、第 7 类、第 8 类产品的出口上均具有比较优势，而海合会国家在上述几类产品的出口上并不具备比较优势，因此在这几类商品贸易中，将产生贸易创造效应，而不会产生贸易转移效应。海合会国家在第 3 类产品的出口上具有绝对的比较优势，而中国在该类产品出口上并不具有比较优势，因而针对该类产品的贸易也不会产生贸易转移效应。在第 5 类产品贸易上，中国与海合会均具有微弱的比较竞争优势，不会形成双边强烈的竞争。因此，在中海 FTA 谈判过程中，应该依托双边贸易结构的互补性，积极利用自由贸易带来的贸易创造效应为双边汲取更多的贸易福利。

目前，中国在非约束性合作机制和区域贸易协定中的活动均以经济问题为核心，旨在为中国开放型经济的发展奠定稳定和谐的外部制度环境。加入 FTA 将进一步改善一国的贸易条件从而提高贸易收益。对于贸易条

---

① 中国—东盟紧密合作为双方带来巨大商机［EB/OL］. http：//www. mofcom. gov. cn/article/cx/200503/20050300027383. shtml, 2005 - 03 - 21。

件不断恶化的中国而言，参与区域经济一体化无疑会为其改善贸易条件提供机会。

三　中海 FTA 的动态效应分析

1. 中海 FTA 的建成能够带来规模经济效应

目前，海合会的经济总量已经达到 1.6 万亿美元，中国的经济总量达到 9.3 万亿美元。中海 FTA 一旦建成，将会形成一个拥有近 11 万亿美元总经济规模的庞大市场，进而形成规模经济效应。中海 FTA 的规模经济效应主要由以下三个方面构成：①市场扩张效应。随着统一大市场的形成，会促进生产、技术效率的大幅度提高，进而使价格下降，产量增加，产品市场进一步扩张；②专业分工效应。中海 FTA 建成后，各国将依照比较优势原则来进行生产，这将促进区域内分工的专业化，提高生产效率和投资回报率；③消费者福利效应。随着更大的消费市场的形成，消费者将面临更多的消费选择，其价格水平也将更低，由此可以增加消费者的福利效应。

2. 中海 FTA 的建成能够带来竞争促进效应

无论是中国还是海合会国家，由于市场机制还不够完善，均广泛存在着不完全竞争的市场结构。在建立中海 FTA 后，能够打破区域市场的垄断局面，加剧双边市场竞争，促进企业的规模化生产、专业化生产。由此可见，中海 FTA 将给双边带来正的竞争效应。但通过前文的分析可知，中国与海合会国家的经济贸易结构存在较大的互补性，因而双边在中海 FTA 建成后所得到的竞争效应是有限的。

3. 中海 FTA 的建成能够带来投资促进效应

在中海 FTA 谈判过程中，将会形成一整套的国际条约和协议，使得双边行为均受到法律与制度的约束，从而给双边营造更加稳定的政策环境，有利于吸引外部投资。与此同时，FTA 协议有关投资的条款将使得区域内的投资更加便利化，促使更多的投资者将目光转向 FTA 区域内，从而吸引更多外部资金的流入。此外，随着整体市场规模的扩大，投资市场也随之进一步扩大。从这个意义上看，积极商建 FTA 可以帮助中国进一步扩大利用外资的规模和水平，并促使更多的中国企业到其他成员国投资，成功"走出去"。

第二节　基于贸易比重指数的中海 FTA 的贸易创造效应分析

贸易比重指数是指一国与伙伴国的进口或出口额占各自进口或出口总额的比例。双边贸易比重的变化将影响到两国的贸易创造效益。若双边贸易比重均不断上升，则表明两国经贸合作加强，可能产生更大的贸易创造效应。其计算公式如式 5.1 所示：

$$S_{mn} = \frac{X_{mn}}{X_m} \times 100\%$$
（式 5.1）

其中：S_{mn} 表示两国的贸易比重指数，X_{mn} 表示 m 国与 n 国的贸易额（进口额或出口额），X_m 表示 m 国的贸易额（进口额或出口额）。

一　中海贸易占中国对外贸易的比重

如表 5.1 所示，1999—2013 年间，中国对海合会出口的贸易比重指数从 1999 年的 1.34% 上升到 2013 年的 2.7%，中国对海合会进口的贸易比重指数从 1999 年的 1.2% 上升到 2013 年的 5.42%，尽管受到金融危机的影响，但整体仍呈现较快增长态势。此外，中国从海合会进口的贸易比重明显高于中国对海合会出口的贸易比重，而且增速更快。从图 5.1 也可以看出，中国对海合会进口的贸易比重尽管波动较大，但整体水平要高于中国对海合会的出口，而且上升趋势更加明显。由此说明，在中海贸易中，中国对海合会进口占据的比例更高，以中国自海合会的进口为主。

表 5.1　中海双边贸易在中国进出口贸易中的情况（1999—2013 年）

（单位：亿美元，%）

类项 年份	中国出口总额	中国对海合会出口总额	中国对海合会出口的贸易比重	中国进口总额	中国从海合会进口总额	中国从海合会进口的贸易比重
1999	1949.31	26.12	1.34	1656.99	19.90	1.20
2000	2492.03	36.80	1.48	2250.94	64.43	2.86
2001	2660.98	40.74	1.53	2435.53	56.78	2.33
2002	3255.96	55.53	1.71	2951.70	60.17	2.04
2003	4382.28	80.86	1.85	4127.60	87.90	2.13

续表

类项 年份	中国出口总额	中国对海合会出口总额	中国对海合会出口的贸易比重	中国进口总额	中国从海合会进口总额	中国从海合会进口的贸易比重
2004	5933.26	104.36	1.76	5612.29	142.96	2.55
2005	7619.53	137.64	1.81	6599.53	199.92	3.03
2006	9689.36	183.82	1.90	7914.61	265.62	3.36
2007	12200.60	278.48	2.28	9561.15	302.77	3.17
2008	14306.93	387.42	2.71	11325.62	537.45	4.75
2009	12016.47	312.48	2.60	10055.55	367.14	3.65
2010	15777.64	360.50	2.28	13960.02	564.76	4.05
2011	18983.88	468.68	2.47	17433.95	868.46	4.98
2012	20487.82	543.30	2.65	18181.99	1007.82	5.54
2013	22090.07	596.77	2.70	19499.92	1056.70	5.42

数据来源：联合国商品贸易数据库。

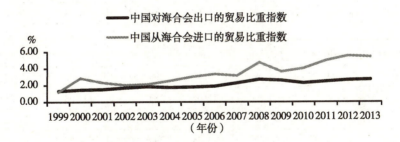

图 5.1　中海贸易比重指数的变化情况（1999—2013 年）

数据来源：联合国商品贸易数据库。

二　中海贸易占海合会国家对外贸易的比重

如表 5.2 所示，1999 年，海合会国家对中国出口仅占海合会出口总额的 0.8%，海合会国家从中国进口占海合会进口总额的 4.31%，随后逐年增长；至 2013 年，海合会国家对中国的出口已占到海合会国家出口总额的 25.24%，海合会国家从中国进口占海合会进口总额的 20.26%。整体来看，1999—2013 年间，海合会对中国的进出口额均呈现快速增长的趋势，尤其是金融危机发生后，中海贸易额占海合会国家对外贸易额的比重快速上升。图 5.2 显示了 1999—2013 年间中海贸易在海合会国家所占比重的上升情况，中海进出口额整体上升较快，占海合会国家的贸易比重也越来越高。随着近年来海合会国家对中国出口总额的快速增长，海合会对中国的出口额所占比重正逐步超过海合会对中国的进口。

表 5.2　　　　中海双边贸易在海合会国家进出口贸易中的情况（1999—2013 年）

（单位：亿美元）

类项 年份	海合会出口总额	海合会对中国出口总额	海合会对中国出口的贸易比重	海合会进口总额	海合会从中国进口总额	海合会从中国进口的贸易比重
1999	1037.55	8.29	0.80	687.32 *	29.60	4.31
2000	1604.94	7.73	0.48	775.11	38.54	4.97
2001	1441.02	8.92	0.62	834.89	43.71	5.23
2002	1651.76	7.41	0.45	990.61	56.16	5.67
2003	2132.27	46.65	2.19	1173.37	70.43	6.00
2004	2848.66	49.81	1.75	1507.68	104.36	6.92
2005	3508.83	166.03	4.73	1686.94	137.64	8.16
2006	4771.13	198.63	4.16	2204.39	183.82	8.34
2007	5346.53	302.77	5.66	2895.47	278.48	9.62
2008	7290.28	537.45	7.37	3847.00	387.42	10.07
2009	4030.74	367.14	9.11	2896.47	312.48	10.79
2010	5769.74	564.76	9.79	2980.55	360.50	12.10
2011	6869.08	868.46	12.64	3837.94	468.68	12.21
2012	5742.56	1007.82	17.55	2144.98	543.30	18.33
2013	4186.25	1056.70	25.24	2945.10	596.77	20.26

数据来源：联合国商品贸易数据库。注：＊表示 1999 年缺失巴林出口总额数据。

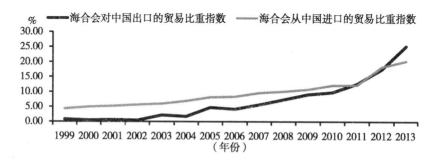

图 5.2　海中贸易比重指数的变化情况（1999—2013 年）

数据来源：联合国商品贸易数据库。

第三节　基于贸易引力模型的中海 FTA 的
贸易创造效应预测

一　引力模型概述

1. 模型应用回顾

在对贸易流量的事后估计中，引力模型被广泛使用。引力模型的基本思想源于牛顿的万有引力定律，最早由经济学家丁伯根（Tinbergen，1962）[①] 提出，并将其应用到国际贸易领域的研究中。在国际区域经济一体化研究领域，艾特肯（Aitken，1973）运用跨部门引力模型对欧盟内部双边贸易进行的估计是早期影响较大的研究成果。由于引力模型计量检验后对现实拟合程度较高，并且能很方便地对各种参数做出经济解释，因此在很长一段时间内被广为使用。有人将引力模型形象地称为"双边贸易流量实证研究的役马（work horse）"。但随着新古典经济学的兴起，反思微观经济学的基础成为经济学研究的主要任务之一，也有学者对引力模型提出了质疑，认为其缺乏经济理论依据，在对贸易效应的研究上没有考虑相关经典理论，如比较优势、禀赋差异等。安德森（Anderson，1979）[②] 对引力模型的经济学理论基础进行了完善。其后，伯格斯特兰德（Bergstrand，1985、1989）在简单的垄断竞争模型框架下利用贸易引力模型从理论上探讨了决定双边贸易的因素；赫尔普曼（Helpman，1987）在具有规模经济的差异产品框架下修正了引力模型；安德森和 Wincoop（2001）在不变替代弹性支出系统的基础上推导出了操作性较强的引力模型，上述研究成果为贸易引力模型提供了理论支持，使其逐渐脱离了长期以来受到"缺乏理论基础"质疑的窘况。国内学者围绕引力模型的应用亦进行了大量的实证研究。李青峰、姜书竹（2002）验证了贸易双方的经济规模、国民收入水平、空间距离和制度安排是影响贸易流量的重要因素；盛斌、廖明忠（2004）运用引力模型对新兴市场经济体的贸易流量因素进行了

[①]　Tinbergen，Jan. 1962. "An Analysis of World Trade Flows," in *Shaping the World Economy*，edited by JanTinbergen. New York，NY：Twentieth Century Fund.

[②]　Anderson，James E，"A Theoretical Foundation for the Gravity Equation"，*American Economic Review*，Vol，69（1），1979，pp. 106 – 116.

检验，并分别从总量和部门层次估计了中国对主要贸易伙伴的出口潜力，得出中国总体上呈现"贸易过度"现象的结论；吴丹（2008）利用东亚10个主要经济体1995—2004年的数据，并利用引力模型对影响东亚进口贸易流量的因素进行了分析，测算了贸易潜力，认为应当加强东亚区域内最终产品市场和区域贸易合作的发展。

目前，引力模型越来越多地被用来衡量区域贸易协定对双边贸易的影响。索拉纳和温特斯（Soloaga & Winters）（1999）分析了20世纪90年代区域经济一体化的影响。皮亚尼和久米（Piani & Kume）（2000）研究了参与优惠贸易安排组织的44个国家之间的双边贸易。卢西恩（Lucian Cermal）（2001）利用引力模型和面板数据研究了发展中国家间建立区域贸易协定对成员国之间贸易产生的影响。国内学者对区域贸易协定制度安排的研究则大部分集中在APEC、ASEAN、东亚和东北亚等区域。

通过对前人文献的梳理可知，随着计量技术的进步，面板数据的分析方法在引力模型中的运用越来越广泛，贸易流量的影响因素也逐步被挖掘出来。本书将利用2004—2013年间中国和其排名前30位的贸易伙伴国以及海合会的贸易面板数据，运用引力模型测度影响中国与上述贸易伙伴贸易量的主要因素，进而预测中国与海合会间的贸易潜力，并提出相关建议。

2. 模型简述

基本的贸易引力模型如式5.2所示：

$$EX_{ij} = A（Y_i Y_j）/D_{ij} \qquad\qquad （式5.2）$$

其中：EX_{ij}为国家i对国家j的出口贸易额；A为常数项；Y_i、Y_j分别为i国和j国的GDP，根据引力模型，GDP越大则贸易流量相应越高；D_{ij}为i国和j国之间的距离，距离的大小反映了贸易成本的高低，通常两国之间距离越大则贸易成本相对越高，从而贸易流量较小，实践中通常用两国首都之间的距离代替。两边取对数后得到线性形式，如式5.3所示：

$$\ln EX_{ijt} = \beta_0 + \beta_1 \ln（Y_{it} Y_{jt}）+ \beta_2 \ln D_{ij} + \varepsilon_{ijt} \qquad （式5.3）$$

上式中，β_0、β_1、β_2分别为回归系数；ε_{ijt}为随机扰动项。随着研究的进一步深入，部分学者发现，贸易双方国内人口的消费水平，即：人均GDP，对贸易流量具有显著影响，随后得到新的基本引力模型，如式5.4所示：

$$\ln EX_{ijt} = \beta_0 + \beta_1 \ln Y_{it} + \beta_2 \ln Y_{jt} + \beta_3 \ln RJ\, Y_{it} +$$
$$\beta_4 \ln RJ\, Y_{jt} + \beta_5 \ln D_{ij} + \varepsilon_{ijt} \qquad (式5.4)$$

上式中，$RJ\, Y_{it}$、$RJ\, Y_{jt}$ 分别为 i 国和 j 国在第 t 年时的人均 GDP，其余变量的含义与式 5.3 相同。随着数据的可得性越来越强和计量方法的进步，越来越多影响贸易流量的因素被挖掘出来，进而成为特定研究目的的控制变量。本书也将引入部分新的解释变量，扩展的引力模型如式 5.5 所示：

$$\ln EX_{ijt} = \beta_0 + \beta_1 \ln Y_{it} + \beta_2 \ln Y_{jt} + \beta_3 \ln RJ\, Y_{it} + \beta_4 \ln RJ\, Y_{jt} +$$
$$\beta_5 \ln D_{ij} + \beta_6 SIM_{ijt} + \beta_7 APEC + \varepsilon_{ijt} \qquad (式5.5)$$

其中：SIM_{ijt} 为两个国家经济规模的相对差异，其计算方法如式 5.6 所示：

$$SIM_{ijt} = 1 - \left(\frac{Y_{it}}{Y_{it} + Y_{it}}\right)^2 - \left(\frac{Y_{jt}}{Y_{it} + Y_{it}}\right)^2 \qquad (式5.6)$$

SIM_{ijt} 的取值介于 0—0.5 之间，越趋近于 0 表明两国经济规模的差异越大，越趋近于 0.5 表明两国经济规模的差异越小。该变量可以有效去除变量间的相互干扰，同时反映出两国贸易结构的相似性，即：该值越大表明两国产业内的可贸易程度越高，越小则说明两国产业间的可贸易程度越低。其余变量的含义与前文所述相同。由于区域贸易安排在贸易流量的决定中发挥了重要作用，加之探索中海 FTA 建立的意义为本书的主要研究目的，为此，本书引入了 APEC 这一虚拟变量来考察区域性贸易安排的作用，当该国在该年度是 APEC 成员时则该虚拟变量取值为 1，反之为 0。本书分别对新的基本模型和扩展模型进行变量回归，以分析新增变量的影响。根据既有研究成果，表 5.3 说明了各解释变量所具有的含义、对因变量的影响机制以及预期符号。

表 5.3　　　　　　　解释变量的含义、预期符号与理论说明

解释变量	含义	预期符号	理论说明
Y_{it}	出口国 i 在 t 年的国内生产总值（亿美元）	+	代表了出口国的经济规模，反映了潜在的出口供给能力；值越大，双边贸易流量越大。
Y_{jt}	进口国 j 在 t 年的国内生产总值（亿美元）	+	代表了进口国的经济规模，反映了潜在的进口需求；值越大，双边贸易流量越大。
$RJ\, Y_{it}$	出口国 i 在 t 年的人均国内生产总值（美元）	+	代表出口国的经济发展水平；值越大，双边贸易流量越大。

解释变量	含义	预期符号	理论说明
RJ Y$_{jt}$	进口国 j 在 t 年的人均国内生产总值（美元）	+	代表了进口国的经济发展水平和购买能力；值越大，对进口商品的数量和种类的需求越多。
D$_{ij}$	国家 i 与国家 j 的首都之间的距离（千米）	−	代表了运输成本的高低；值越大，越阻碍双边贸易流动。
SIM$_{ijt}$	国家 i 与国家 j 的在 t 年时经济规模的相对差异	−	代表了贸易伙伴国之间经济规模的差异；差异越小，当地产品和客户需求越相似，从而贸易流量越大。
APEC	虚拟变量，代表一国在这一年是否为 APEC 成员	+	同属一个组织有优惠的贸易安排，可以提升贸易流量。

二　基于引力模型的中海 FTA 效应研究

1. 数据来源与描述

本书主要研究中国与海合会六国之间的贸易状况。由于海合会国家数目有限，因此笔者选取的样本为 2004—2013 年间中国与前 30 大贸易伙伴和海合会六国之间的贸易数据，其中前 30 大贸易伙伴国家或地区分别为：印度、韩国、美国、新加坡、印尼、马来西亚、泰国、智利、墨西哥、新西兰、澳大利亚、巴基斯坦、日本、俄罗斯、中国香港、德国、英国、菲律宾、意大利、加拿大、荷兰、法国、西班牙、沙特、比利时、巴西、伊朗、越南、南非和芬兰。数据方面，双边贸易数据来自联合国货物贸易数据库；GDP 和人均 GDP 数据分别来自国际货币基金组织（IMF）和世界经济展望（WEO）数据库，并均已按购买力平价以 2004 年为基期折算得出；各国之间的距离来自 www. geobytes. com 的距离计算器；APEC 变量根据 APEC 官网得到。本书最终所选取数据的主要变量的描述性统计如表5.4 所示。计量方法上，本书运用 Stata12.0 统计软件，分别采用固定效应和随机效应的面板模型以及逐步回归的方法来考察影响贸易流量的各个因素。

表 5.4　　　　　　　　本书所选主要变量的描述性统计

变量名称	变量	样本量	均值	标准差	最小值	最大值
贸易量（出口）	lnEX	360	14. 77625	1. 350516	9. 966303	17. 76819
中国 GDP	lnYit	360	11. 51172	0. 337608	10. 93666	11. 9922
伙伴国或地区 GDP	lnYjt	360	9. 071024	1. 362231	5. 745852	13. 02007

变量名称	变量	样本量	均值	标准差	最小值	最大值
中国人均 GDP	lnRJYit	360	8.923401	0.323192	8.371808	9.381573
伙伴国或地区人均 GDP	lnRJYjt	360	10.12236	0.853107	7.90019	11.92045
地理距离	lnDij	360	8.721102	0.617722	6.869014	9.85519
是否为 APEC 成员	APE	360	0.444444	0.497596	0	1
经济规模差异	SIM	360	0.177855	0.132558	0.007166	0.499823

为确保回归数据的平稳性，在正式回归以前，笔者首先对上述主要变量做了单位根检验，检验结果如表 5.5 所示：

表 5.5   **主要变量的单位根检验**

变量	系数	T 值	T 星	P > T
lnTT	−0.1687	−5.794	−2.50123	0.0062
lnYjt	−0.09944	−7.963	−6.93964	0
lnRJYjt	−0.08001	−3.912	−1.61715	0.0529

HO：所检验数据为单位根过程

表 5.5 的检验结果表明，回归方程中主要变量的单位根检验结果均拒绝原假设，即：这些变量均不存在单位根，故变量是平稳的，可直接用于回归。

2. 回归结果与解读

作为参照，本书首先对基本模型做回归，表 5.6 的第一、二列的回归结果显示：无论是在固定效应还是在随机效应模型下，进出口国的国内生产总值、人均国内生产总值以及二者之间的空间距离的系数符号均与预期相符，并且都在较高的水平上显著，所引入的自变量整体上也对因变量作了大部分解释。

表 5.6   **基本方程与扩展方程的回归结果**

变量	基本方程		扩展方程					
	固定效应	随机效应	SIM (fe)	SIM (re)	APEC (fe)	APEC (re)	ALL (fe)	ALL (re)
lnYit	1.20 ***	2.52 ***	1.16 ***	2.48 ***	1.20 ***	2.62 ***	1.16 ***	2.59 ***
	(7.753)	(7.985)	(7.752)	(7.985)	(7.753)	(8.016)	(7.752)	(8.020)

续表

	基本方程		扩展方程					
lnYjt	1.617 ***	1.186 ***	1.667 ***	1.217 ***	1.617 ***	1.134 ***	1.667 ***	1.159 ***
	(0.124)	(0.0891)	(0.134)	(0.0998)	(0.124)	(0.0853)	(0.134)	(0.0961)
lnRJYit	4.26 ***	5.77 ***	4.17 ***	5.70 ***	4.26 ***	5.89 ***	4.17 ***	5.83 ***
	(8.103)	(8.345)	(8.103)	(8.345)	(8.103)	(8.377)	(8.103)	(8.382)
lnRJYjt	0.00178	0.225 **	−0.0114	0.219 **	0.00178	0.263 **	−0.0114	0.258 **
	(0.132)	(0.109)	(0.133)	(0.109)	(0.132)	(0.106)	(0.133)	(0.107)
Constant	333.0 ***	352.0 ***	332.6 ***	351.7 ***	333.0 ***	350.6 ***	332.6 ***	350.4 ***
	(52.81)	(54.40)	(52.81)	(54.40)	(52.81)	(54.61)	(52.81)	(54.63)
lnDij		−0.877 ***		−0.877 ***		−0.656 **		−0.656 **
		(0.291)		(0.293)		(0.278)		(0.280)
APEC		−0.460				0.896 ***		0.894 **
		(0.448)				(0.346)		(0.347)
SIM				−0.281			−0.460	−0.249
				(0.457)			(0.448)	(0.458)
观测值	360	360	360	360	360	360	360	360
R²	0.917		0.917		0.917		0.917	

注：括号内为标准差，***、** 分别表示在 1% 和 5% 水平上显著。

　　为确定样本数据究竟是应当采用固定效应模型还是随机效应模型，对引入所有变量的固定效应和随机效应的回归结果进行 Hausman 检验。检验结果拒绝原假设，表明解释变量与随机扰动项相关，因而在估计本书的模型时，固定效应模型的效果更好。第 1、第 2 列为仅引入基本变量时分别采用固定效应和随机效应回归的结果；第 3、第 4 列为加入 SIM 变量后的固定效应和随机效应的回归结果；第 5、第 6 列为加入 APEC 变量时的固定效应和随机效应的回归结果；最后两列为加入所有变量以后分别采用固定效应和随机效应回归的结果。

　　进一步分析以上回归结果，可以得到如下结论：

　　（1）以上各回归中，本国和伙伴国国内生产总值的回归系数显著为正，表明中国同其贸易伙伴国之间的贸易流量与二者的经济规模呈正相关关系，符合前文预期。根据前文的 Hausman 检验结果，主要分析固定效应回归的结果发现，两国之间的贸易流量对进口国的经济规模更加敏感，系数为 1.667。

（2）人均国内生产总值的回归系数显著为正，表明一国居民消费水平越高，其与伙伴国之间的贸易流量越大，与前文预期相符合。为验证人口因素在贸易流量中的作用，本书用人口数量替代两国的人均国内生产总值后的回归结果显示，人口数量对贸易流量影响的方向为负，表明人口数量的增加并未增加国际贸易流量，可能的解释为人口的增加使得国内的分工进一步深化，从而减少了两国之间的贸易流量。

（3）两个国家首都之间距离的回归系数显著为负，表明两国之间的距离越大，导致二者之间贸易的成本和阻力增加，与前文的预期相符。说明空间距离增大将导致运输成本的上升，加之两国之间的文化差异，使得两国之间的距离每增加 1 个百分点，双边的贸易流量就会相应减少 0.66 个百分点到 0.88 个百分点。

（4）虚拟变量 APEC 的回归系数总体来说为正，且在 1% 的水平上显著，表明区域制度安排对双边的贸易流量起到了促进作用。尽管 APEC 作为一个较为松散的一体化组织，但它包含了世界上最大的几个经济体（美国、中国以及日本），再加上其他的成员国，使其占到了超过世界一半的经济总量。回归结果表明，区域性贸易组织的建立在促进国家之间的贸易中发挥了积极作用，从而证明了区域性贸易协作在贸易过程中的促进作用。

（5）SIM 的回归系数一直为负，虽然并不显著，但也说明，如果两国经济规模的差异越小，其贸易流量相对越低，与预期相悖，笔者认为可能的原因是经济规模差异越小的国家的产品越相似，导致二者间的贸易品需求较低。

三　中国与海合会六国之间的贸易潜力测算

运用以上回归结果，通过引力模型对国家间的潜在贸易流量进行估算，对一国贸易政策方向具有启示意义。具体做法是，将 2013 年海合会六国与中国的数据带入方程 6 计算得出潜在或自然状态下的贸易额后将其与 2013 年的实际贸易额做比较，如果潜在贸易值大于实际贸易值，表明两国之间还有一定的贸易潜力尚待挖掘，反之则说明两国之间的贸易可能过度。借鉴李青峰和姜书竹（2002）对贸易潜力的划分标准，本书将实际贸易额与潜在贸易额的比重划分为 3 类，即：潜力再造型、潜力开拓型和潜力巨大型。具体划分标准如下：当实际双边贸易流量与潜在贸易流量的比值大于 1.2 时，称为潜力再造型，在这种情况下，贸易伙伴之间的潜力基本用完，需要重新发掘和培育其他促进贸易发展的因素；当这一比值处在 0.8—1.2 之间时，则为潜力开拓型，此时贸易伙伴间的双边贸易潜力还有一定的扩大空间，需要密切关注应如何促进贸易发展，以开发剩余的贸易空间；当实际贸易流量与潜在贸易流量的比值小于或等于 0.8 时，为潜力巨大型，此时两国之间可能存在较为严重的贸易壁垒，消除双边贸易障碍为当务之急。

潜在贸易流量的计算方式如式 5.7 所示，代入 2013 年的数据得到中国与海合六国之间的实际贸易额与潜在贸易额比值的情况，如表 5.7 所示：

$$ATT = EXP\ (\beta_0 + \beta_1 \ln Y_{it} + \beta_2 \ln Y_{jt} + \beta_3 \ln RJ\,Y_{it} + \beta_4 \ln RJ\,Y_{jt} +$$
$$\beta_5 \ln D_{ij} + \beta_6 SIM_{ijt} + \beta_7 APEC) \qquad (式 5.7)$$

表 5.7　　　　　中国与海合会六国的贸易实际值（对数值）、
潜力值（对数值）及其比值

类项 贸易国家	实际值（万美元）	潜在值（万美元）	实际值/潜在值
阿联酋	3341129.50	996516.00	3.35
阿曼	190084.40	210139.81	0.90
巴林	123892.90	65968.32	1.88
卡塔尔	171090.80	575712.57	0.30
科威特	267550.90	432687.10	0.62
沙特阿拉伯	1873981.40	2762042.36	0.68

分析表 5.7 的结果可以得到以下结论：中国对阿联酋和巴林的贸易规模已经较大，其贸易流量的实际值与潜在值之比均大于 1.2，表明中国与上述两个国家之间的贸易已经得到较好的开发，属于潜力再造型，中国应当在保持现有贸易量的同时，注重开发新的贸易增长点，调整贸易产品结构和模式，稳定出口贸易发展；中国对阿曼一国的贸易实际值与潜在值的比重在 0.8—1.2 之间，属于潜力开拓型，中国应当借鉴针对潜力再造型国家的做法，进一步拓展贸易规模；中国对卡塔尔、科威特和沙特阿拉伯三个国家的贸易流量实际值与潜在值的比重均小于 0.8，其中卡塔尔仅为 0.3 左右，因此中国与上述三个国家之间的贸易量不足，尚有较大开发空间，属于潜力巨大型，中国应探索破除现有贸易壁垒，促使贸易流量迅速

增长。考虑到海合会六国为一个整体，而 FTA 的建设对消除贸易壁垒能起到关键作用，因此，可以探索进一步加快中海 FTA 建设进程，从而提升中国对海合会六国的贸易流量便显得尤为重要。

第四节　基于 GTAP 模型的中海 FTA 的效应分析

一　GTAP 模型的基本情况

有关 FTA 经济效应的实证研究大致可分为两类：一是事前模拟，二是事后评估。事前模拟主要利用可计算一般均衡模型（Computable General Equilibrium，CGE 模型），目前应用较广的是全球贸易分析项目，即 GTAP 模型（Global Trade Analysis Project，GTAP 模型）。

GTAP 模型是以新古典经济理论为基础而设计的，可用于多国多部门研究分析的一般均衡模型。目前已被广泛应用于贸易政策的应用研究之中。在 GTAP 模型的应用中，首先是建立了各个国家或地区的生产、消费、政府支出等方面的子模型，然后再以国际间的商品贸易为线索，连接各个子模型，进而形成多国多部门的一般均衡模型。在模型架构中，可以进行政策仿真研究，探讨某个政策对各国国内生产总值、对外贸易、要素报酬、商品价格及社会福利水平变化等方面的影响。由于 GTAP 模型考虑到国际贸易带来的各种可能影响，并建立起了一般均衡的分析框架，因此该模型能够灵活地分析关税削减、地区贸易安排引起的国际贸易价格和数量的变化，以及由此产生的各国福利的变化，从而为贸易政策制度变化的分析提供了一个良好的分析工具。[①] 目前，世界主要经济组织都广泛应用 GTAP 模型进行国际贸易领域的政策分析。利用 GTAP 模型，国内学者已对中国—东盟、中—韩（国）、中—智（利）、中国—南部非洲关税同盟、中—澳（大利亚）等 FTA 的经济效应进行了广泛、深入的研究。

在 GTAP 模型中，可采用比较静态分析方法评估贸易政策调整带来的影响，即：将市场条件下的某种政策方案组合作为对已有市场均衡的最初"冲击"，然后求解因政策实施后在世界经济体系下产生的新的均衡，而

---

① 胡宗义、刘亦文：《金融危机背景下贸易壁垒对中国影响的动态 CGE 分析》，《国际贸易问题》2010 年第 8 期。

新旧均衡之间存在的差异正是"冲击"带来的影响效果。在此模型架构中进行政策仿真时，可以同时探讨政策调整对各国各部门 GDP、进出口、产业部门及社会福利水平产生的影响（Hertel，1997）。[1]

评估 FTA 的经济效应时，GTAP 模型的一般逻辑路径如下：假设关税和非关税措施的取消将引起成员国之间以及成员国与非成员国之间贸易流向和流量的变化，由此将导致国内相关贸易部门产出的变化，并影响到关联产业的产出；而上述部门间产出变化的差异将进一步诱发资源在国内各产业间的重新配置，引致成员国经济均衡状态的改变，即：与 FTA 达成前相比，成员国在经济总量、贸易、福利以及产业部门的产出等方面均会发生改变。

GTAP 模型包括两个主要组成部分：模型主程序和模型数据库。模型主程序根据新古典经济理论设定一些相关方程，可进行模拟运算；模型数据库详细记载了国际贸易相关产品的生产情况，提供了各个国家或地区经济运行的主要数据以及进出口贸易数据，为主程序的运行提供了数据支持。GTAP8.01 软件覆盖了全球 134 个国家/地区以及 57 个产业部门，其中：各个国家都形成了独立的 CGE 模型，包含了生产、消费、投资以及政府支出等方面，并假设市场是完全竞争的、生产成本最小化、生产规模报酬不变、消费者效用最大化、全部产品和投入要素出清、每种产品的生产采用嵌套的常系数替代弹性方程、中间投入品是由国（区）内与国（区）外产品通过常系数替代弹性方程复合而成；每个模型组件都集成了协同因素变量方程和公式；通过双边与多边的贸易连接与均衡，GTAP 模型最终形成了一个全球一般均衡模型。

毋庸讳言，GTAP 模型还存在一些不足，会导致 GTAP 模型的模拟结果同 FTA 的实际经济效应存在一定程度的差距：①由于模型使用本身需要假定市场完全竞争、充分就业，且生产的规模报酬不变，这显然与现实经济情况不符；②模型仅仅计算了基于货物贸易自由化所带来的经济效应，未考虑服务贸易和投资所带来的经济效应；③运用 GTAP 模型进行一般均衡分析时，并未考虑到一国经济增长也是构成生产率提高的因素之所在，未考虑到 FTA 协定成员国之间也会相互采取各种贸易保护机制，例

---

[1]　Hertel, T. W., *Global Trade Analysis Modeling and Applications*, University Press, 1997, New York.

如：限制贸易自由化的范围、缩小市场准入的范围、采取严格复杂的原产地规则等，上述情况也和客观经济情况存在差异；④GTAP 数据库的更新周期较长，自 1993 年开发至今，约每两年更新一次，累计开发了 8 个版本的数据库资料。

二　本书利用 GTAP 模型的研究思路与情景设定

本书仅从取消关税的角度对中海 FTA 协定的经济效应进行模拟。本书选取中海 FTA 为研究对象，使用 GTAP8.01 软件版，基期为 2007 年进行模拟分析。通过模拟分析，本书主要回答以下两个问题：（1）是否具有充足的利益驱动使中海 FTA 各成员国实现互利共赢？（2）建立中海 FTA 对相关产业将产生哪些影响？

根据当前我国区域经济合作的进展情况，模型假设中海 FTA 将于 2016 年完全建成。为了提高模拟结果的预测精度，本书将利用 Walmsley 递归动态法将 GTAP AggV 8.01 数据库中各国的 GDP、人口、熟练劳动力、非熟练劳动力、自然禀赋等的变化由 2007 年升级到 2016 年，并以此为新的基准年份进行政策模拟。有关 GTAP 模型的求解，本书将采用 RunGTAP 软件，该软件亦由普渡大学全球贸易研究中心开发。

本书将 GTAP 数据库中的 134 个国家/地区分为中国、海合会国家、欧盟、东盟、美国、日本、韩国、中国港澳台地区、印度和其他国家与地区（ROW）等；在部门划分上，GTAP 数据库的商品分类主要根据 SITC 的分类标准进行分类，本书借用上述标准，且重点突出石油化工行业，将具体的产业部门分为 6 个，依次为：（1）农产品与食品；（2）石油化工；（3）纺织服装；（4）机电产品；（5）其他制造业；（6）服务业等。

三　运用 GTAP 的模拟分析与分析结果

由于建立 FTA 将带来关税和非关税壁垒的削减和消除，FTA 区域内的贸易自由化会使成员国之间的进出口规模得以扩大。为了简化分析，研究中不区分 FTA 建设中的不同阶段。从经济学意义上讲，关税是一种外生政策变量，关税的变化是政府调控经济，特别是国际贸易的重要手段之一。某国某种商品进口关税的变化，会通过价格和优化条件传导到其他进口品及本国产品，并对生产、消费、投资、储蓄和要素的使用等变量产生影响，继而产生替代效应和财富效应等。

　　从中海目前各自已建立的 FTA 来看，二者一般都会根据自身国内产业发展的实际情况，选择不同产业确定为敏感产业作为例外安排。这些敏感产业具有一定的特殊性，需要较长的期限进行降税，且最终税率不能为零，而是要保留在一定的关税水平上。① 根据当前中海产业的竞争力现状，本书将石化产业作为海合会的敏感产业。本书认为，中海 FTA 谈判可能达成以下三种不同的降税方案：（1）除石油化工商品关税保持不变外，其他商品关税均降为零；（2）石油化工商品的平均关税一律减半，其他商品关税均降为零；（3）所有商品的关税均降为零。上述三个方案依贸易自由化程度渐次提升，但综合考虑各方因素，本书认为，方案二相对接近中海 FTA 最终可能实现的谈判结果，因而本书的政策模拟亦采用方案二。

　　表 5.8 表明了经过 GTAP 模型模拟后得到的中海 FTA 建立前后，中海FTA 各成员国和世界其他地区的 GDP、进出口总量②和贸易条件的变化情况。对于绝大多数成员国而言，其 GDP、进出口和贸易条件都会出现不同程度的变化。出口方面，中国、海合会的出口都有了不同程度的增长，中国的增长超过了 8.62%，是东亚区域中出口增长最显著的地区；在进口方面，中国、海合会的进口也呈现较大幅度的增长。但其他的国家/地区在 GDP、进出口和贸易条件方面出现比基期下降的情况，这应该是贸易转移效应所致。

表 5.8　　　　　　　　　中海 FTA 建立前后关税削减导致的

各国/地区宏观经济变化情况　　　　　（单位:%）

国家/地区	GDP 变化率	出口变化率	进口变化率	贸易条件变化率
中国	0.02	8.62	10.06	1.01
海合会	0.05	10.27	9.08	1.45
欧盟	−0.03	−0.83	−0.03	−0.63
东盟	0.01	0.91	0.71	0.51
美国	0.01	0.66	0.81	0.94

　　① 崔奇峰：《中国—东盟自由贸易区建立的经济影响分析》，博士学位论文，南京农业大学。

　　② 在表 5.8 中需要特殊说明的是，由于 GTAP 数据库的统计方法与中国国内统计方法存在差异，中国的贸易平衡无论是在基期还是在模拟期都处于逆差状态，但这并不影响模型中对对外贸易量变化的分析。

续表

国家/地区	GDP 变化率	出口变化率	进口变化率	贸易条件变化率
日本	0.02	1.01	0.72	1.12
韩国	0.02	0.82	1.01	0.75
中国港澳台地区	-0.02	-1.32	-0.02	-0.72
印度	-0.07	-3.01	-1.04	-0.93
ROW	0.01	0.61	0.42	0.58

数据来源：根据 GTAP 模型模拟结果。

表 5.9 和表 5.10 给出了中海 FTA 对中国和海合会国家产出、进出口及贸易条件的行业部门影响的模拟结果。如前所述，中海 FTA 对中国和海合会国家的对外贸易具有积极的影响，但具体到各个行业部门，情况仍存在差异。

从部门产出情况看，中海 FTA 的建立将影响中国石油化工行业出现小幅萎缩，产出平均下降 0.10%，其他行业基本上都有所扩张，其中以纺织服装业的扩张幅度最大，达到 0.23%。相对中国而言，中海 FTA 对海合会国家行业产出的冲击幅度要更大一些。海合会国家受冲击较大的行业部门是农产品和食品、纺织服装、机电产品，受益行业则主要集中在石油化工行业，行业产出平均增幅达到 0.59%。

从行业部门进出口的变化率来看，中海 FTA 大大促进了各行业部门的双边贸易，其中：中国出口增幅较大的行业部门包括纺织服装、机电产品、服务业、农产品和食品，进口增幅较大的行业部门是石油化工；海合会出口增幅较大的行业部门是石油化工，进口增幅较大的行业部门是纺织服装与机电产品。

表 5.9　中海 FTA 建立后关税削减对中国产出和对外贸易的部门影响分析

（单位：%）

商品部门	产出变化率	出口变化率	进口变化率	贸易条件变化率
农产品与食品	0.12	9.62	2.06	0.61
石油化工	-0.10	-7.27	12.08	1.45
纺织服装	0.23	11.64	7.81	0.92
机电产品	0.16	10.81	4.72	0.72
其他制造业	0.11	9.12	9.01	0.58

续表

商品部门	产出变化率	出口变化率	进口变化率	贸易条件变化率
服务业	0.07	10.01	10.04	1.03

数据来源：根据 GTAP 模型模拟结果。

表 5.10　　　　　中海 FTA 建立后关税削减对海合会产出和
对外贸易的部门影响分析　　　　　（单位:%）

商品部门	产出变化率	出口变化率	进口变化率	贸易条件变化率
农产品与食品	−0.11	3.42	9.06	0.81
石油化工	0.59	10.97	0.08	1.76
纺织服装	−0.23	7.54	10.81	0.83
机电产品	0.27	6.87	10.70	0.62
其他制造业	0.34	9.01	9.85	0.54
服务业	0.54	7.81	8.02	0.63

数据来源：根据 GTAP 模型模拟结果。

由 GTAP 模型模拟结果可知，总体而言，中海 FTA 建设利大于弊。全面提升与海合会的经济合作水平，可有效保障中国在中东地区的政治与经济利益。海合会是中国重要的贸易伙伴，中海 FTA 的建设将使双方在能源领域继续深化合作，通过以市场换资源的方式，使我国获得相对稳定的能源供应，使海合会国家获得稳定的市场。然而，中国的原油进口地缘优势远弱于美国，中国近邻日本油气资源也严重短缺，上述两国都会与中国在针对海合会国家的能源竞争中"遭遇"。从海合会国家角度看，发展非石化产业、增加非油气出口以降低国家经济对原油出口的依赖是海合会内部产油国几十年来为之奋斗的目标。海合会积极参与建立 FTA 的主要动机之一就是通过 FTA 安排增加石化产品的出口。石油化工产品是海合会能从 FTA 关税减免中获益的为数不多的商品。中方应充分理解海方的处境与愿望，借助 FTA 谈判搭建起能源外交的平台，为我国企业与海合会国家石化行业进行合资合作创造条件、提供便利。

第五节　建立中海 FTA 的非传统收益分析

如前所述，新区域主义理论认为，建立 FTA 具有保持政策的连贯性、提高政府信誉、向外部发信号、提供保险、提高讨价还价能力、建立协调一致的机制、改善成员国安全及其他一系列非传统收益。本书针对中海 FTA 建立之后可能产生的非传统收益分析如下：

1. 有利于国家对外宣传，促进开放政策的连贯性

中国经济的快速发展改变着现有的世界经济与政治格局，各利益攸关方既将此视为发展机遇，却也热衷于探寻中国崛起对西方国家及整个世界的含义，甚至将其政治化，使中国面临越来越大的国际压力。同样，由于地处局势动荡频繁的海湾地区，且多为君主制国家，国际社会对海合会国家也有一些异样的看法。区域经济组织是上述二者宣传和谐世界理念和增信释疑的主要渠道，通过建立 FTA 能够向外界传达双边国家愿意加强区域经济合作、深化对外开放的信号，非常适合一国的政策宣示与公共外交，有利于营造和平发展的国际政治环境。中国与海合会建立 FTA 表明，双边均愿意扩大对外开放，积极参与到区域合作中去。而通过建立 FTA，还能够传递双边和平发展、具备开放的政策和外贸条件的信号，能够进一步繁荣贸易、吸引外部投资。

对中国而言，中海 FTA 的建立还将有助于进一步推动国内的改革开放进程。尽管我国的政治体制改革进展缓慢，政策的制定与实施存在着不可预见性，但是通过签署 FTA 协定，能够有效保障我国国内改革及对外开放政策的持续性和稳定性。同样，对于海合会国家而言，海合会国家大多属于君主制国家，通过建立 FTA，可以为本国的经济政治改革带来外部的强制约束力，也将有利于海合会国家形成稳定的国内外经贸政策。

2. 为双边经贸发展提供更好的制度环境

中国及海合会国家之间建立 FTA，首先能够为双边带来贸易的互惠，进而降低对外部市场的依赖性，提高自身发展的自主性。随着中海 FTA 的建成，双边贸易壁垒将逐步消除，关税下降至零，由此将形成一个较大的区域市场，并形成巨大的贸易创造效应，从而减少对欧美等国家的依赖性，保障本国经济的稳定快速发展。此外，中海 FTA 还能为双方带来更强的抵御经济波动和金融危机的能力。伴随着经济全球化的逐渐深入，在危机面前，任何一国都难以独善其身。中国、海合会国家与欧美等主要发达国家的经贸关系紧密，很容易受到其不利影响。通过建立中海 FTA，将整体提高双边防范全球金融危机的能力，增强双边抵御经济波动的能力，为双边经济发展提供一个稳定的外部发展环境，共同维护好本国的经济权益。

石油供需缺口不断扩大、对外依存度上升、海外收购遭遇阻力、大宗商品定价权近乎崩溃，我国面临的能源形势不容乐观。上述问题在单边贸易自由化和多边贸易体制内难以解决，在双边区域经济协定内就相对容易解决。与海合会国家达成深层次的 FTA 协定，能够为双边带来稳定的能源战略合作机制，既能够保障我国经济快速发展的能源需求，提高中国能源的供给安全，同时也能够给海合会国家带来稳定的石油收入。

此外，FTA 协定还将为中国企业拓展对外投资提供一个稳定的平台。目前中国参与的非约束性区域合作都包含有投资方面的内容，这些双边或区域投资合作机制可以减少不合理限制和管制，为中国企业对外投资提供制度性保障，确保企业在公平、稳定的环境中生产经营，最大限度地防范和降低境外投资风险。

3. 提高双边在处理国际经济事务中的地位和谈判能力

当今国际经济新秩序下，规则的制定已转变为以区域集团为竞争单位，单个国家在这种规则操作下的国际市场中，其讨价还价的能力是非常有限的，对于在国际政治经济关系中处于从属地位的发展中国家更是如此。通过建立 FTA，各国在国际事务中将形成更多一致性意见，有利于使参与 FTA 的各国形成一个统一体参与到国际事务的谈判中，极大地提升双边在国际事务中的地位和谈判能力。2013 年，海合会国家的经济规模达到了 15841.19 亿美元，而中国的经济规模达到了 90203.1 亿美元，已成为全球第二大经济体。伴随中海 FTA 的建立，将形成一个超 10 万亿美元的经济体。一般而言，经济规模是影响国际经济规则制定的重要基础，中海 FTA 的建立能够促使双方形成广泛的利益共同点，有利于双边在国际问题上达成共识，进而提升双边在国际事务中的话语权。与此同时，中国签署 FTA 协定的前提就是承认中国市场经济地位，中国也正在利用区域经济一体化的途径解决"非市场经济国家"的问题。

4. 通过双边协调机制，为成员国带来利益

FTA 建立的重要作用之一就是通过建立协调一致的机制，为区域内成员国带来更多的利益。一般而言，建立 FTA 能够提高一国整体的福利水平，但这并不意味着自由贸易对所有产业都有利，因此需要发挥协调机制的作用，使支持双边自由贸易的产业或团体组织起来，进而促进更大福利效应的取得。中国和海合会国家建立 FTA 也将使得一部分产业或团体受损，但 FTA 协定所产生的协调促进作用，将使得自由贸易政策能够在

FTA 协定框架下正常运转，同时也使得双边具有争议性的问题能够在 FTA 框架下得到协商解决，例如：中国及海合会国家在中东事务上的争议便可通过相互的协商，进而避免由于双方的冲突而导致政治经济合作的中止，从而实现中国和海合会国家间的互利双赢。

5. 改善双边的国际安全环境

中海 FTA 的建立，一方面能够增强双边的相互信任关系，加强双边的政治军事合作，尤其是在反恐问题上的合作，有助于改善双边的安全形势；另一方面，能够有效增强各成员国自身捍卫和平发展的力量，摆脱霸权主义的控制。海湾地区历来地理位置优越，又拥有丰富的石油天然气资源，是欧美大国关注的焦点地区，其军事势力早已渗透到中东大部分国家，使这些国家的独立性受到影响，也不利于该地区的和平与稳定。作为最大的发展中国家，中国也受到了以美国为首的部分国家的挤压。阿富汗战争之后，随着阿富汗和巴基斯坦局势的变化，反对恐怖势力、分裂势力和极端势力对于中国而言具有更为突出的意义，非传统安全成为中国在海湾地区新的国家利益。沙特是伊斯兰世界有影响力的大国，与巴基斯坦关系密切，与沙特的合作对于中国应对非传统安全威胁具有特别重要的意义。中海通过建立双边 FTA，能够为双边国家的独立性提供良好的保障，为双边发展提供一个稳定安全的地区环境。

6. 获取政治以及其他收益

FTA 的建立能够密切双边经贸往来关系，同时也能增强双边的政治合作关系，使成员国获得地缘政治利益。对中国而言，所谓地缘政治利益包括四个方面的内容：该地区不被某一大国单独控制、该地区国家不出现反华政权、该地区国家政府不支持台湾"独立"或其他中国分裂势力、在可能的情况下配合中国总体的外交战略。建立中海 FTA，能够进一步增强双方的政治互利互信，进而有利于双方在国际政治事务中的有效合作，例如：中国给予海合会在对中东地区事务处理上的支持，海合会国家给予中国对西藏、台湾、东海、南海等事务处理上的支持，进而实现双方的互利共赢。此外，中海 FTA 的建立还可以带来双边在民生、人权、民主、文化等多方面广泛的合作交流，强化中国与海合会各国在环境保护、缉毒、反恐、疾病控制等非传统安全领域的合作。

综上所述，中海 FTA 的建立能够给双边带来广泛的非传统收益，不仅能够向外界传递区域合作、和平发展的信号，促进双边国内改革及对外

开放政策的连续性，提高双边政府的国际信誉，为双边带来贸易互惠，进
而减少对外部的依赖，提高抵御经济波动和金融危机的能力，同时也能够
为双边提供一个协调机制，包括促进自由贸易和处理国际事务争端，并能
有效地改善双边的国际安全环境，促进双边政治合作进程，进而增强双边
在国际政治事务处理上的相互支持。

第六节　建立中海 FTA 的预期成本分析

1979 年，克鲁格曼通过新张伯伦模型证明，对于贸易自由化带来的
经济调整成本，产业间贸易承受的经济调整之痛要远远高于产业内贸易参
与区域合作的成本。[①] 参与区域经济一体化犹如一把双刃剑，在获得经济
和非经济利益的同时，也将付出一定的成本和代价，主要包括实施区域协
定后，因来自贸易伙伴竞争压力而产生的调整成本和协调成本。

一　调整成本

调整成本是制度变迁过程中从一种状态向另一种状态转移所产生的广
泛的、短期的、潜在的不利后果，或者也可以被狭义地界定为是资源从一
个部门向另一个部门转移的成本，包括社会成本和私人成本两个层面，主
要是劳动力市场、资本市场以及其他要素市场的调整成本。区域经济一体
化涉及的范围越广，其调整成本可能越大，协调各利益集团的成本也就
越高。

中海 FTA 建立后，中国可能要承受较大的经济调整成本。其原因是：
海合会对华出口的比较优势货物商品主要为石油产品、有机化学物、肥料
和初级形态塑料等，上述商品属于易于在共同市场中形成垄断的产品，中
海 FTA 的建立势必会引致海合会对华石化产品出口规模的大幅扩大，中
国的基础化工和塑料加工业将会遭受巨大冲击。而以上两个经济部门对我
国又十分重要，我国将会因此承受较大的经济调整成本压力。为此，在当
前的中海 FTA 谈判中，我国应将海合会对华原油、天然气出口定价问题

---

　　① 　Paul R. Krugman, "Increasing Return, Monopolistic Competition, and International Trade", *Journal of International Economics*, November 1979, Vol. 9, No. 4, pp. 469 – 479.

纳入到重要谈判议题。①

　　相比之下，从海合会国家角度看，中海 FTA 建立后，其所承受的经济调整成本相对较小。原因在于：中国向海合会出口的产品以劳动密集型轻工业产品为主，而该类产品属于难以在共同市场中形成垄断的货物商品，且随着近年来中国劳动力成本的不断上升，中国生产该类产品的比较优势已开始下降，而海合会各国产品结构单一，此类产品几乎完全依赖进口，即使因关税减让致使大量中国轻工业产品涌入海合会市场，也不会对其经济构成太大冲击，相反可能还会因此增加其福利。

二　协调成本

　　在区域经济一体化过程中，参与谈判的国家数量越多，经济发展水平差异越大，达成协议的难度越大，由此衍生的协调成本也就越高。具体而言，中海 FTA 的建立将不可避免出现如下几类协调成本：一是税收收入的损失。由于各国税制的差异，FTA 的建立将导致关税税率的大幅下调，给不同成员国带来不同程度税收收入的损失。如前文所述，中国的平均关税水平要高于海合会国家，中国可能会因中海 FTA 的建立降低关税税率，在促进双边贸易发展的同时损失一定的税收收入。二是维持 FTA 的运行成本。FTA 内各国的海关并未随着 FTA 的成立而取消，由此可能会增加 FTA 内各国常规开支之外的支出，如：各成员国之间协调费用、共同机构的日常支出以及信息通报的支出。上述成本通常是不可或缺的。三是原产地规则协调成本。原产地规则是 FTA 的核心原则，其目的是防止有人利用成员国之间关税水平的差异，在区域内关税最低的国家从区外进口商品，再将这些商品转到其他成员国销售，从中渔利。但是，参与越多 FTA 协定，制定的原产地规则就越复杂，加之不同的关税减让时间表，不同的市场准入范围等，最终会导致"意大利面条碗效应"的发生（Bhagwati，1995），并由此产生一系列的问题，例如：徒增企业的交易成本和时间成本，扭曲企业效率和区域 FDI，导致不对称并可能引发贸易保护等。因此，在众多的 FTA 协定生效之后，中国和海合会都将面临诸多事后协调成本的问题。

---

① 刘冬：《货物贸易视角下中海自贸区收益的实证分析》，《西亚非洲》2014 年第 3 期。

第七节　本章小结

　　本章首先对中海 FTA 建立的预期效应进行了理论分析，具体分析了中海 FTA 贸易效应的形成机理、中海 FTA 的静态效应和动态效应。分析认为，中海 FTA 的建成以后，将带来贸易创造效应、贸易转移效应、规模经济效应、竞争促进效应和投资促进效应等。第二，基于贸易比重指数分析了中海 FTA 的贸易创造效应，研究发现海合会对中国的贸易依存度比中国对海合会的贸易依存度要高。第三，基于贸易引力模型对中海 FTA 的贸易创造效应进行了预测。引力模型的分析结果表明，中国同其贸易伙伴国之间的贸易流量与二者的经济规模呈正相关关系，两国之间的贸易流量对进口国的经济规模更加敏感；两国之间的距离越大，导致二者之间贸易的成本和阻力增加，说明空间距离增大将导致运输成本的上升，加之两国之间的文化差异，使得两国之间的距离每增加 1 百分点，双边的贸易流量就会相应减少 0.66 个百分点到 0.88 个百分点；回归结果同样证实了 APEC 这样的区域性协作组织在促进国家之间的贸易中发挥了积极的作用。而通过对中国与海合会六国之间的贸易潜力进行测算，研究结果表明中国对阿联酋和巴林的贸易规模已经较大，表明中国与上述两个国家之间的贸易已经得到了较好的开发，属于潜力再造型；中国对阿曼一国的贸易规模次之，属于潜力开拓型；中国对卡塔尔、科威特和沙特阿拉伯三个国家之间的贸易量不足，尚有较大开发空间，属于潜力巨大型。第四，基于 GTAP 模型对中海 FTA 的效应进行了事前分析。由 GTAP 模型模拟结果可知，总体而言，中海 FTA 建设利大于弊。第五，以新区域主义理论为依据，分析了中海 FTA 建立之后可能获得的非传统收益；第六，探讨了中海 FTA 建立所带来的调整成本和协调成本。总体而言，中海 FTA 建立的预期效应利大于弊，但是双边关系的发展也存在着一些制约因素，这些制约因素也是阻碍中海 FTA 建立的障碍之所在，亦需要深入剖析，才可为具体政策建议的得出打下基础。

第六章　中海建立 FTA 的障碍因素分析

第一节　经济方面的障碍因素

一　中海双边优先合作对象的差异

通过长期的对外经贸发展，中国与海合会都已形成了各国较为稳定的经贸合作对象，与不同国家有着不同的经贸合作层次。对中国而言，主要侧重发展与周边国家的经贸关系，提升合作水平，其次是与相同意识形态的国家保持紧密的合作关系。而对海合会国家而言，其经贸合作的对象首先是海合会其他五个成员国，其次是阿盟的其他成员国，再次是美国以及欧盟国家，而中国则可能是其选择的较为靠后的合作对象。目前，海合会已与新加坡、黎巴嫩、叙利亚等国建成 FTA，与印度、美国、欧盟、日本、韩国、澳大利亚、南共市等多个国家和地区就 FTA 的建设展开了磋商。尽管中海双方在贸易商品结构方面具有较强的互补性，但海合会国家与欧盟、美国等发达国家或地区也具有类似的互补性，与此同时，中国还面临着来自印度等发展中国家的强劲竞争。此外，海合会国家还侧重于促进海合会区域内的区域一体化进程。海合会六国于 2008 年 1 月 1 日启动了共同市场，消除了区域内生产要素的流通障碍，为区域内的市场融合提供了更多的便利，海合会关税同盟也将于 2015 年完全启动。随着海合会一体化进程的不断推进，海合会区域内贸易也得到了快速增长，海合会国家的区域内贸易规模已经由 2004 年的 162.78 亿美元上升至 2013 年的 930 亿美元，增速高于区域外贸易规模。因此，随着中国与海合会双边经贸关系的迅速发展，加之中海 FTA 也是我国正在建设的第二大 FTA，双边应积极提升经贸合作水平，从而推动 FTA 的建立。

二　中海经济发展水平存在的差异

1. 中海双边经济发展的差异性

如表 6.1 所示，目前，中国已成为全球第二大经济体，也是最大的发展中国家，经济发展较快，经济结构也日趋合理，但人均 GDP 水平较低；相比而言，海合会国家尽管经济总量较低，但丰厚的石油收入使得各国的人均 GDP 均较高。2013 年，中国人均 GDP 为 6630 美元，而海合会成员国中人均 GDP 最高的卡塔尔为 98740 美元，后者基本上是前者的 15 倍之多。由此产生的差异对于二者商建 FTA 必然产生影响。此外，海合会国家经济结构的相对单一，使其更容易受到经济波动或全球经济危机的影响，一旦石油价格波动或出现下跌，将会对海合会各国的经济稳定造成巨大的威胁，进而增加其经济发展的不确定性，海合会国家较低的抗风险能力也势必会影响到中海之间的贸易合作。

表 6.1　　　　**中国和海合会各国 GDP 与人均 GDP（2013 年）**

国家 项目	中国	阿联酋	阿曼	巴林	卡塔尔	科威特	沙特
GDP （十亿美元）	9020.31	369.36	78.79	28.10	188.81	173.44	745.62
人均 GDP （千美元）	6.63	64.78	24.73	23.93	98.74	44.58	25.16

数据来源：世界银行数据库。

2. 海合会区域内经济水平的差异

如表 6.1 所示，海合会各成员国虽然人均国内生产总值水平都较高，但是各成员国的差异也较大。2013 年，人均 GDP 最高的卡塔尔为 98740 美元，最低的是巴林为 23930 美元，前者基本上是后者的 4 倍之多。区域内各国经济水平的差异容易使得各国因为本国的利益产生分歧，进而影响整个中海 FTA 的谈判进程。与此同时，海合会各国经济的差异也使得各国国内政策存在差异，将影响着我国在海湾地区的经济活动。以沙特为例，2008 年以来，为解决其国内的民生问题，促进国内就业，颁布了一系列的内政措施，而上述措施不可避免地影响到我国对沙特的对外贸易。

三　中海双边的市场壁垒

1. 关税差异

整体来看，中国与海合会国家的平均关税水平差距很大，中国的平均关税水平明显高于海合会国家。目前,最惠国简单平均关税(MFN)数据显示,在 22 类产品中,我国只有饮料及烟草、木制品纸张、石油三类产品的平均关税税率水平低于海合会国家。此外,中国的最惠国关税分布主要集中在 5% 至 25% 之间,占比高达 75.9%,而海合会各国的最惠国关税分布主要集中在 0 到 5% 之间,占比达 70% 左右。这进一步说明中国在关税结构上缺乏竞争力。此外,海合会国家对中国没有设置货物贸易的数量限制,而中国在农产品贸易方面的关税配额为 5%(全球范围)。

2. 投资上的障碍

目前,中国和海合会之间相互投资的依存度远小于它们对全球对外直接投资的依存度,双边的投资规模以及增长情况均不乐观。尽管我国在逐步加大对海合会国家的投资,但还是存在着以下困境,例如:欧盟、美国等发达国家仍然是中国和海合会国家主要的外资来源国。尽管受到全球金融危机和欧债危机的影响,发达国家的对外直接投资有所下降,但短时间内其主导地位仍无法撼动。如何应对同欧美发达国家对外直接投资的竞争也成为摆在双边投资合作面前的一大难题。又如:从双边吸引的投资来看,中国吸引外资的行业主要集中在劳动密集型产业,而海合会国家投资中国的服务业项目却占据了较大比例,因此我国重点吸引外资的行业并不是海合会国家投资的强项。再如,中国对外直接投资近年来呈现快速增长的趋势,但投资主要流向我国香港地区和东盟、欧盟、美国等传统贸易伙伴国,由于对海合会国家的投资环境、法规、习俗等缺乏深入了解,进而造成了一定的投资障碍。海合会国家因为有着巨额的石油美元,其对外直接投资能力较强,但其要求的资金回报率也相应较高,投向发达国家市场的比例较大,而且随着海合会一体化进程的推进,海合会内部的相互投资也将占据着重要地位。

3. 其他市场障碍

随着中国改革开放的不断深入,国内开放水平不断提高,非关税壁垒在一定程度上得到了有效的消除,尽管可能会存在部分或局部的市场进出障碍,但整体市场的开放度应该要高于海合会国家。海合会国家现存的市场障碍还比较多,尤其是在金融、投资等领域的管控较为严格。海合会现有的市场障碍主要包括如下几方面:一是法律法规体系不完善,社会环境不稳定。海合会国家多为君主制国家,依照伊斯兰教法治理国家，多数国家的现代法律制度体系不完善，并存在许多不透明的现象，多数情况下"国际惯例"在海合会国家行不通，地区保护主义较严重。此外，多数海合会成员国有着极为严格的宗教束缚，海合会国家所在的中东地区可能存在宗教极端势力和国际恐怖主义组织，为该地区的经济社会稳定发展带来隐忧。二是政府行政效率较为低下。大多数海合会成员国的人治色彩较浓，政府机构的办事程序不公开，官僚主义严重，办事效率有待提升。加之全年宗教假期的影响，进一步降低了政府机关的行政办事效率，对我国企业在该区域的正常经营造成了一定的影响。三是存在非关税壁垒。海合会政府对一些经营活动管理较为严格，在企业资质、标准、本地化和当地代理人等方面均有着严格要求，在工程承包资质申请时只承认在当地的工程业绩，这给新进入该市场的我国承包企业构成了市场准入方面的壁垒。此外，在海合会国家中，大多实行的是英国和美国标准，这不可避免地对我国企业产生了歧视，也是承包经营方面的又一主要技术性贸易壁垒。四是海合会国家市场规范化程度相对较低。经过改革开放 30 多年的发展，中国无论是经济还是综合实力都实现了跨越式发展，市场经济体系也日趋完善，市场规范化程度日渐提高。虽然不少海合会成员国也纷纷推行市场规范化改革，但是海合会国家的市场规范化程度还是相对较低，经济管理体制还存在很多不完善的地方，缺乏相关部门的有效监管和约束，信用管理体系比较薄弱，部分地区仍在沿用宗教裁判、口头契约等难以与现代商务发展相适应的商事惯例和制度，从而直接影响到中国与海合会国家进一步加强经贸合作。

四　中海贸易结构的非均衡性

1. 巨大的贸易逆差

近年来，中海双边贸易发展较快。2004 年，中国与海合会的双边贸易额为 247.32 亿美元，贸易逆差为 38.61 亿美元；2013 年，双边贸易总额达到了 1653.4 亿美元，贸易逆差为 459.93 亿美元。从图 6.1 可以更加清晰地看到中海双边贸易存在的巨大贸易差额，中国对海合会长期保持着较大的贸易逆差，尤其是在金融危机发生后，海合会国家对中国的进口增速减缓，而中国却不断扩大从海合会国家进口石油，进而形成了巨大的贸易逆差。巨大的贸易差额不利于双边形成持续稳定的贸易合作关系。这种巨大的贸易逆差对中国的影响更加明显，我国应积极拓展海合会国家的市场，加大对海合会国家的出口，进而逐渐实现中海间的贸易平衡。

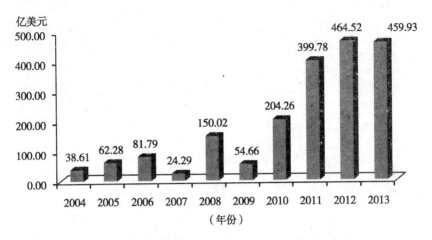

图 6.1　中国对海合会的贸易差额（逆差）（2004—2013 年）

数据来源：联合会商品贸易数据库，其中海合会的数据为海合会六国的加总。

2. 中海双边贸易依存度的差异

贸易依存度是指某国对另一国的贸易总额占另一国总贸易额的比重。取值介于 0—100% 之间，其值越接近于 100%，则表明某国对另一国的贸易影响和依赖程度越高。中国对海合会国家整体的贸易依存度较低（如表 6.2）。以 2012 年的数据为例，中国对海合会国家贸易依存度最低的是卡塔尔，为 4.9%，最高的是阿曼，占到了其总贸易额的 26.76%，沙特也较高，占比超过了 10%。但相比而言，海合会国家对中国的贸易依存度要高于中国对海合会的贸易依存度（如表 6.3 所示）。贸易依存度的差异会显示出不同国家在经贸合作中的地位差异。中国对海合会的贸易依存度低，说明海合会在中国的对外贸易中的地位较低，其对中国的外贸影响较为有限，而海合会对中国的贸易依存度相对较高，则说明中国在海合会国家的对外贸易中占有较为重要的地位。贸易依存度的差异也影响着双方在谈判中的话语权和对谈判的关注程度，必然会对 FTA 的谈判进程造成一定的影响。

表 6.2　　　　中国对海合会的贸易依存度①（2005—2012 年）　　　（单位：%）

年份 国家	2005	2006	2007	2008	2009	2010	2011	2012
阿联酋	4.99	5.35	5.70	6.03	5.46	5.95	6.20	6.21
科威特	2.21	3.06	3.46	4.97	5.36	7.64	7.40	7.33
阿曼	15.59	19.79	17.91	21.33	14.92	20.36	24.01	26.76
卡塔尔	1.60	1.66	1.58	2.31	2.87	3.08	3.56	4.90
沙特	5.97	5.94	6.44	8.38	8.95	9.91	11.20	11.93
巴林	1.08	1.28	1.63	2.10	2.54	3.39	3.27	4.13

数据来源：联合会商品贸易数据库。

表 6.3　　　　海合会各国对中国的贸易依存度（2005—2012 年）　　　（单位：%）

年份 国家	2005	2006	2007	2008	2009	2010	2011	2012
阿联酋	1.63	1.79	2.10	2.49	2.11	1.84	2.01	2.22
科威特	0.25	0.35	0.38	0.60	0.50	0.61	0.65	0.69
阿曼	0.66	0.82	0.76	1.10	0.61	0.77	0.91	1.03
卡塔尔	0.10	0.13	0.13	0.21	0.22	0.24	0.34	0.47
沙特	2.44	2.54	2.66	3.69	3.24	3.09	3.69	4.03
巴林	0.04	0.04	0.05	0.07	0.07	0.08	0.07	0.09

数据来源：联合会商品贸易数据库。

第二节　政治方面的障碍因素

一　双边政治体制的差异

　　海合会国家大多实行的是君主制，科威特、巴林以及卡塔尔实行的是君主立宪制，沙特以及阿曼则实行的是绝对君主制。在上述五国中，部落或家族是整个世袭君主制度的基础，同时也是整个国家的统治力量，如：科威特的萨巴赫家族、巴林的哈利发家族、卡塔尔的萨尼家族、沙特的沙特家族、阿曼的赛义德家族等。② 阿联酋则实行一种特殊的政治体制——

---

① 某国对另一国的贸易依存度 = 双边的贸易总额/另一国的对外贸易总额。
② 余泳：《中国与海湾合作委员会关系研究（1981—2010）》，上海外国语大学，2011 年。

酋长制，整个国家由 7 个酋长国的首领组成了国家最高的权力机构——联邦最高委员会进行统治。海合会国家中除了科威特是属于多党制国家外，其他各国均不允许党派活动，但科威特的多党制实际上也是名不副实。此外，宗教在海合会国家的政治统治中也占据着较为重要的地位。部分国家如沙特还是政教合一的国家，而在政教分离的海合会国家中，遵守伊斯兰教的准则也是各国立法的基础。我国是人民民主专政的社会主义国家，全国人民代表大会是我国的最高国家权力机关，国务院是我国的最高行政机关，社会主义制度是我国的根本制度，共产党领导下的多党合作和政治协商制度是我国的政党制度。就此而言，中国与海合会国家的政治制度存在明显差异，这种差异会给双边政治交往造成一定的障碍，政治关系的亲疏也会影响到双边经贸往来的关系。

二　缺乏在核心利益及地区事务上的相互支持

中国的核心利益不仅包括维护国家主权和领土完整，还包括较为敏感的台湾问题、西藏问题——这是中国对外合作的底线，拒绝对任何国家进行任何妥协。海合会成立的初衷就是为了应对伊朗、伊拉克、以色列等国带来的国家安全威胁，因此海合会国家期望与大国或集团进行合作，进而维护该地区的和平稳定。从中国及海合会双边的核心利益来看，均属于国家捍卫自身主权，维护地区和平稳定的正常需求。事实上，部分海合会国家缺乏对中国核心利益的尊重与支持。以阿联酋和沙特为例，两国与我国的台湾地区一直保持着紧密联系，甚至在军事上有着紧密的合作。2005年，阿联酋和沙特与台开展军事合作，阿联酋甚至允许台湾领导人"过境"，并在机场升青天白日旗，这无疑是对中国核心利益底线的挑衅。

对中国而言，中国历来奉行不干涉他国内政等外交原则，但正是这种态度使得海合会各国对待中国的眼光更加复杂。仍有部分海合会国家对我国在伊拉克问题等中东事务上的现实主义态度存在质疑，使得双方的政治互信变得极不确定。尤其是 2011 年 4 月以来，中国本着自身原则反对沙特积极颠覆叙利亚政府，在联合国安理会上就利比亚和叙利亚问题连投三次否决票，无疑与海合会某些成员国的意愿相悖，产生了摩擦，使得中沙关系中断，这也成为中海 FTA 谈判一度中断的重要原因之一。尽管中国政府和民间通过各种渠道和场合，阐释自身不谋私利、维护国际关系民主化的正义立场，并以实际行动不断推进相关问题朝着政治和外交途径解决方向迈进，但要完全化解海合会的疑虑，中国还要继续做"劝和促谈"等工作。①

三　大国因素的影响

海合会所在的海湾地区油气资源丰富，而且战略位置较为重要，因此也成为世界上主要国家争夺之地，美国在该地区的影响较为明显，欧盟、日本、印度等国也与海合会国家保持着良好的关系，势必对我国加强与海合会国家之间的经贸合作形成强烈的挑战。

政治上的主导——美国。美国凭借其超级大国地位在中东地区推行霸权主义和强权政治，使得海合会国家与美国保持着长期紧密的政治、军事联系。海合会国家曾一度将美国当做"保险箱"。然而，随着伊拉克战争的爆发，部分海合会国家对美国在该地区的主导较为不满，但沙特等国仍与美国保持着紧密的军事联系。在经贸关系上，美国曾拒绝海合会关于建立双边 FTA 的建议，而选择了单独与巴林等国签署 FTA 协议。随着海合会一体化进程的加快，海合会将作为一个整体与美国进行建设 FTA 的磋商。美国在中东地区的利益诉求显而易见，加之美国对中国崛起的忧虑，中海 FTA 及其双边经贸合作关系的加强完全不符合美国的战略利益。② 因此，美国在该地区的政治军事影响也将成为我国加强与海合会区域经济合作的障碍因素。

经济上的主导——欧盟。欧盟与中东一海相隔，历来视中东为其"后院"和"南大门"，近一半的能源需求依赖中东地区。2013 年，海合会与欧盟的货物贸易额达到 1520 亿欧元，其中：进口 569 亿欧元，出口 950.6 亿欧元。欧盟长期作为海合会最大的贸易伙伴，双边经贸关系较为密切。海合会与欧盟之间的 FTA 谈判启动较早，尽管历时较长，也出现了许多波动，但已就 FTA 的绝大部分内容达成一致。海合会与欧盟的 FTA 一旦建成，将对我国在海合会国家的产品出口形成新的挑战。

新秀——印度等国。印度与海湾地区有着非常独特的关系，随着中东石油工业的不断发展，海合会国家从印度等地引入了大量的劳动力，在海合会国家的人口中，印度人占外来人口比例是最高的，而且印度一直以来

---

① 余泳：《海合会对外关系的政策逻辑考察》，《阿拉伯世界研究》2013 年第 1 期。

② 李艳丽：《中国自由贸易区战略的政治经济分析》，厦门大学博士论文，2008 年。

还是海合会国家最大的粮食供应国。在海合会市场上，印度生产的珠宝、食品、化工产品较中国产品也更有优势。海印双边早在 2004 年就开始了有关 FTA 的谈判磋商，双边的经贸联系也因此更加紧密。双边紧密的经贸关系以及双边的历史地缘因素将会使得印度成为我国未来在该地区重要的竞争对手。此外，资源极度匮乏的日本也在积极加强与海合会国家的能源合作，韩国、东盟等东亚国家和地区也极为重视与海合会国家的经贸往来。

第三节　其他障碍因素

一　中海合作的根基较浅

虽然早在 2000 多年前中国就与海合会国家因"丝绸之路"而结缘，但自近代以来双边关系曾一度中断，在当代海合会舞台上，中国更属于"后来者"。[①] 20 世纪 90 年代，中国才与所有海合会国家建立正式的外交关系，而当时我国的对外开放格局才刚刚稳定，对外贸易水平还较低。因此，与海合会国家的经贸关系并未完全建立。而欧美等国早在 20 世纪初就与海合会国家有着广泛的联系，海合会国家也是凭借欧美才发现了宝贵的石油资源。换言之，欧美企业及其商品牢牢占据海合会国家市场近半个世纪之后，中国企业和商品才开始向其进军。由于经济腾飞较早，日本、韩国的商品和企业也较早打入海合会市场，中国与海合会国家经贸合作的根基要大大浅于上述国家。我国进入海合会市场较晚，双边经贸关系还存在一些波动。加之双边距离较远，历史、文化、宗教等社会因素均不同。尽管双边政府在推进双边、多边关系中都做出了努力，但双边相互了解还有待进一步深入。此外，尽管上文分析认为，中海双方在资源和市场方面有较强的互补性，但事实上欧美日韩等发达国家与海合会国家具有同样的互补性。互补性只是双方合作的基础，却不代表某种必然性。因此，在推动中海 FTA 建设进程中，应积极推动不同层次的相互交流，不断夯实经贸合作的根基。

---

① 唐志超：《中东新秩序的构建与中国作用》，《西亚非洲》2014 年第 5 期。

二　海合会周边地区局势不稳

维护区域各国以及地区的安全是海合会成立的初衷。面对复杂的国际局势，海合会以一个整体参与国际和地区事务。从传统国家安全角度来看，海合会期望逐步摆脱美国的控制，与美国、欧盟、阿盟、中国等国家或组织维持良好的关系，注重大国力量间的平衡。从非传统安全角度考虑，海合会国家加强与美国、欧盟、阿盟、中国等国的切实合作，有利于消除恐怖主义和宗教极端主义的威胁。但是现实情况却并不乐观，阿以冲突、伊朗核问题、阿拉伯之春等给海合会国家所在的海湾地区带来了政局波动。尽管海合会各国加强国内民生改善，但中东地区局势的不稳也给该区域的经济形势带来了负面影响。与此同时，海合会国家并没有平衡好各大国的力量，以美国为首的西方国家加强对该地区事务的干预，使得中东地区的地区局势朝着更加不确定的方向发展，在一定程度上影响了中海双边经贸合作。此外，海湾地区的不稳定也将影响到我国的能源安全。因此，我国在考虑双边经贸合作时也应对该地区局势的不稳定进行考量，因为局势的稳定与否是双边经贸发展的重要影响因素之一。

三　我国货物贸易产品的困境

目前，我国对海合会国家出口的产品主要有轻工产品等劳动密集型产品、机械等资本技术性密集产品，上述产品也是制造业水平相对较低的海合会国家的刚性需求。海合会国家的大量进口，表面看是给我国产品出口带来了机遇。事实上，"中国制造"在海合会国家赢得了广泛的市场，也面临着一系列的问题：第一，随着我国劳动力价格的不断上升，以廉价而著称的中国劳动密集型产品的竞争力还需进一步加强；第二，部分民族品牌忽视品牌的宣传和维护；第三，产品质量问题是我国贸易产品面临的最大困境之一，海合会国家的媒体经常会报道中国商品的质量问题，而这些报道本身会对中国出口产品形成不良口碑，进而影响产品出口，甚至会影响我国的国家形象；第四，出口企业缺乏对海合会国家地理环境、商品标准、贸易法规的了解，如从商品标准来看，海合会国家虽然奉行贸易自由的政策，但对很多进口商品设定了严格的技术和质量标准;[1] 最后,不重视消费类货物商品的售后服务和品牌价值的营造。[2] 对于富裕的海合会国家而言,价格并非影响其选择消费类商品的首要因素,例如:在海合会市场上,中国电视价格不及日本电视价格的一半,但并未改变很多海合会消费者对日本电视的偏好。因此,我国贸易产品的困境将制约我国对海合会出口的进一步增长。

四　劳务输出面临的困境

对外工程承包和对外劳务输出是中国实施"走出去"战略的重要渠道。海合会国家有着雄厚的石油美元,基础设施建设规模庞大,在上述两方面具有较强的市场需求。然而,随着我国经济的快速增长和国内人均收入的不断提高,中国原有的廉价劳务优势相对减弱,印巴、东南亚劳务不仅价格低廉且通用英语,周边也门、苏丹等阿拉伯国家劳务人员与海合会国家同根同源,更受到当地青睐。我国对海合会国家的劳务输出将面临较大挑战。

第四节　本章小结

本章首先从中海双边优先合作对象的差异、中海经济发展水平存在的差异、中海双边的市场壁垒、中海贸易结构的非平衡性等几个方面分析了经济方面存在的障碍因素;其次,分析了政治方面存在的障碍因素,包括:双边政治体制的差异、缺乏在核心利益以及地区事务上的相互支持、大国因素的影响等几个方面;最后,分析了其他障碍因素,包括:中海合作的根基较浅、海合会周边地区局势不稳、我国货物贸易产品及劳务输出的困境等几个方面。整体来看,中海 FTA 的建设仍面临不少的障碍。因此,在当前中海 FTA 的谈判过程中,应积极制定应对措施,不断弱化各类障碍因素,促进中海 FTA 谈判进程的加快。

---

① WTO, *Trade Policy Review Report by Secretariat United Arab Emirates Revision*, WT/TPR/S/162/Rev. 1, 28 June 2006, pp. 29 – 32.

② 刘冬:《中国与海合会货物贸易的发展现状、问题及其应对》,《阿拉伯世界研究》2012 年第 1 期。

第七章 推进中海FTA建设的战略思考

第一节 建立中海FTA的必要性与优势条件

一 建立中海FTA的必要性

1. 双边FTA战略的必然要求

如前所述，在经济全球化进程中，以欧盟、北美自由贸易协定为代表的区域经济一体化已成为潮流和世界各国经贸合作的主要形式。全球双边FTA协定在20世纪50年代便诞生了，经过几十年的发展，现已成为区域经济一体化的重要载体。在上述背景下，我国FTA建设亦快速发展。自2000年提出建立"中国—东盟FTA"的设想开始，我国逐步踏上FTA建设之路。经过党的十七大、十八大等重要会议的研究讨论，加快实施FTA战略，已经上升到国家战略的高度。2014年，我国又提出"一带一路"的战略设想，加强与沿线国家的经贸合作，进而辐射至全球。海合会国家不仅应被涵盖在"新丝绸之路经济带"的战略构想中，而且起着不可替代的枢纽和桥梁作用，与我国的经贸联系紧密，是我国的主要石油来源地，也是我国FTA战略的重要合作对象。而就海合会而言，海合会在20世纪90年代便与欧盟展开了FTA的谈判，进入新世纪以来，尤其是金融危机后，海合会国家"向东看"战略加速了中海双边经贸合作的进程。双边在FTA战略上具有较强的一致性，建立FTA就成为各自FTA战略发展的必然要求。

2. 双边经贸关系发展的必然结果

我国与海合会国家经贸关系发展迅速。2013年，中海贸易总额达到1653.47亿美元。2004—2013年，双边贸易额年均增长率约在23.5%，高于同期我国对外贸易总额的增长率。由于双边在主要的产品出口类别上不存在太多的一致性，中国的商品出口主要集中在制成品，以机电产品以及服装纺织品为主，而海合会国家出口的产品主要集中在石油以及石化产品。因此，双方的产业结构具有一定的互补性，具备形成密切经贸往来关系的基础，从而促使双边经贸关系不断升级。此外，双方能源领域的合作客观上也要求双边经贸关系更加稳定，一方面我国需要稳定的石油供给，以更好地促进国内经济发展；另一方面海合会六国也需要稳定的石油输出地，来保障其以石油为主的国民经济体系的进一步发展，从而减少自身对欧美国家的依赖。全球金融危机则进一步加深了双边密切经贸关系的诉求。因此，随着双边经贸关系的进一步发展，中海 FTA 的建立将成为双边经贸关系稳定发展的必然结果。

3. 海合会国家所具有的地缘战略价值

海合会国家所在的中东地区不仅拥有丰富的石油资源，而且位于"五海三洲之地"，处于欧、亚、非三大洲的交汇处，是陆上地缘战略的支点，也是印度洋的西北门户，阿拉伯半岛的南北两端分布着苏伊士航线和霍尔木兹航线两条国际海上生命线，具有独特的地缘战略价值，不仅是全球地缘政治的重要交通枢纽，也是路上和海上连接欧亚大陆腹地的重要捷径，更是大国战略棋盘的重要棋子。对于不断崛起的中国而言，其独特的战略重要性和价值不言而喻。近年来，中国加大了对中东国家的战略力度，"一带一路"战略倡议则进一步丰富了 21 世纪的中国—海合会关系新内涵。中海 FTA 的建立因此显得更为重要与迫切。

二　建立中海 FTA 的优势条件

1. 较好的双边经贸合作基础

如前所述，我国与海合会国家经贸关系具备良好的合作基础，包括：快速发展的双边贸易、互补的经济产业结构以及日益密切的能源战略合作关系等。2004 年，中海双边贸易总额为 247.32 亿美元，而到 2013 年，中海贸易总额达到 1653.47 亿美元，是 2004 年贸易规模的 6 倍之多，且 2004—2013 年双边贸易额年均增长率约在 23.5%，远高于同期我国对外贸易总额的增长率。快速发展的双边贸易关系已成为中海 FTA 建立的前提和基础。而产业结构的互补形成了双边贸易产品的互补，也奠定了双边良好的经贸关系。此外，石油的战略合作亦带动了双边经贸关系的快速发展，奠定了双边经贸合作的良好基础。

2. "一带一路"倡议与"向东看"战略的促进效应

2014 年，我国提出了"一带一路"的对外开放顶层设计，为我国与海合会国家的经贸合作创造了契机。"一带一路"建设将有利于推动我国与沿线国家的经贸合作，形成更大的统一市场，实现区域内商品、要素的自由流通，促进相互贸易结构的升级，也将对中海 FTA 谈判起到良好的促进作用。此外，外部战略压力和内部经济利益的双重驱动也促使海合会国家"向东看"。作为油气资源丰富而军事实力较弱的国家，海合会六国始终根据国际形势变化来调整其政治经济策略。进入 21 世纪，世界政治经济格局发生重大变化。海合会国家逐渐认识到，"安全来自西方，繁荣来自东方"。为了摆脱对欧美国家的依赖，逐步凸显"向东看"战略，海合会国家有意识将亚洲市场作为其重要的能源输出地，特别是将中国这个能源需求最大的国家视为其重要的经济伙伴，纷纷想要搭上"中国机遇"的快车。目前，"向东看"潮流已经逐步形成，海合会国家的经贸交往重心已从传统的欧美地区不断向亚洲地区倾斜——20 年前，美国和欧盟占到了海合会对外贸易份额的 40%，如今已降至 20%。[①] 海合会"向东看"政策包括与印度、中国等国开始战略对话和合作，签订了一系列关于贸易和投资的协议，并开始 FTA 建设的谈判等。2014 年 3 月 25 日，沙特萨勒曼王储访问北京，即为其"东向政策"的延续。事实上，海合会国家的统治者们非常羡慕中国如何在拒绝西方制度、维持本国体制的情况下实现经济飞跃。有民意调查显示，23% 的阿拉伯人认为中国是他们更喜欢的全球超级大国，选择美国的只有 7%。[②] 由此看来，双边战略的重合将会为中海 FTA 的建设起到很好的促进作用。

3. 合作平台建设的制度效应

目前，中国和海合会的沟通合作平台有中海 FTA 谈判机制、中海战略对话、中阿合作论坛和中阿博览会。中海 FTA 谈判从 2004 年开始，已经进行了 6 次磋商和多次协调会议，尽管自 2009 年中断至今，但 2014 年双边均表示要尽快重启谈判，并加快谈判进程。多次的磋商使得双方达成了诸多共识，有利于重启中海 FTA 谈判并取得新的进展。中海战略对话

①　Abdel Aziz Abu Hamad Aluwaisheg, "The GCC Turns East," *Arab News*, December 9, 2012.

②　Andy Polk, "China: A Major Power in the Middle East?", *The Diplomat*, April 1, 2014.

从 2010 年开始，目前已进行了 3 轮，预计 2015 年将展开第 4 轮对话。中海战略对话可以有效解决双边存在的政治分歧以及处理地区事务的不同意见，有助于增强双边的政治互信。中阿合作论坛是中国与阿拉伯联盟的集体对话与合作平台，也是一个致力于加强双边政治、经贸、文化以及社会发展等多方面的合作平台。自 2010 年起已连续成功举办了三届的中阿经贸论坛和首届中阿博览会，已成为中国与世界穆斯林地区进行政治对话、经贸合作、文化交流于一体的综合性平台。海合会各国也是阿盟的重要成员国，依托中阿合作论坛和中阿博览会，中国与海合会国家能够进行更加广泛的合作与交流。上述合作机制在政治、经贸、文化等多方面均形成了各类不同的制度性文件，也为中海经贸关系的发展以及中海 FTA 的建设提供了良好的制度支持。

4. 双边政治意愿推动

尽管经济因素是双边 FTA 建设的基础，但是政治因素在双边 FTA 建设中也是较为关键的因素之一。双边 FTA 从启动到谈判再到建设，政府始终是整个过程的主角。从谈判中的相互磋商妥协，到采取措施促进 FTA 的发展，到 FTA 的未来发展规划，FTA 的谈判和建设都离不开双边政府的努力推动。中海双边政府层面始终非常重视双边 FTA 的谈判，从 2004 年双边协商启动中海 FTA 谈判以来，双边政府多次表示要加快 FTA 谈判。在双边谈判中止时，2009 年 2 月，时任中国国家主席胡锦涛出访中东，双方决定尽快重启中海 FTA 的谈判。其后，双边始终在努力加强战略对话，减少政治分歧。2014 年 3 月，沙特阿拉伯王国王储兼副首相、国防大臣萨勒曼访问中国期间，与习近平、李克强、李源潮等领导人会谈时，均提到要 "加快推进中海 FTA 谈判"。由此可见，双边领导人均十分重视中海 FTA 的谈判，均有强烈的政治意愿来推动中海 FTA 的进程，这将有利于中海 FTA 谈判进程的加快以及预期成果的取得。

此外，尽管海合会在 2010 年年底以来的中东动荡中作用凸显，沙特、卡塔尔、阿联酋等成员国也极欲崛起，但海合会极力追求的安全保障并没有随着其经济实力的增强而得以强化，也就不得不在很大程度上继续依赖外力。作为世界第二大经济体、最大的新兴经济体、联合国安理会五常之一，中国的国际地位和话语权不断扩大，海合会也因此更加重视中国在其对外关系布局中的积极作用。

第二节　中海 FTA 制度安排应遵循的原则

一　平等互利、自主磋商

中国与海合会国家之间在政治制度、意识形态、经济发展水平与经济结构等方面存在较大差异。在 FTA 的制度安排上，双边均追求在 FTA 发展中取得更加有利的地位，能够很好地促进本国经济的转型与发展。事实上，各国并非在所有贸易问题上均能够实现利益的一致性。当两国的利益趋向存在较大差异时，双边应遵循平等互利、自主协商的原则，相互尊重对方的利益选择，同时通过平等对话、自主磋商来解决双边存在的利益分歧，而不是采取一些较为极端的做法，从而损害双边的政治经济联系。因此，中海 FTA 在制度安排上应遵循平等互利、自主磋商的原则，求同存异、共同发展。

二　坚持以开放性为主，兼具封闭性

中国与海合会国家的对外贸易在双边经济中均占有较大比重，外贸依存度均较高，尤其是海合会国家，大部分商品均需要进口。而且中国与海合会国家均是发展中国家，其全球 FTA 战略版图还在进一步形成中。这些因素促使中海双边 FTA 的建设应该是以开放性为主，同时兼具一定的封闭性。在中海 FTA 建设过程中，在双边区域内应不断促进贸易和投资的自由化，但也不能对区域外国家设置较为明显的门槛，不能像欧盟那样具有明显的排他性，应该约定一定程度上的封闭性，尤其是在双边利益重合较大的方面，以保障 FTA 预期效益的最大化。

三　注重法律制度的契约效应

FTA 谈判就是为了给双边 FTA 建设提供一种制度性安排，以应对在 FTA 建设及运行过程中出现的各种障碍以及摩擦。因此，双边 FTA 协定就是双边在市场经济中形成的一种契约，是双边解决障碍和摩擦的制度依据。欧盟的"马约"成为区域内各国协调相互关系的法律基础，成为解决冲突和矛盾的依据，北美 FTA 协定也成为 NAFTA 有效运行的法律基础。因此，中海 FTA 的谈判过程中，应该以制度法律的标准来形成，建立有效的争端解决程序与机制，让 FTA 协定真正成为解决双边利益冲突的法律基础。

四　互相支持，坚持双赢

国家间的合作往往都是基于利益的合作。因此，在 FTA 的建设过程中，寻求双边共同利益显得尤为必要。只有在共同利益基础上才能实现双边更多领域的务实合作。坚持互利双赢的原则可以有效地消除中海 FTA 存在的缺乏核心利益相互支持等问题。在中海 FTA 谈判过程中，双边既要积极主张本国利益，依托 FTA 发展自身，同时也要考虑对方的利益，在双边共同利益的重合地带扩大合作，形成双边相互带动、相互促进的经济发展机制，使得彼此在经贸合作中获取更大的收益。

第三节　推进中海 FTA 建设的对策建议

1. 应遵循建立 FTA 的科学方法和普遍原则，借鉴国内外建设 FTA 的成功经验

双边 FTA 的建立不是一蹴而就的，需要正视双边存在的利益分歧，科学评估双边建立 FTA 的可行性，制定切实可行的谈判磋商机制以及时间表，并在此基础之上，坚持上文所述各项原则进行磋商。通过双边的共同努力，逐步消除现存的市场和非市场障碍，促进双方的经贸发展，加速推动双边 FTA 建设的进程。此外，还应借鉴国内外建设 FTA 的成功经验。FTA 的实践从 20 世纪 50 年代便开始了，已经积累了许多可资借鉴的经验。以 NAFTA 为例，NAFTA 各国的政治、经济以及对外贸易均存在着诸多差异，但 NAFTA 通过制定差别对待的法律制度，同时在争端解决机制上形成了一套较为健全的协商制度以及争端解决机制，能够很好地应对 FTA 发展过程中出现的问题。同样，中海双边虽同为发展中国家，但双方在政治、经济、文化、宗教等方面存在着较大的差异，这也要求双边在 FTA 谈判过程中，应注重对 FTA 谈判和建设经验的借鉴，遵循建立 FTA 的科学方法和普遍原则，从中海双方的实际情况出发，通过对话和协商，求同存异、相互尊重，从而实现合作共赢。

2. 应坚持循序渐进、稳步发展原则，以成功举办中阿合作论坛和中阿博览会为契机，推动中海 FTA 谈判进程

中海双边在经济发展水平、产业结构等方面存在着诸多差异。因此，双边 FTA 的建设不能苛求全面快速，应充分考虑双边的具体情况，坚持循序渐进、稳步发展的原则。根据双边 FTA 建设的经验，中海双边可逐步消除既有的贸易壁垒，从货物贸易发展到服务贸易推进，再到投资的互利互通，最后再到双边存在的其他障碍的消除。与此同时，双边 FTA 谈判还可充分利用已有的建设平台，从重点合作领域下手，实现双边在关键问题上的一致性。当前，应以成功举办中阿合作论坛和中阿博览会为契机，全面完善中海对话合作机制，在各个领域、各个层面进行交流互访，实现信息、技术、资源的全面共享，从而推动双边 FTA 的谈判进程。此外，还需以能源合作为重点，以点带面，向多元化方向发展。

3. 应制定和实施切实可行的措施，立足双方经济共同发展的长远利益，统筹规划、全面安排，保证 FTA 谈判的顺利进行

首先，应立足于双边的共同利益点，建立稳定的合作机制。中海双边的共同利益点是双边合作的基础，也是双边经贸关系不断发展的源泉。在共同利益点基础上，双边还应实现对双边核心利益的尊重与支持。双边在政治上应交流与互信，这是保障中海 FTA 快速发展的前提。中海 FTA 曾经出现过两次谈判的中断，均是由于双边在地区事务的处理上存在分歧，进而导致了经贸关系的放缓。因此，中海双边应积极加强政治交流、增强互信，从而推动双边 FTA 的谈判进程。其次，应制定切实可行的政策措施，加快双边 FTA 的谈判进程。2014 年以来中海双边政治关系的日益紧密，双边高层互访频繁，双方一致同意加快中海 FTA 的谈判进程。在上述背景下，双方应重新考量双边的务实合作，积极梳理已有的谈判成果，并就形势的变化提出更多具有可行性的措施，真正助推双边 FTA 谈判进程的加速。最后，应立足长远利益，尽快拟定双方谈判的时间表。中海 FTA 谈判已持续超过 10 年的时间，尽管双边在部分领域已达成一致，但仍有许多关键性问题尚待具体磋商。双边应立足经济发展的长远利益，积极就存在较大分歧的事项进行磋商，并尽快拟订双方谈判进程的时间表。最后，应对棘手问题予以灵活处理。对于敏感领域可以考虑暂时搁置，而先就较为成熟的、易于达成协定的领域进行谈判。甚至可以考虑签订针对某类产品或者某一行业领域的早期收获协定，让部分成员国在短时期内享

受到贸易自由化带来的实惠，从而调动其推进 FTA 谈判进程的积极性。

4. 应进一步加强中海经贸合作，为中海 FTA 的建立夯实基础

经贸合作的加强，有利于进一步夯实中海 FTA 建立的基础，使得双边发展差异进一步缩小。尽管近年来中海双边的经贸合作发展迅速，但是在货物贸易结构、服务贸易以及双边直接投资等多方面还有很大的发展空间。因此，我国首先应积极促进产业结构升级，提升产品的质量和品牌，坚持以质取胜的要求，积极开拓海合会市场，同时引导企业积极树立良好形象，打响民族品牌，并加强对出口产品质量的监管，① 以良好的信誉、优质的服务以及过硬的产品质量站稳海合会市场。其次，应积极推动与海合会国家间服务贸易的发展。推动我国的服务贸易企业开拓海合会市场，不断提升服务贸易能力。最后，应积极促进双边投资自由化，不断扩大双边投资领域。此外，还应积极发挥高校、智库、商会的作用，为中海经贸合作提供智力支持、出谋划策。

5. 应保证国内局势的稳定发展，保持政策的连贯性，为双方经济合作和贸易往来提供和平安全的外部环境

稳定的内外部环境能够为双边 FTA 谈判与建设起到基础性的保障作用。中海双边未来的发展存在着地区局势不稳等因素影响。中国的国内外安全形势相对较好，但同时也面临着改革积累的社会矛盾等需要迫切解决、恐怖主义等非传统安全威胁等问题。海合会国家国内也存在广泛的民生问题，同时其所在地区形势一直不稳定，这些都给双边经贸发展带来隐性威胁。因此，为了更好地促进双边的经贸合作，推动中海 FTA 谈判进程，中国与海合会国家都应在国内积极营造一个安全公开透明的市场环境，不断维护国内及地区安全，从而保障双边贸易的正常开展，并促进双边贸易的不断发展。此外，中海双边还应积极制定有利于区域合作的政策，并促进政策的持续性发展，保证政策的相对稳定性。

6. 应搞好国内和国际两种地区合作机制的对接，推进次区域经济合作

应发挥宁夏回族自治区作为次区域在中海 FTA 谈判中的作用。宁夏是位于我国西北内陆的少数民族地区，自古就是"丝绸之路"上内接中

---

① 《大阿拉伯自由贸易区及加强我同阿拉伯国家贸易的建议》，http://finance.sina.com.cn/roll/20050422/094429420.shtml。

原、西通西域、北连大漠，各民族频繁往来的必经之地；而今，"新丝绸之路经济带"战略支点、内陆开放型经济试验区、银川综合保税区、中阿博览会永久会址等一系列政策与平台的出现，又给宁夏外向型经济发展带来了前所未有的机遇。随着阿拉伯国家"向东看"政策倾向日趋明显以及中国积极推进内陆地区"向西开放"战略，以沙特、科威特为代表的海湾阿拉伯国家和以宁夏为主导辐射整个西北五省的中国内陆地区已分别成为引领中阿全面合作的"先行区"。宁夏借助经贸、人文领域独特优势，着力打造面向阿拉伯国家和伊斯兰世界的特色产业生产基地和人才培训基地，逐渐发展成为中国"面向阿拉伯国家和穆斯林世界开放的桥头堡"。尽管在"新丝绸之路经济带"建设过程中，宁夏只是一个"小个子"，但在中阿合作方面，宁夏具备地理、人文、历史等一系列优势。既有研究表明：民族文化的认同性有助于增强产品的竞争力，有利于国际贸易"网络效应"的形成，并强化国际贸易关系。宁夏的回族文化禀赋优势是对其经济"劣势"的有效补充，就目标而言，发挥宁夏在中海 FTA 建设中的"先行区"作用，就是要在中海 FTA 建设的大框架下，积极谋划建立以中阿经贸合作为重点的宁夏中阿自贸园区；对前者而言，宁夏可以发挥促进作用，对后者而言，宁夏可以发挥主导作用，可以考虑在已有的银川综合保税区基础之上，逐步向自贸区过渡，并可利用中央给予内陆开放型经济试验区"先行先试"的政策，全面推动国家大自贸区和宁夏小自贸区建设。

7. 应以"一带一路"建设为契机，加强与海合会成员国在交通设施方面的互联互通

推动中国和海合会国家在港口、铁路、航空等领域的互联互通进程，在保证交通基础设施网络的联通性和有效匹配衔接的前提下，加强两地在国际海、陆、空通道方面的建设和升级，将能为深化中国与海合会经贸合作提供重要的支撑。在与海合会互联互通方面，宁夏的经验可以借鉴。2013 年 8 月，在银川举办的中国—阿联酋双边航空会谈上，双方一致同意由中国对阿联酋开放银川河东国际机场第三、第四、第五航权，同意阿联酋航空公司开通迪拜经停银川至郑州的航线，每周四班。据测算，我国东南部地区西进西出的空运货物，通过陆路到银川集散，空中飞行时间可减少 2.5 小时至 3 小时，平均物流成本可下降 15%以上。

8. 强化组织建设和人才建设，尽快了解适应海合会国家的经贸制度环境，为中海 FTA 谈判重启做好必要准备

首先，应强化部际协调机制。现在的双边 FTA 谈判往往需要 10 多个或者 20 多个部门的共同参与，没有一个中央一级的领导机构，很难奏效。所以应当考虑在条件允许的情况下，尽快成立相关机构，负责制定 FTA 总体战略规划、实施定期评估、提出指导性建议等。其次，应加强人才建设。要培养相关领域的专门人才，充实经贸合作队伍，特别是要注重培养一批精通国际法律、经济外交的复合型谈判专家和研究专家队伍，负责提出可行性研究报告，形成可行的谈判模式和谈判方案。最后，应尽快了解适应海合会国家经贸制度环境，加强对阿拉伯商业文化的理解，了解其商业惯例、生活习俗等差异。

总之，应将发展中海 FTA 作为一种国际战略工具，作为重塑区域和全球政治经济战略格局的有效手段，作为突破马六甲困局、美国新月形包围圈的战略武器，推进中国同海合会国家经济、政治、文化等诸多方面的良性发展。

第四节　本章小结

建立中海 FTA，不仅是双边 FTA 战略的必然要求，也是双边经贸关系发展的必然结果。本章首先分析了建立中海 FTA 的必要性与优势条件。分析认为，双边较好的经贸合作基础、中国"一带一路"战略与海合会国家"向东看"战略的促进效应、已有的中海合作平台的制度效应、双边政治意愿的推动等因素共同构成了建立中海 FTA 的优势条件；其次，提出了中海 FTA 制度安排应遵循的原则；最后，针对如何推进中海 FTA 建设提出了八点具体的对策建议。

第八章 结论与展望

第一节 主要结论

本书对中海 FTA 构建问题进行了研究，主要的研究结论如下：

1. 中海双边存在着构建 FTA 较好的经济基础

近年来，中海双边的经贸发展均较快，尽管受到国际金融危机的影响，但整体增长趋势仍较为明显。双边货物贸易、服务贸易以及对外投资均实现了较快的增长，奠定了中海 FTA 谈判发展的经贸基础，且中海双边经贸具有较强的互补性和较弱的竞争性。

2. 中海 FTA 能够产生利大于弊的预期效应

中海 FTA 的建成，能带来较大的静态效应与动态效应。从静态效应来看，由于中国和海合会国家在货物贸易方面不存在明显的竞争性，因而在双边货物贸易发展过程中，随着双边关税壁垒和非关税壁垒的逐渐削弱，将会产生贸易创造效应，而不会产生过多的贸易转移效应。从动态效应来看，在建立中海 FTA 后，能够带来规模经济效应、竞争促进效应、投资促进效应等。引力模型的分析结果表明，中国对阿联酋和巴林的贸易规模已经较大，表明中国与上述两个国家之间的贸易已经得到较好的开发，属于潜力再造型；中国对阿曼一国的贸易规模次之，属于潜力开拓型；中国对卡塔尔、科威特和沙特阿拉伯三个国家之间的贸易量不足，尚有较大开发空间，属于潜力巨大型。而由 GTAP 模型模拟结果可知，总体而言，中海 FTA 建设利大于弊。此外，本书以新区域主义理论为依据，还分析了中海 FTA 建立之后可能获得的一系列非传统收益，并探讨了中海 FTA 建立所带来的调整成本和协调成本。总体而言，中海 FTA 建立的预期效应利大于弊。

3. 推动中海建立 FTA 尚存在一些障碍因素

整体来看，中海 FTA 的建设仍面临不少的障碍。从经济方面来看，中海双边优先合作对象的差异、中海经济发展水平存在的差异、中海双边的市场壁垒、中海贸易结构的非平衡性等几个方面构成了经济方面存在的障碍因素；从政治方面来看，双边政治体制的差异、缺乏核心利益以及地区事务的相互支持、大国因素的影响等几个方面构成了政治方面存在的障碍因素；此外，中海合作的根基较浅、海合会周边地区局势不稳、我国货物贸易产品及劳务输出的困境等几个方面也构成中海 FTA 建设的障碍因素。

4. 推进中海 FTA 谈判的主要建议

在中海 FTA 谈判过程中存在着一些有利因素，如：双边较好的经贸合作基础、中国"一带一路"战略与海合会国家"向东看"战略的促进效应、已有的中海合作平台的制度效应、双边政治意愿的推动等。为此，在中海 FTA 的谈判过程中，应遵循建立 FTA 的科学方法和普遍原则，并借鉴国内外建设 FTA 的成功经验；应坚持循序渐进、稳步发展的原则，以成功举办中阿合作论坛和中阿博览会为契机，推动中海 FTA 谈判进程；应立足双边共同利益点，制定切实可行的政策措施，同时密切与海合会国家的经贸联系，应进一步夯实 FTA 建设的基础；应建立全面的沟通合作机制，保障双边的平等沟通与交流；应保证国内局势的稳定发展，保持政策的连贯性，为双方经济合作和贸易往来提供和平安全的国际环境；应搞好国内和国际两种地区合作机制的对接，推进次区域经济合作；应以"一带一路"建设为契机，加强与海合会成员国在交通设施方面的互联互通；还应强化组织建设和人才建设，尽快了解适应海合会国家的经贸制度环境，为中海 FTA 谈判重启做好必要准备。

第二节 展望

本书从理论和实证两个角度，基于"一带一路"战略背景，对中海 FTA 的构建问题进行了较为系统、全面的研究。中海 FTA 的建立具有较好的经济基础，同时也有较好的预期效应。尽管尚存一些阻碍因素，但必将成为我国"一带一路"战略建设的重中之重。中海 FTA 建设于中国而言，总体利大于弊：一方面，不仅有利于密切双边的经贸联系，还有利于深化双边能源合作；另一方面，能够有效带动中国与阿拉伯国家的经贸合作，加速推进"一带一路"战略的落实，在战略实施过程中能够起到较好的战略示范作用。从总体上看，中国和海合会国家同属发展中国家，同处于经济转型升级的关键时期，共同利益和相互需求不断增多，在资源、市场等方面的互补性日渐明显，在贸易、投资、工程承包等领域的合作将继续深化，在农业、金融、物流、节能环保等更广泛领域的合作也将不断拓展。展望未来，中海互利友好合作一定会在更大范围、更广领域、更高层次上得到全面发展。因此，必须加快中海 FTA 的谈判进程。但随着中海 FTA 谈判进程的发展，还将涉及诸多难以预见的问题，有待进一步深入研究。

参考文献

中文文献

[1] ［以］赫尔普曼、［美］克鲁格曼：《市场结构和对外贸易》，尹翔硕、尹翔康译，上海人民出版社 2008 年版。

[2] ［英］大卫·李嘉图：《政治经济学及赋税原理》，商务印书馆 1976 年版。

[3] ［英］亚当·斯密：《国富论》，谢祖钧译，新世纪出版社 2007 年版。

[4] 白当伟、陈漓高：《区域贸易协定的非传统收益：理论、评述及其在东亚的应用》，《世界经济研究》2003 年第 6 期。

[5] 保建云：《中国与东盟经济增长和进出口贸易发展：比较优势与政策选择》，《亚太经济》2009 年第 5 期。

[6] 本报记者：《中海自贸区谈判有望加快推进》，《中国证券报》2014 年 6 月 5 日第 2 版。

[7] 彼得·罗布森：《国际一体化经济学》，戴炳然译，上海译文出版社 2001 年版。

[8] 宾建成、陈柳钦：《世界双边 FTA 的发展与我国的对策研究》，《世界经济与政治论坛》2005 年第 4 期。

[9] 宾建成：《新一代双边自由贸易协定的比较与借鉴——以日新 FTA、欧墨 FTA 为例》，《经济社会体制比较》2003 年第 5 期。

[10] 宾建成：《中国参与双边 FTA 的对策探讨》，《经济论坛》2004 年第 24 期。

[11] 曹亮、曾金玲、陈勇兵：《CAFTA 框架下的贸易流量和结构分析——基于 GTAP 模型的实战研究》，《财贸经济》2010 年第 4 期。

[12] 陈丹宇：《知识要素与 H—O 贸易理论的拓展》，《国际贸易问题》2003 年第 7 期。

［13］陈建安：《中韩日自由贸易协定（FTA）的可行性及其经济效应》，《世界经济研究》2007 年第 1 期。

［14］陈杰：《海湾外籍劳务现状及其发展趋势》，《阿拉伯世界研究》2007 年第 5 期。

［15］陈沫：《中国与海湾合作委员会国家经济关系探析》，《西亚非洲》2011 年第 8 期。

［16］陈淑梅、倪菊华：《中国加入"区域全面经济伙伴关系"的经济效应——基于 GTAP 模型的模拟分析》，《亚太经济》2014 年第 2 期。

［17］陈淑梅、江倩雯：《中国—欧盟自由贸易区的产业效应研究——基于 GTAP 模型的模拟分析》，《东南大学学报（哲学科学社会版）》2014 年第 6 期。

［18］陈雯、卢超铭：《新区域主义下中国——东盟自由贸易区的非传统收益分析》，《国际贸易问题》2009 年第 11 期。

［19］陈瑜：《双边投资条约中外资准入阶段的国民待遇问题研究》，硕士学位论文，南京师范大学，2014 年。

［20］崔奇峰：《中国—东盟自由贸易区建立的经济影响分析》，博士学位论文，南京农业大学，2009 年。

［21］东艳：《区域经济一体化新模式——"轮轴—辐条"双边主义的理论与实证分析》，《财经研究》2006 年第 9 期。

［22］［瑞］俄林：《区域贸易与国际贸易》，逯宇铎译，华夏出版社 2013 年版。

［23］樊纲、关志雄、姚枝仲：《国际贸易结构分析：贸易品的技术分布》，《经济研究》2006 年第 8 期。

［24］樊莹：《国际区域经济一体化的经济效应》，中国经济出版社 2005 年版。

［25］葛飞秀、杨晓龙：《自由贸易区贸易效应研究方法综述》，《新疆财经》2011 年第 5 期。

［26］郭丹丹、陶红军：《GTAP 模型在区域经济一体化效应分析中的应用》，《湖南农业大学学报（社会科学版）》2011 年第 1 期。

［27］郭宗琪：《基于竞争性视角的我国与自贸区伙伴货物贸易发展研究》，《现代经济信息》2014 年第 17 期。

［28］宫占奎、朱彬、曹苏峰：《国际经济发展趋势与中国政策选择》，南

开大学出版社 1999 年版。

［29］谷克鉴：《国际经济学对引力模型的开发与应用》，《世界经济》2001 年第 2 期。

［30］何剑、孙玉红：《全球 FTA 网络化发展对不同地区国家的影响》，《中国软科学》2008 年第 5 期。

［31］黄凌云、刘清华：《建立东亚自由贸易区的中国经济效应研究——基于 GTAP 模型的实证分析》，《国际贸易问题》2008 年第 12 期。

［32］黄凌云、王丽华、刘姝：《日本—欧盟 EPA 对中国、日本、欧盟的影响研究——基于 GTAP-Dyn 的一般均衡分析》，《世界经济研究》2015 年第 1 期。

［33］黄鹏、汪建新：《中韩 FTA 的效应及谈判可选方案——基于 GTAP 模型的分析》，《世界经济研究》2010 年第 6 期。

［34］黄鹏、汪建新：《对中国潜在自贸区伙伴的选择战略研究》，《国际贸易》2009 年第 10 期。

［35］姜珲：《我国服务贸易的国际竞争力与发展研究》，《价格月刊》2014 年第 17 期。

［36］姜书竹：《中国与海合会双边贸易的实证研究——兼论建立双边自贸区的对策》，《技术经济与管理研究》2012 年第 12 期。

［37］姜英梅：《海合会的发展及其与中国的经贸合作》，《国际石油经济》2009 年第 3 期。

［38］姜英梅：《海合会国家金融业对外合作及中国的机遇》，《西亚非洲》2010 年第 10 期。

［39］姜英梅：《沙特王国外交政策及发展态势》，《国际政治研究》2005 年第 2 期。

［40］姜英梅：《试析沙特外交资源与外交理念》，《阿拉伯世界》2005 年第 2 期。

［41］蒋含明、李非：《ECFA 对两岸经济的影响效果评估——基于 GTAP 模型的模拟分析》，《国际贸易问题》2012 年第 8 期。

［42］蒋钦云：《中国与海湾国家金融合作战略及措施研究》，《国际经济合作》2012 年第 12 期。

［43］鞠建东、林毅夫、王勇：《要素禀赋、专业化分工、贸易的理论与实证——与杨小凯、张永生商榷》，《经济学（季刊）》2004 年第

4 期。

［44］匡增杰：《全球区域经济一体化新趋势与中国的 FTA 策略选择》，
《东北亚论坛》2013 年第 2 期。

［45］雷俊生：《中国—东盟自由贸易区投资规则的构建建议》，《东南亚
纵横》2004 年第 11 期。

［46］李达熊：《海湾合作委员会的运作机制与一体化进程》，硕士学位论
文，西北大学，2011 年。

［47］李丽、邵兵家、陈迅：《中国—新西兰自由贸易区的构建对双方经
济影响的计量研究》，《国际贸易问题》2008 年第 3 期。

［48］李丽、邵兵家、陈迅：《中印自由贸易区的构建对双方及世界经济
影响计量研究》，《财贸经济》2008 年第 4 期。

［49］林玲、王炎：《贸易引力模型对中国双边贸易的实证检验和政策含
义》，《世界经济研究》2004 年第 7 期。

［50］李猛：《对中国—东盟自由贸易区贸易效应的引力模型分析》，《贵
州财经学院学报》2006 年第 4 期。

［51］李瑞林、骆华松：《区域经济一体化：内涵、效应与实现途径》，
《经济问题探索》2007 年第 1 期。

［52］李秀娥、孔庆峰：《中国与南部非洲关税同盟建立自由贸易区的经
济效应——基于 GTAP 的模型分析》，《商业经济与管理》2013 年第
7 期。

［53］李向阳：《东北亚区域经济合作的非传统收益》，《国际经济评论》
2005 年第 5 期。

［54］李向阳：《新区域主义与大国战略》，《国际经济评论》2003 年第
4 期。

［55］李欣红：《国际区域一体化的经济效应分析理论综述》，《财经政法
资讯》2007 年第 3 期。

［56］李艳丽：《自由贸易区政治经济研究的理论综述》，《商场现代化》
2008 年第 16 期。

［57］梁双陆、程小军：《国际区域经济一体化理论综述》，《经济问题探
索》2007 年第 1 期。

［58］林云华：《我国造纸业国际竞争力的实证分析与发展对策》，《国际
贸易问题》2005 年第 4 期。

［59］刘昌黎:《积极参与和推动自由贸易》,《国际商务（对外经济贸易大学学报)》2012 年第 1 期。

［60］刘昌黎:《日本对华直接投资的新发展、新特点及其对策》,《现代日本经济》2012 年第 1 期。

［61］刘朝明:《区域经济一体化与中国的发展战略选择》,《经济学动态》2002 年第 4 期。

［62］刘璇:《中国与海湾六国的经贸关系现状与前景分析》,《阿拉伯世界》2005 年第 2 期。

［63］刘志伟、王东峰、刘澄:《区域经济一体化的福利经济学分析》,《现代管理科学》2007 年第 2 期。

［64］刘重力、刘德江:《中国对外贸易比较优势变化实证分析》,《南开经济研究》2003 年第 2 期。

［65］刘重力、盛玮:《中日韩 FTA 战略比较研究》,《东北亚论坛》2008 年第 1 期。

［66］罗文宝、周金秦:《构建中印自由贸易区的障碍及对策研究》,《南亚研究季刊》2006 年第 1 期。

［67］马赫然:《中国—东盟自由贸易区建立的经济效益研究》,《中国商贸》2013 年第 15 期。

［68］马凌远、李晓敏:《引力模型在国际贸易研究中的应用》,《商业时代》2009 年第 5 期。

［69］孟庆民:《区域经济一体化的概念与机制》,《开发研究》2001 年第 2 期。

［70］孟芸:《中国—海湾合作委员会自由贸易区的经济效应分析》,硕士学位论文,中国海洋大学,2010 年。

［71］穆罕默德·努曼·贾拉勒、包澄章:《"中阿合作论坛"的成就、挑战与前景》,《阿拉伯世界研究》2014 年第 2 期。

［72］穆罕默德·赛利姆、包澄章:《中国在阿拉伯世界的新兴角色》,《阿拉伯世界研究》2013 年第 6 期。

［73］钮松:《阿拉伯国家现代化历程中的特点》,《阿拉伯世界》2005 年第 2 期。

［74］钮松:《中东剧变以来的东盟与海合会关系研究》,《阿拉伯世界研究》2012 年第 3 期。

［75］聂元贞：《区域经济一体化的路径选择理论评介》，《经济学动态》
2005 年第 8 期。

［76］彭学龙、姚鹤徽：《中国 FTA 版权政策的基本立场》，《南京理工大
学学报（社会科学版）》2014 年第 1 期。

［77］潜旭明：《"一带一路"战略的支点：中国与中东能源合作》，《阿
拉伯世界研究》2014 年第 3 期。

［78］潜旭明：《中国与中东国家经贸关系：现状与对策》，《理论视野》
2013 年第 11 期。

［79］任寿根：《WTO 与中国关税政策》，《管理世界》2000 年第 6 期。

［80］佘莉、杨立强：《中国—海合会 FTA 对双边贸易影响的 GTAP 模拟
分析》，《亚太经济》2012 年第 6 期。

［81］佘莉：《中国与海合会国家的经贸关系》，《阿拉伯世界研究》2013
年第 1 期。

［82］佘莉：《中国自海合会国家进口天然气的现状与前景》，《国际石油
经济》2011 年第 10 期。

［83］盛建明：《FTA 谈判中的陷阱及其防范原则》，《国际贸易问题》
2007 年第 1 期。

［84］史智宇：《中国—东盟自由贸易区贸易效应的实证研究》，博士学位
论文，复旦大学，2004 年。

［85］孙林：《中国与东盟农产品贸易竞争关系》，《国际贸易问题》2005
年第 11 期。

［86］孙俊萍：《宁夏对海湾六国开放问题研究》，《第二届中国·阿拉伯
国家经贸论坛理论研讨会论文集》2011 年。

［87］孙宇：《中国区域经济一体化战略构建研究》，博士学位论文，首都
经济贸易大学，2013 年。

［88］孙玉红：《比较优势与轮轴—辐条结构 FTA 成员的利益分配》，《世
界经济研究》2008 年第 7 期。

［89］宋国友：《全球自由贸易协定竞争与中国的战略选择》，《现代国际
关系》2013 年第 5 期。

［90］汤碧：《区域经济一体化模式比较》，《南开经济研究》2002 年第
3 期。

［91］唐宜红、王微微：《区域经济一体化伙伴国的经济发展水平与本国

经济增长关系的实证分析》，《亚太经济》2007 年第 3 期。

[92] 唐志超：《中阿新型伙伴关系持续快速发展》，《西亚非洲》2009 年第 10 期。

[93] 佟家栋：《比较优势理论与对外贸易战略的选择》，《南开学报》2004 年第 5 期。

[94] 万璐：《美国 TPP 战略的经济效应研究——基于 GTAP 模拟的分析》，《当代亚太》2011 年第 4 期。

[95] 王德忠、吴琳、吴晓曦：《区域经济一体化理论的缘起、发展与缺陷》，《商业研究》2009 年第 2 期。

[96] 王慧春、杨韶艳：《宁夏深度参与丝绸之路经济带建设推动中阿务实合作研究》，《宁夏社会科学》2014 年第 6 期。

[97] 王宏军：《论自由贸易区建设中的跨区域模式——欧盟、美国及亚洲国家的比较研究》，《云南民族大学学报（哲学社会科学版）》2012 年第 1 期。

[98] 王珏、陈雯：《全球化视角的区域主义与区域一体化理论阐释》，《地理科学进展》2013 年第 7 期。

[99] 王胜今、王凤玲、于潇：《中国与周边国家区域合作的战略与对策》，《东北亚论坛》2004 年第 5 期。

[100] 王胜今、王凤玲：《东北亚区域经济合作新构想》，《东北亚论坛》2003 年第 1 期。

[101] 王珊珊：《中国双边 FTA 的利益分析及战略构想》，博士学位论文，东北师范大学，2014 年。

[102] 魏后凯：《外商直接投资对中国区域经济增长的影响》，《经济研究》2002 年第 4 期。

[103] 吴振刚、李光辉：《海湾六国：经济合作新热点》，《国际经济合作》2003 年第 5 期。

[104] 武芳：《危机之中孕育新机遇——中国与海合会国家的经贸发展与能源合作》，《国际经济合作》2009 年第 5 期。

[105] 武芳：《中国与阿拉伯国家经贸关系的回顾与展望》，《中国—阿拉伯国家经贸论坛理论研讨会论文集（2010 年第一辑）》2010 年。

[106] 武剑：《外国直接投资的区域分布及其经济增长效应》，《经济研究》2002 年第 4 期。

［107］ "习近平会见海湾阿拉伯国家合作委员会代表团"，《世界知识》，2014 年第 3 期。

［108］ 中华人民共和国主席习近平：《谋求持久发展，共筑亚太梦想》，《人民日报》2014 年 11 月 10 日。

［109］ 席艳乐、王雪飞：《区域经济一体化的非传统收益：文献综述》，《当代经理人》2006 年第 9 期。

［110］ 谢康：《中日韩自由贸易区建立条件和三国之间经济合作》，《世界经济研究》2005 年第 4 期。

［111］ 熊芳、刘德学：《中国自由贸易区建设的战略——基于面板数据的实证分析》，《国际经贸探索》2012 年第 1 期。

［112］ 新华：《"一带一路"与自贸区：新的对外开放格局已经确立》，《珠江水运》2014 年第 24 期。

［113］ 徐莎：《论中国与海湾合作委员会建立自由贸易区的预期收益及前景分析》，硕士学位论文，对外经济贸易大学，2006 年。

［114］ 徐现祥、李郇、王美今：《区域一体化、经济增长与政治晋升》，《经济学（季刊）》2007 年第 4 期。

［115］ 姚永军、张相文、程倩：《区域经济一体化经验研究述评》，《经济评论》2009 年第 4 期。

［116］ 严荣：《主权财富基金与海合会金融合作》，《西亚非洲》2011 年第 8 期。

［117］ 阳国亮：《开放的区域主义与区域经济一体化的制度创新》，《桂海论丛》2005 年第 2 期。

［118］ 杨丹、张宝仁：《中美货物贸易互补性的实证研究》，《东北亚论坛》2012 年第 2 期。

［119］ 杨红玲：《中印自由贸易区的可行性及推进战略研究》，博士学位论文，河北大学，2010 年。

［120］ 杨建荣：《中国与海湾六国的经贸合作》，《西亚非洲》2006 年第 9 期。

［121］ 杨军红：《中国自由贸易区的新制度经济学分析》，《武汉理工大学学报（社会科学版）》2009 年第 6 期。

［122］ 杨军红：《中国双边自由贸易区发展研究》，博士学位论文，福建师范大学，2010 年。

［123］杨连娜：《中国农产品出口沙特阿拉伯市场分析》，《世界农业》
2008 年第 7 期。

［124］杨立强、鲁淑：《TPP 与中日韩 FTA 经济影响的 GTAP 模拟分析》，
《东北亚论坛》2013 年第 4 期。

［125］杨小凯、张永生：《新贸易理论、比较利益理论及其经验研究的新
成果：文献综述》，《经济学（季刊）》2001 年第 1 期。

［126］杨言洪：《积极推进中海自贸区建设进程》，《中国—阿拉伯国家经
贸论坛理论研讨会论文集（2012 第三辑）》2012 年。。

［127］姚新超、左宗文：《新型自由贸易协定的发展趋势及中国的因应策
略》，《国际贸易》2014 年第 1 期。

［128］衣淑玲：《CAFTA 争端解决机制的完善与发展趋势》，《西南政法
大学学报》2006 年第 4 期。

［129］衣淑玲：《亚太地区新双边 FTA 与中国的应对策略》，《甘肃社会
科学》2006 年第 1 期。

［130］殷红蕾：《海合会工程承包市场及中国的对策研究》，《山东工商学
院学报》2014 年第 4 期。

［131］岳文、陈飞翔：《积极加速我国自由贸易区的建设步伐》，《经济学
家》2014 年第 1 期。

［132］虞卫东：《海湾六国的经济转型及其前景》，《国际关系研究》2013
年第 4 期。

［133］于津平：《中国与东亚主要国家和地区间的比较优势与贸易互补
性》，《世界经济》2003 年第 5 期。

［134］余建华：《关于中阿能源合作的若干思考》，《阿拉伯世界研究》
2010 年第 6 期。

［135］余建华：《二十一世纪中阿能源合作探析》，《阿拉伯世界研究》
2014 年第 5 期。

［136］余泳：《海合会对外关系的政策逻辑考察》，《阿拉伯世界研究》
2013 年第 1 期。

［137］余泳：《中国对海合会国家的经济外交——国际体系转型与地缘经
济的视角》，《阿拉伯世界研究》2010 年第 1 期。

［138］余泳：《中国—海合会经贸合作的成果、挑战与前景》，《阿拉伯世
界研究》2011 年第 6 期。

［139］余泳：《中国—海合会经贸合作中的大国影响因素辨析》，《第二届中国·阿拉伯国家经贸论坛理论研讨会论文集（2011 第二辑）》2011 年。

［140］余泳：《中国与海合会关系的历史、现状与前景》，《中国—阿拉伯国家经贸论坛理论研讨会论文集（2012 第三辑）》2012 年。

［141］余泳：《中国与海湾合作委员会关系研究（1981—2010）》，博士学位论文，上海外国语大学，2011 年。

［142］俞可平：《权利政治与公益政治—当代西文政治哲学评析》，社会科学文献出版社 2000 年版。

［143］张波：《美韩 FTA 对中国对外贸易的正负效应分析》，《国际经济合作》2007 年第 8 期。

［144］张二震：《论经济一体化及其贸易政策效应》，《南京大学学报》（哲学·人文科学·社会科学）1994 年第 1 期。

［145］张光南、陈坤铭、杨书菲：《ECFA 对两岸三地的经济、贸易和产业影响——基于全球贸易分析模型 GTAP 的分析》，《经济学》（季刊）2012 年第 3 期。

［146］张纪康：《区域经济一体化的决定因素及形式比较》，《当代亚太》1997 年第 6 期。

［147］张婷玉：《美国自由贸易区战略研究》，博士学位论文，辽宁大学，2014 年。

［148］张小济：《区域经济一体化的核心——中日韩之间贸易和投资关系》，《国际贸易》2003 年第 1 期。

［149］张银山、秦放鸣：《丝绸之路经济带背景下加快推进中国——中亚自由贸易区建设的思考》，《经济研究参考》2014 年第 55 期。

［150］赵成：《李克强同科威特首相贾比尔会谈》，《人民日报》2014 年第 6 期（001 版）。

［151］赵金龙、程轩、高钟焕：《中日韩 FTA 的潜在经济影响研究——基于动态递归式 CGE 模型的研究》，《国际贸易问题》2013 年第 2 期。

［152］赵立斌：《东盟区域一体化与参与全球生产网络——基于 GTAP - Dyn 模型的研究》，《国际贸易问题》2013 年第 9 期。

［153］郑秀香：《中日韩自由贸易区研究》，博士学位论文，吉林大学，

2006 年。

[154] 郑昭阳、孟猛:《东北亚自由贸易区的路径选择及经济影响分析》,《经济纵横》2007 年第 6 期。

[155] 周八骏:《迈向新世纪的国际经济一体化:理论·实践·前景》,上海人民出版社 1999 年版。

[156] 周华:《海合会与欧盟自贸区谈判的回顾与展望》,《阿拉伯世界研究》2010 年第 3 期。

[157] 周强、李伟:《制定中国区域经济合作总体战略的思考》,《国际经济合作》2005 年第 8 期。

[158] 周曙东、胡冰川、吴强、崔奇峰:《中国—东盟自由贸易区的建立对区域农产品贸易的动态影响分析》,《管理世界》2006 年第 10 期。

[159] 朱颖:《美韩经贸关系及双边 FTA 的前景分析》,《世界经济研究》2006 年第 4 期。

[160] 庄芮、方领:《基于国际竞争力比较的中日韩服务贸易谈判问题探析》,《国际贸易问题》2013 年第 9 期。

英文文献

[1] Al – Abdulrazzaq, A. & T. G. Srinivasan, *Yemen's Accession to the GCC: Challenges and Opportunities*, Dubai: Gulf Research Center, 2007.

[2] Anderson, J., *Theoretical Foundation for the Gravity Equation*, American Economic Review 69 (1), 1979: 106 – 116.

[3] Baldwin, Richard E., *Towards an Integrated Europe*, CERP, 1994.

[4] Blomstrom, M. & A. Kokko, *Regional Integration and Foreign Direct Investment*, CEPR Discussion Paper 1659, 1997.

[5] Bown, C. & B. Hoekman, *Developing Countries and Enforcement of Trade Agreements: Why Dispute Settlement Is Not Enough*, Journal of World Trade 42, no. 1 (2008): 177 – 203.

[6] Baier, S., and J. Bergstrand, *Does Free Trade Agreements Actually Increase Members' International Trade*. Working paper, 2005 – 3, The Federal Reserve Bank of Atlanta.

[7] Bolbol, A. and A. Fatheldin, *Intra – Arab exports and Direct Investment:*

An empirical analysis, Economic Policy Institute, Arab Monetary Fund, Abu Dhabi, 2005.

[8] Corden W. M. , *Economies of Scale and Customs Union Theory*, The Journal of Political Economy, 1972, 80 (3): 465 – 475.

[9] Chauffour, J. P. , *The Trade Dimension of the Arab World Initiative: Possible Steps Forward*, World Bank, Mimeo, 2009.

[10] Estevadeordal, A. , C. Freund & E. Ornelas, *Does Regionalism Affect Trade Liberalization towards Non – members?* Quarterly Journal of Economics 123, No. 4 (2008): 1531 – 1575.

[11] Evenett, S. , and W. Keller, *On the Theories Explaining the Success of the Gravity Equation*, NBER working paper 6529, 1998, Cambridge MA.

[12] Fawzy, S. , *The Economics and Politics of Arab Economic Integration*. In Galal & Hoekman, 2003.

[13] Fink, C. & M. Jansen, *Services Provisions in Regional Trade Agreements: Stumbling or Building Blocks for Multilateral Liberalization?* In Multilateralizing Regionalism, Edited by R. Baldwin & P. Low, Cambridge: Cambridge University Press, 2009.

[14] Fischer, S. , *Prospects for Regional Integration in the Middle East*, In *New Dimensions in Regional Integration*, Edited by J. de Melo & A. Panagariya. Cambridge: Cambridge University Press, 1993.

[15] Francois, J. & B. , Hoekman, *Services Trade and Policy*, CEPR Discussion Paper 7616, 2009.

[16] Galal, A. & B. , Hoekman (eds), *Arab Economic Integration between Hope and Reality*, Washington, DC: Brookings Institution, 2003.

[17] Heckscher, E. F. , *The Effect of Foreign Trade on the Distribution of Income*, Ekonomisk Tidskrift, 1919.

[18] Harb, G. , *Trade Facilitation and Intra – Arab Trade* (1996 – 2002): *An Empirical Assessment*, Journal of International Trade and Diplomacy 2, no. 2 (2008): 135 – 170.

[19] Hoekman, B. & P. Messerlin, *Harnessing Trade for Development in the Middle East and North Africa*, New York: Council on Foreign Rela-

tions, 2001.

[20] Hoekman, B. & M. Kostecki, *The Political Economy of the World Trading System.* 3rd edn, Oxford: Oxford University Press, 2009.

[21] Hoekman, B. & K. Saggi, *Tariff Bindings and Bilateral Cooperation on Export Cartels*, Journal of Development Economics 83 (2007): 141 – 156.

[22] Hoekman, B. & L. A. Winters, *Multilateralizing Preferential Trade A-greements: A Developing Country Perspective.* In Multilateralizing Region-alism. Edited by R. Baldwin & P. Low, Cambridge: Cambridge Univer-sity Press, 2009.

[23] Hoekman, B. & J. Zarrouk (eds), *Catching Up with the Competition: Trade Opportunities and Challenges for Arab Countries*, Ann Arbor: Uni-versity of Michigan Press, 2000.

[24] Hoekman, B. & J. Zarrouk, *Changes in Cross – Border Trade Costs in the Pan – Arab Free Trade Area*, 2001—2008, World Bank Policy Research Paper 5031, 2009.

[25] Havrylyshyn, O. and P. Kusnel, *Intra – industry trade for Arab coun-tries: an indicator of potential competitiveness*, IMF Working Paper, 1997, WP/97/47/.

[26] Kamil H. and A. Ones, *The pattern of bilateral trade under a regional trade arrangement; an application to MERCOSUR's trade flows*, Paper presented at LACEA Annual Meeting, Montevideo, Uruguay, 2001.

[27] Legrenzi, M. , *The Long Road Ahead: Economic Integration in the Gulf States*, Cooperation South 2 (2003): 33 – 45.

[28] Melitz, M. J. , *The Impact of Trade on Intra – Industry Reallocations and Aggregate Industry Productivity.* Econometrica, 2003, 71: 1695 – 1725.

[29] Maimbo, S. M. & D. Ratha (eds), *Remittances: Development Impact Future Prospects*, Washington, DC: The World Bank, 2005.

[30] Noland, M. & H. Pack, *The Arab Economies in a Changing World*, Washington, DC: Petersen Institute for International Economics, 2007.

[31] Preusse, H. G. Mercosur, *Another Failed Move toward Regional Integra-*

tion, World Economy, 2001（7）: 911 - 931.

[32] Richard Baldwin, *Managing the Noodle Bowl: the Fragility of East Asian Regionalism*, Singapore Economic Review, Vol. 53, 2008（3）: 99 - 123.

[33] Sciff, M. & L. A. Winter, *Regional Integration as Diplomacy*, The World Bank Economic Review, 1998（12）: 271 - 295.

[34] Sekkat, K. & M. A. , Veganzones, *Openness, Investment Climate and FDI in Developing Countries*, Review of Development Economics 11, no. 4（2007）: 607 - 620.

[35] Viner, Jacob, *The Custom Union Issue*, Carnegie Endowment for International Peace, 1950.

[36] World Bank, *Economic Developments and Prospects: Regional Integration for Global Competitiveness*, MENA Region Report, World Bank, 2008a.

[37] Zarrouk, J. , *The Creater Arab Free Trade Area: Limits and Possibilities*, In Hoekman & Zarrouk, 2000.

[38] Zarrouk, J. A Survey of Barriers to Trade and Investment in Arab Countries. In *Galal & Hoekman*, 2003.

[39] Zarzoso, I. & F. Lehmann, *Augmented gravity model: an empirical application to MERCOSUR - European Union trade flows*, Journal of Applied Economics, 2003, 6（2）: 291 - 316.

[40] Balassa, B. , *Tariff Reduction and Trade in Manufactures among the Industrial Countries*, American Economic Review, 1966, Vol. 56.

[41] Baldw in, Richard E. , *The Spoke Trap: Hub and Spoke Bilateralism in East Asia*, http: //heiwww. unige. ch / - baldwin / papers / , 2003.

[42] Dixit AK, Stiglitz JE, *Monopolistic Competition and Optimum Product Diversity*, The American Economist, 1977, 67（3）: 297 - 308.

[43] Grary Clyde Hufbauer, Jefferey J. Schott, *Western Hemisphere Economic Integration*, Institute of International Economics, 1994.

[44] Linden S. , *An Essay on Trade and Transformation*, John Wiley and Sons, 1961.

[45] Maurice Schiff and L. Alan Winters, *Regional Integration as Diplomacy*,

The World Bank Economic Review, XII, 1998, 271 – 295.

[46] Perroni, C. , John Whalley, *The New Regionalism: Trade Liberalization or Insurance*, Canadian Journal of Economics, Vol. 33, No. 1, 2000, 1 – 24.

[47] Posner, M. , *International Trade and Technical Change*, Oxford Economic Papers 1961, 13, 323 – 341.

[48] Raquel Femandez and Jonathan Portes, *Returns to Regionalism: An Analysis of Nontraditional Gains from Reeional Trade Asreements*, The World Bank Economic Review XII, 9981, 197 – 220.

[49] Robson, P. , *The Economics of International Integration*, Fourth Edition, Routledge, 1998, 30 – 35.

[51] T. Scitovsky, *Economic Theory and Western European Integration*, Allen and Unwin, 1958.

[52] Anne Penketh, "*Unrest Complicates* 2012 *Middle East Meeting*," October 25, 2012, http://www. armscontrol. org.

[53] J. Viner, *The Customs Union Issue*, New York: Carnegie Endowment for International Peace, 1950.

致　谢

　　当我为这本具有阶段性意义的著作画上最后一个句号的时候，随之告一段落的不仅仅是很长一段时间以来的辛苦和忙碌，还有我三年多来充实、幸福的博士生活，眼泪不由自主流了下来。

　　我要特别感谢我的导师林桂军教授，从论文的选题、构思、写作和修改，无不倾注着恩师大量的心血。恩师渊博的学识、谦逊的作风、严谨的治学风范永远是我学习的榜样！在博士论文即将成书之际，我由衷地向林校长表示诚挚的谢意！

　　我要感谢西南财经大学国际商学院尹忠明教授、霍伟东教授、陈丽丽教授、逯建副教授，以及北方民族大学科研处王永和处长对我的教诲和为我著作提出的真知灼见。此外，我的同学李东坤博士、许可博士、杨碧琴博士、董杨博士、丁如曦博士、巫才林博士、黄倩博士、宋鹏博士、杨小娟博士在我学习和论文写作的过程中提供了很多建议和帮助，在此也深表谢意！和大家在一起学习的时光，是我人生中一段非常美好的回忆！永远忘不了病床前各位弟弟妹妹对我的悉心照顾和我们在校园里的苦与乐！

　　我更要感谢我的父母不辞辛劳、含辛茹苦，帮我照顾年幼的两个孩子，是你们无私的支持和厚重的爱伴我长大、成人。感谢我的丈夫叶炜一直以来默默支持我的学业，与我携手走过艰苦的旅程，是你无微不至的照顾和对家的付出，让我能有更多的时间和精力投入到学术研究之中，并在我开心的时候与我分享、彷徨的时候给我鼓励。还要特别感谢我的两个宝贝叶博宇和叶博容，你们总是在我觉得困惑和苦恼的时候，给我无尽的快乐和动力。正是有着家人的这份关心、支持和温暖，让我顺利完成博士阶段的学习和这本著作的写作！对于我的家人，心中有着无数的感恩、感激和感动！

　　最后还要感谢所有未具名的亲朋好友。

　　此外，本书作为北方民族大学博士科研启动经费资助项目及北方民族大学 2015 年度重点科研项目的结项成果之一，还要对北方民族大学给予的出版资助表示谢意。

　　在今后的日子里，我要继续努力，求知、求实，不断提高自己，向着更高的目标前进！希望此文是我学术研究之路上新的起点！

王　瑛

2015 年 4 月于西南财经大学明辨园